Correspondência entre
ESPINOSA e OLDENBURG

Correspondência entre
ESPINOSA e OLDENBURG

Tradução, apresentação, estudo,
preparação do texto latino e notas:
Samuel Thimounier Ferreira

Revisão técnica:
Homero Santiago

FILŌESPINOSA

autêntica

Copyright © 2021 Autêntica Editora

Todos os direitos reservados pela Autêntica Editora Ltda. Nenhuma parte desta publicação poderá ser reproduzida, seja por meios mecânicos, eletrônicos, seja via cópia xerográfica, sem a autorização prévia da Editora.

COORDENADOR DA COLEÇÃO FILÔ
Gilson Iannini

COORDENADORES DA SÉRIE FILÔ ESPINOSA
André Menezes Rocha, Ericka Marie Itokazu, Homero Santiago

CONSELHO EDITORIAL
Gilson Iannini (UFOP); Barbara Cassin (Paris); Carla Rodrigues (UFJR); Cláudio Oliveira (UFF); Danilo Marcondes (PUC-Rio); Ernani Chaves (UFPA); Guilherme Castelo Branco (UFRJ); João Carlos Salles (UFBA); Monique David-Ménard (Paris); Olímpio Pimenta (UFOP); Pedro Süssekind (UFF); Rogério Lopes (UFMG); Rodrigo

Duarte (UFMG); Romero Alves Freitas (UFOP); Slavoj Žižek (Liubliana); Vladimir Safatle (USP)

EDITORAS RESPONSÁVEIS
Rejane Dias
Cecília Martins

REVISÃO
Júlia Sousa

CAPA
Alberto Bittencourt

DIAGRAMAÇÃO
Waldênia Alvarenga

Dados Internacionais de Catalogação na Publicação (CIP)
(Câmara Brasileira do Livro, SP, Brasil)

Espinosa, Bento de, 1632-1677
Correspondência entre Espinosa e Oldenburg / Bento de Espinosa, Henry Oldenburg ; tradução, apresentação, estudo, preparação do texto latino e notas Samuel Thimounier Ferreira. -- 1. ed. -- Belo Horizonte : Autêntica, 2021. -- (Filô : Espinosa).

ISBN 978-65-86040-90-6
Edição bilíngue
Idioma original: latim

1. Correspondências 2. Filosofia holandesa 3. Oldenburg, Henry, 1619-1677 – Correspondência 4. Espinosa, Bento de, 1632-1677 – Correspondência I. Oldenburg, Henry 1619-1677. II. Título. III. Série.

21-39031   CDD-199.492

Índices para catálogo sistemático:
1. Spinoza : Filosofia holandesa 199.492

Maria Alice Ferreira - Bibliotecária - CRB-8/7964

GRUPO **AUTÊNTICA**

Belo Horizonte
Rua Carlos Turner, 420
Silveira . 31140-520
Belo Horizonte . MG
Tel.: (55 31) 3465 4500

São Paulo
Av. Paulista, 2.073, Conjunto Nacional,
Horsa I. Sala 309 . Cerqueira César
01311-940 . São Paulo . SP
Tel.: (55 11) 3034 4468

www.grupoautentica.com.br
SAC: atendimentoleitor@grupoautentica.com.br

Para meus pais,
Angela e Dalmy.
Samuel Thimounier

Sumário

9. Apresentação

13. Espinosa e Oldenburg, correspondentes

17. Primeiro período (1661-1663)

39. Segundo período (1665)

67. Terceiro período (1675-1676)

103. Conclusão: *Quid erat demonstrandum?*

115. O texto e a tradução

123. Bibliografia

131. Cartas

285. Notas de tradução

309. Anexos

311. O texto e a tradução

315. As cópias de Leibniz

Apresentação

[...] ningem lhe pode fallar bocalmente, nem p escritto,
nen darlhe nenhun favor, nen debaixo de tecto com elle, nen junto de cuatro
covados, nen ler papel feito ou escritto por elle.
(Parte final do herem contra Espinosa, decretado em 27 de julho
de 1656, pela comunidade judaica de Amsterdã.)

A correspondência entre Espinosa e Henry Oldenburg[1] (ca.1617-1677) perfaz vinte e oito cartas das oitenta e oito que completam o epistolário espinosano, quase um terço do que é conhecido. Sabe-se, a partir de conteúdos citados e não encontrados, que algumas cartas se perderam. De todo modo, daquelas sobreviventes, identificam-se onze de Espinosa para Oldenburg e dezessete de Oldenburg para Espinosa, todas trocadas entre 1661 e 1676. Nesses quinze anos, contudo, o comércio entre os dois missivistas sofreu dois marcados hiatos. Assim, em nossa análise, adotamos uma partição em três períodos: o primeiro, de agosto de 1661 a agosto de 1663; o segundo, de abril a dezembro de 1665; e o terceiro, de junho de 1675 a fevereiro de 1676.

A correspondência tem início no mesmo ano em que tomam conhecimento um do outro. Em 1661, Oldenburg, passando de viagem pela Holanda, visitou cidades como Amsterdã, Leiden e

---

[1] Outras formas do nome são: Henry Oldenburgh, Heinrich Oldenburg e a alatinada Henricus Oldenburgius. A forma anglicizada do prenome "Henry" foi possivelmente adotada com sua mudança para a Inglaterra.

Haia, a fim de encontrar amigos e personalidades, e tratar de alguns assuntos. Nessa ocasião, ficou sabendo de Espinosa e não perdeu a oportunidade de visitá-lo no vilarejo onde morava. Naquele momento, Espinosa tinha vinte e oito anos, enquanto seu visitante já ultrapassava os quarenta. De fato, embora jamais tenham voltado a se falar de viva voz, Oldenburg tornou-se a personalidade que mais longamente se correspondeu com Espinosa − e por isso, talvez, a mais importante.

A importância vem, sobretudo, da rica problemática contida no conjunto de cartas resultante, que conta com uma fortuna crítica proporcionalmente extensa. Em primeiro lugar, devemos citar o livro *Agnostos theos: Il cartegio Spinoza-Oldenburg (1675-1676)*, publicado por Omero Proietti em 2006, que, embora se detenha apenas no último período temático, é, até onde encontramos, o único integralmente dedicado a essa correspondência. Por outro lado, abundam sobre ela livros, teses, artigos e abordagens indiretas. Aqui, vale destacar a recente leitura empreendida, com grande profundidade sobre o segundo período da correspondência, por Fernando Bonadia de Oliveira, em sua tese de doutorado intitulada *Coerência e comunidade em Espinosa* (Universidade de São Paulo, São Paulo, 2015), que nos orientou em muitas de nossas conclusões. Também é imprescindível citar duas obras monumentais de que somos muito devedores. A primeira − e não poderia deixar de ser − é *A nervura do real* (1999), em seus dois volumes; a *opus magnum* de Marilena Chaui tem o mérito, talvez exclusivo, de perpassar criticamente toda a correspondência entre Espinosa e Oldenburg, motivo pelo qual a esquadrinhamos ao longo de todo o nosso estudo. A outra obra é a coletânea *The Correspondence of Henry Oldenburg* (1965), editada e traduzida pelo casal Alfred Rupert e Marie Boas Hall. Os treze volumes que a compõem, por meio de cartas trocadas entre Oldenburg e outros correspondentes, elucidaram vários assuntos tratados com Espinosa, favorecendo e enriquecendo nossas discussões.

A relevância e a qualidade do conjunto de cartas aqui traduzido e analisado devem reluzir, de pronto, a autoridade das palavras de Goethe (1749-1832): "sua correspondência [de Espinosa] é o livro mais interessante que se pode ler no mundo de sinceridade e de

filantropia"[2] (citado por BACH, 1923, p. 36). Ora, uma vez que as cartas trocadas com Oldenburg representam a parte mais expressiva desse *corpus epistolarum*, não seria menos lícito partilhar com elas o mesmo estatuto do todo. Sem dúvida, constituem um documento interessantíssimo e apaixonante, que carrega um conteúdo filosófico de primeira ordem, capaz de verter luz reveladora sobre aspectos importantes da gênese, do debate e da formulação do pensamento de Espinosa.

★

Este livro se estrutura em duas partes: um estudo introdutório e as traduções anotadas das cartas, estas acompanhadas dos textos originais. Dizemos "as traduções", porque, como veremos adiante, há um conjunto principal e outro extra de cartas apresentadas e traduzidas.

Na parte intitulada ESPINOSA E OLDENBURG, CORRESPONDENTES, apresentamos um estudo introdutório – não só uma sobreposição de relatos das cartas – da correspondência entre os autores, discutindo aspectos fundamentais dos principais assuntos tratados e, assim, expondo a sua relevante contribuição ao entendimento de certos aspectos da filosofia de Espinosa. Em meio às discussões, especificamente também quisemos responder a questões atinentes aos interesses de ambos, que envolvem, por exemplo: como, quando e onde se encontram pela primeira vez; por que iniciam um comércio epistolar; por que este sofre duas interrupções, por que é retomado nas duas vezes; e por último, por que perpassa tantos anos. Para isso, seguimos uma tripartição da correspondência em períodos cronológicos, analisando cada um deles em subcapítulos distintos, intitulados: i) "Questionamentos sobre a metafísica espinosana" (1661-1663); ii) "Interlúdio temático, intercâmbio de informações" (1665); e iii) "Divergências sobre o cristianismo" (1675-1676). Ao fim das três análises, na conclusão, buscamos arrematá-las com uma síntese interpretativa de toda a problemática envolvida, articulando o que foi discutido para responder a uma questão que, para

---

[2] No original: [...] *sein Briefwechsel sei das interessanteste Buch, was man in der Welt von Aufrichtigkeit und Menschenliebe lessen könne.*

nós, mostra-se nuclear e definitiva, a saber: é possível traçar um fio condutor pelos três períodos?

Concluído nosso estudo, apresentamos nossas traduções anotadas, divididas em duas partes. A primeira e principal, intitulada CORRESPONDÊNCIA ENTRE ESPINOSA E OLDENBURG, é composta pela tradução dos vinte e oito textos supérstites, alguns deles representando cartas inteiras; outros, parciais; outros, fragmentos identificados em cartas fora da correspondência mútua. Aqui, para cada página traduzida, vimos importante oferecer ao leitor, de maneira espelhada, o respectivo texto original em latim. A segunda parte, por sua vez, intitulada AS CÓPIAS DE LEIBNIZ, oferece, precedida de uma breve apresentação, o texto original latino e a tradução das cópias de três cartas obtidas e comentadas pelo filósofo alemão Gottfried Wilhelm Leibniz (1646-1716), a saber, as *Cartas* LXXV, LXXVIII e LXXIII.

Por fim, vale esclarecer o uso que fizemos das notas de tradução: lugar não só de citações, mas também de explicações e discussões, por meio delas transmitimos parte da própria análise das cartas. Tal estratégia, ainda que fosse um risco à comodidade da leitura da tradução, pareceu-nos ser a mais adequada à construção de um texto naturalmente guiado e esclarecido a seu tempo.

Espinosa e Oldenburg, correspondentes

O caráter variado do estudo se justifica pela vastidão de assuntos abordados pelos autores em suas cartas mútuas, nas quais se podem encontrar discussões de metafísica, filosofia natural e teologia, bem como observações sobre o cenário histórico, político e de produção intelectual da época.

O conjunto de cartas pode ser disposto, como já dito na APRESENTAÇÃO, em três períodos separados, que se confundem com contextos históricos e temas bem distintos, que também vão e vêm. Na tabela a seguir, constam esquematicamente informações relativas às cartas de cada período. Notamos nela as três numerações distintas apresentadas: a primeira, com números corridos para as vinte e oito cartas hoje conhecidas; a segunda, com números corridos para as vinte e cinco cartas publicadas em 1677 nas *editiones principes*, *Opera Posthuma* e *Nagelate Schriften*; e a terceira e canônica, estabelecida em 1883 pelos editores Johannes van Vloten e Jan Pieter Nicolaas Land, no segundo volume da edição *Benedicti de Spinoza opera, quotquot reperta sunt*, sob o critério exclusivamente cronológico considerando a correspondência completa de Espinosa. Trataremos mais detalhadamente dessas edições mais à frente em O TEXTO E A TRADUÇÃO.

Período	N.° das Cartas			Autor	Data
	N.° de ordem	O. Posthuma e N. Schriften	Van Vloten & Land		
1°	1	I	I	Oldenburg	16/26 de agosto de 1661
	2	II	II	Espinosa	--
	3	III	III	Oldenburg	27 de setembro de 1661
	4	IV	IV	Espinosa	--
	5	V	V	Oldenburg	11/21 de outubro de 1661
	6	VI	VI	Espinosa	--
	7	VII	VII	Oldenburg	--
	8	VIII	XI	Oldenburg	3 de abril de 1663
	9	IX	XIII	Espinosa	17/27 de julho de 1663
	10	X	XIV	Oldenburg	31 de julho de 1663
	11	XI	XVI	Oldenburg	4 de agosto de 1663
2°	12	XII	XXV	Oldenburg	28 de abril de 1665
	13	XIII	XXVI	Espinosa	--
	14	Não consta	XXIX	Oldenburg	--
	15	Não consta	XXX	Espinosa	--
	16	XIV	XXXI	Oldenburg	12 de outubro de 1665
	17	XV	XXXII	Espinosa	20 de novembro de 1665
	18	XVI	XXXIII	Oldenburg	8 de dezembro e 1665
3°	19	XVII	LXI	Oldenburg	8 de junho de 1675
	20	XVIII	LXII	Oldenburg	22 de julho de 1675
	21	XIX	LXVIII	Espinosa	--
	22	XX	LXXI	Oldenburg	15 de novembro de 1675
	23	XXI	LXXIII	Espinosa	--
	24	XXII	LXXIV	Oldenburg	16 de dezembro de 1675
	25	XXIII	LXXV	Espinosa	--
	26	XXIV	LXXVII	Oldenburg	14 de janeiro de 1676
	27	XXV	LXXVIII	Espinosa	--
	28	Não consta	LXXIX	Oldenburg	11 de fevereiro de 1676

Nos três capítulos que se seguem, fazemos remissão às cartas com muita frequência. Para facilitar o acompanhamento do leitor, visto que a numeração de Van Vloten & Land não resulta contínua para este conjunto em específico, decidimos sempre justapor o número romano da carta ao número de ordem contínuo, em algarismo

indo-arábico, dado na tabela anterior. Assim, por exemplo, ao citarmos a *Carta* XXV, redigimos "*Carta* XXV(12)", de modo que se possa identificar de pronto que esta é a décima segunda carta na sequência cronológica do conjunto Espinosa-Oldenburg.

Ademais, sobre as passagens das obras de Espinosa e da Bíblia citadas em nossa análise, cumpre explicitar de antemão que, exceto aquelas que traduzimos por nossa conta (em geral, do *Tratado da emenda do intelecto*, do *Tratado teológico-político* e de outras cartas), lançamos mão das meritórias e cuidadosas traduções aqui listadas:

a) do *Breve Tratado*:

ESPINOSA, B. *Breve tradado de Deus, do homem e do seu bem-estar.* Tradução: Emanuel Angelo da Rocha Fragoso e Luís César Guimarães Oliva. Belo Horizonte: Autêntica, 2012.

b) da *Ética*:

ESPINOSA, B. *Ética.* Tradução: Tomaz Tadeu. Belo Horizonte: Autêntica, 2009.

c) dos *Princípios da filosofia cartesiana*:

ESPINOSA, B. *Princípios da filosofia cartesiana e pensamentos metafísicos.* Tradução: Homero Santiago e Luís César Guimarães Oliva. Belo Horizonte: Autêntica, 2015b.

d) da Bíblia:

Bíblia de Jerusalém. São Paulo: Paulus, 2002.

Primeiro período (1661-1663)

Questionamentos sobre a metafísica espinosana

Henry Oldenburg[3] nasceu na cidade de Bremen (Alemanha),[4] aproximadamente em 1617, em uma família ligada à educação e à teologia. Em 1633, entrou no Gymnasium Illustre de Bremen, onde se dedicou aos estudos teológicos, às línguas hebraica, latina e grega, bem como à retórica, à lógica, à matemática e a outros assuntos, tendo obtido, em novembro de 1639, o título de Mestre em Teologia.[5]

Em julho de 1653, durante o *Interregnum* inglês,[6] Oldenburg foi nomeado pelo governo de Bremen seu agente diplomático na

---

[3] Para uma biografia mais completa de Oldenburg, ver FERREIRA, *Oldenburg: o mais prolífico correspondente de Espinosa*, Cadernos Espinosanos, v. 41, 2019.

[4] De fato, no século XVII, Bremen possuía o estatuto de *Reichstadt* ("cidade imperial"), pertencendo ao então Sacro Império Romano-Germânico.

[5] Segundo Meinsma (1896, p. 166), a biblioteca da cidade de Bremen guarda uma dissertação de Oldenburg sobre as relações entre a Igreja e o Estado, intitulada *Acclamationes ad Henricum Oldenburgium, Bremensem, quum sub phaesidio Ludovici Crocii, S. Theol. D. et Prof. in Gymnas. Brem. disputationem theologicum "de ministerio ecclesiastico et magistratu politico" publice defenderet*. Todavia, não conseguimos, até o final deste estudo, acesso à dissertação, tampouco encontrá-la registrada no catálogo da Stadt Bibliothek Bremen. Certamente renderia um bom confronto com a doutrina do *Tratado teológico-político*.

[6] O *Interregnum* da Inglaterra foi o período entre o regicídio de Charles I, em 30 de janeiro de 1649, e a chegada de seu filho Charles II, em 29 de maio de 1660, chamada de Restauração. Nesse intervalo, a Inglaterra passou por várias formas de governo

Inglaterra e para lá enviado com a missão de intermediar interesses marítimos da cidade. O objetivo foi assegurar que a Inglaterra respeitasse a neutralidade de Bremen em meio à Primeira Guerra Anglo-Holandesa. O agente diplomático parece não ter obtido muito sucesso até a paz ser declarada em abril de 1654. No mesmo ano, tendo continuado em território inglês, Oldenburg recebeu uma nova solicitação diplomática de sua cidade natal, desta vez para que buscasse apoio de Cromwell à resistência de Bremen em uma disputa contra a Suécia; nisso, após algum atraso, foi bem-sucedido (HALL, 1965, p. 278).[7]

A essa altura, permanentemente estabelecido na Inglaterra, Oldenburg já se havia integrado a um círculo de pessoas eminentes, como John Dury (1596-1680), John Milton (1608-1674), Samuel Hartlib (1600-1662), Thomas Hobbes (1588-1679), e os irmãos irlandeses Katherine Jones (1615-1691), também conhecida como Lady Ranelagh, e Robert Boyle (1627-1691). Em 1656, o alemão tornou-se tutor de Richard Jones (1641-1712) – filho de Lady Ranelagh –, com quem foi passar uma temporada em Oxford. Lá, foi apresentado ao *new experimental method* (em oposição às grandes especulações dos antigos) pelos amigos John Wilkins (1614-1672), John Wallis (1616-1703) e outros, e a ele decidiu dedicar-se. A estada em Oxford durou até abril de 1657, e, a partir daí, Richard Jones e seu tutor iniciaram uma série de viagens pelo continente europeu, até que em 1660, por ocasião da Restauração da monarquia inglesa, retornaram de Paris para a Inglaterra, a tempo de celebrar a entrada de Charles II.[8]

No primeiro semestre de 1661, Oldenburg viajou para Bremen, provavelmente buscando organizar seus interesses financeiros, ou se resolver definitivamente com o governo de sua cidade natal, ou para rever uma irmã que se casara. Em junho ou julho daquele ano, antes de retornar a Londres, passou pela Holanda, visitando lugares como

---

republicano, tendo como seu *Lord Protector*, entre 1653 e 1658, o político e militar Oliver Cromwell (1599-1658).

[7] Há uma série de cartas entre Oldenburg e o Senado de Bremen em 1653 e 1654.

[8] Oldenburg, assim como Boyle e Moray, era "realista" a favor da Restauração da monarquia.

Amsterdã, Leiden e Haia, com a intenção de encontrar amigos e personalidades e tratar de alguns assuntos.[9] Segundo Meinsma (1896, p. 171), decerto em pelo menos uma delas, ouviu falar de Espinosa: ou por meio de Jan Rieuwertsz (ca.1617-ca.1685), livreiro de Amsterdã, ou de algum outro colegiante, ou do rabino Menasseh ben Israel (1604-1657). Há ainda aqueles[10] que apontam o milenarista nascido em Londres Pieter Serrarius (1600-1669) como o responsável pelo contato de Oldenburg com o filósofo. Todavia, a escassez de detalhes do itinerário de Oldenburg torna difícil ultrapassarmos as meras conjecturas. O que, por razoabilidade, podemos presumir é que o momento do encontro com Espinosa se deu durante ou logo após a passagem de Oldenburg por Leiden, em virtude de uma visita ao parente e conterrâneo Johannes Koch ou Coccejus (1603-1669), então professor de Teologia na universidade daquela cidade.

Havia poucos meses, Espinosa deixara Amsterdã para morar em Rijnsburg, um vilarejo nos arredores de Leiden, que, naquela ocasião, colocava-o a menos de dez quilômetros de Oldenburg. Certamente muito interessado, o alemão não desperdiçou a oportunidade e dirigiu-se até a pequena casa onde Espinosa alugava um quarto do médico-cirurgião Herman Hooman. Durante a visita, ambos conversaram, como descrito na *Carta* I(1), "sobre Deus, sobre a extensão e o pensamento infinitos, sobre a discrepância e a conveniência desses atributos, sobre a maneira da união da alma humana com o corpo; além disso, sobre os princípios da filosofia cartesiana e da baconiana".

O fato é que o jovem filósofo holandês,[11] de vinte e oito anos, causara tão boa impressão no provecto visitante alemão que este voltou

---

[9] Por uma carta de 3 de agosto de 1661, de Oldenburg a Christiaan Huygens (1629-1695), sabemos que este recebera a visita daquele em Haia.

[10] Como Ernestine van der Wall (1988, p. 90) e Marilena Chaui (1999, pp. 31n-32n).

[11] Dizemos que Espinosa era holandês considerando apenas o local de nascimento. Todavia, só no fim do século XVIII, os judeus da Holanda obtiveram igualdade de direitos políticos e de cidadania, por meio do "Decreto de Emancipação" de 1796, que estabeleceu o judaísmo não mais como nação, mas como religião. É de notar que a nacionalidade de Espinosa encontra ressalva nas palavras do próprio Oldenburg, que, em carta de 7 de outubro de 1665 a Robert Moray (1609-1673), refere-se ao filósofo como alguém que "vive na Holanda, mas não holandês". Por outro lado, notemos que Espinosa não admite tal exclusão, tanto que na folha de rosto dos *Princípios de*

a Londres determinado a continuar, por cartas, o diálogo que tiveram pessoalmente. Assim inicia-se a correspondência entre Espinosa e Oldenburg, compreendendo um primeiro período contínuo que vai de 16 de agosto de 1661 a 4 de agosto de 1663. O conjunto escrito nesses dois anos é composto por onze cartas disponíveis; algumas, porém, estão incompletas, como é o caso das *Cartas* II(2), IV(4) e XIII(9), todas as três interrompidas por um "etc." antes do fechamento, possivelmente porque os editores quiseram poupar os leitores de assuntos mais pessoais.[12]

Na *Carta* I(1), Oldenburg se queixa que ainda o atormentavam os assuntos tratados na visita que fizera a Espinosa, muito importantes para se falar "somente de relance e passagem", e pede que o filósofo esclareça melhor seus conceitos sobre eles. Em seguida, já ali, expõe suas duas primeiras questões. Primeiro, pergunta que distinção Espinosa estabelece entre a extensão e o pensamento; segundo, que defeitos ele observa na filosofia de Descartes e na de Bacon, e de que maneira julga que podem ser suprimidos e substituídos por coisas mais sólidas. Esse assunto, iniciado pessoalmente, interessa diretamente a Oldenburg. Com efeito, Bacon e Descartes são parte do universo intelectual frequentado por ele, sobretudo quanto às contribuições de cada um ao método científico experimental que estava em desenvolvimento e prática na Inglaterra.

Na *Carta* II(2), a resposta de Espinosa à primeira questão não é direta nem explícita. De fato, o que ele faz inicialmente é apresentar as seguintes definições de Deus e de atributo (já que a do primeiro envolve a do segundo): Deus é "um ente que consiste de infinitos atributos, dos quais cada um é infinito, ou seja, sumamente perfeito em seu gênero"; e atributo é "tudo aquilo que é concebido por si e

---

filosofia cartesiana fez questão de indicar sua autoria como: *per Benedictum de Spinoza Amstelodamensem* (amsterdamês).

[12] Na abordagem da correspondência, os editores das *Opera Posthuma* estavam desinteressados na história pessoal de Espinosa ou nos detalhes biográficos dela; de tal maneira que excertos, ou mesmo cartas inteiras (não se sabe quantas), considerados de interesse somente pessoal foram excluídos (ESPINOSA, 1925, p. 372). O "desinteresse" parece-nos incluir a intenção de evitar problemas para as pessoas com as quais Espinosa se ligou além dos assuntos filosóficos.

em si, de tal maneira que o próprio conceito não envolve o conceito de outra coisa". Para o filósofo, a partir daquela definição de Deus, há de se entender que ele seja sumamente perfeito e absolutamente infinito, e daí pode-se demonstrar facilmente que ele existe. Todavia, em vez de proceder a essa demonstração, Espinosa prefere "demonstrar" outras três proposições sobre a substância. Mas, o que o filósofo faz é enunciar, e não demonstrar; e tais enunciados ele pouco explica, limitando-se a orientar que sejam entendidos à luz da definição de Deus fornecida.

Mas o que, então, quis Espinosa que Oldenburg concluísse sobre a discrepância entre a extensão e o pensamento? Inicialmente, a partir das definições de Deus e atributo, podem-se coligir tanto a conveniência quanto a discrepância entre ambos: extensão e pensamento são dois atributos infinitos de Deus, o qual, por sua vez, consiste de outros infinitos atributos infinitos; todavia, um atributo é concebido por si e em si, ou seja, o conceito de um não envolve o conceito de outro, sendo cada um sumamente perfeito em seu gênero. Mas essa conclusão só é possível porque certamente Oldenburg já concebia a extensão e o pensamento como atributos, tal como se depreende da *Carta* I(1): "tivemos uma conversa sobre Deus, sobre a extensão e o pensamento infinitos, sobre a discrepância e a conveniência desses atributos".

Em seguida, buscando complementar a resposta e "satisfazer à primeira pergunta", Espinosa ratifica a suma perfeição e infinitude absoluta de Deus, e após asserir que a existência de Deus se segue facilmente de sua definição, enuncia três proposições: a primeira é que na natureza das coisas não podem existir duas substâncias que não difiram na essência toda; a segunda é que uma substância não pode ser produzida, mas é de sua própria essência existir; e a terceira é que toda substância deve ser infinita, ou seja, sumamente perfeita em seu gênero. Diante disso e de nada mais, é bem difícil dizer a que ponto quer chegar Espinosa. Sobretudo, porque o filósofo não deixa demonstrada ou expressa a identificação entre Deus e substância ou mesmo entre atributo e substância, talvez porque contasse que Oldenburg já a concebesse, talvez porque estivesse esquivando-se de mostrar às claras suas ideias mais subversivas, como o imanentismo. Não obstante, parece-nos que a intenção de Espinosa é indicar que

a extensão e o pensamento, como atributos de Deus, ou ainda como substâncias, diferem integralmente em suas essências, existem necessariamente pela força de suas essências e, por fim, são infinitos, ou seja, sumamente perfeitos, cada um em seu gênero.

Decerto, tendo percebido o intrincamento do tema, e talvez para isentar-se um pouco da obscuridade da resposta, Espinosa vê por bem não prolongar o assunto e decide anexar à carta um documento contendo as demonstrações geométricas daquelas proposições enunciadas. Aqui, vale notar que, curiosamente, no texto das *Opera Posthuma* (único disponível), consta uma nota de rodapé na qual Espinosa solicita que Oldenburg veja do início à quarta proposição da primeira parte da *Ética* (*Vide Ethices partem 1. ab initio usque ad Prop. 4.*). Todavia, trata-se de uma indicação cronologicamente incompatível, pois não há indício de que àquela época a obra estivesse sob a pena do filósofo já como *Ética*, e também porque somente em meados de 1675 Espinosa dá a seu correspondente a notícia da existência de um *tractatus quinque-partitum*; por isso, é mais provável que a nota seja uma inserção não de Espinosa, mas dos editores das obras. A nós, as demonstrações parecem aduzir a um material coevo ao apêndice "Demonstração geométrica" do *Breve tratado de Deus, do homem e do seu bem-estar* (*Breve tratado*), visto que os axiomas contidos nas demonstrações – que só conhecemos porque Oldenburg os transcreveu na *Carta* IV(4) – coincidem, na mesma sequência, com os quatro iniciais do apêndice citado.[13]

---

[13] A partir das menções em diferentes cartas, pudemos escalonar parte do conteúdo das "demonstrações geométricas" enviadas por Espinosa a Oldenburg. Seguem:

DEFINIÇÕES

I. Deus é um ente que consiste de infinitos atributos, dos quais cada um é infinito, ou seja, sumamente perfeito em seu gênero.

II. Atributo é tudo aquilo que é concebido por si e em si, de tal maneira que o próprio conceito não envolve o conceito de outra coisa.

AXIOMAS

I. A substância é por natureza anterior aos seus acidentes.

II. Nada existe na natureza das coisas além de substâncias e acidentes.

III. As coisas que têm atributos diversos nada têm em comum entre si.

IV. As coisas que nada têm em comum entre si não podem ser causa uma da outra.

Não é claro se a brevidade das explicações à primeira pergunta se deve mais à falta de paciência ou à desconfiança de Espinosa em expor abertamente seu pensamento a Oldenburg, mas ousamos dizer que se trata do último motivo. Primeiro, porque o próprio filósofo não adere à expectativa de Oldenburg de que suas respostas promoverão um vínculo mais forte entre ambos ("ainda que eu não pense que isso haja de ser um meio de te vinculares mais estreitamente a mim"). Segundo, porque, tratando-se de um correspondente com formação teológica e escolástica, limitar as explicações à aridez de demonstrações geométricas – ainda mais para alguém, até onde se sabe, pouquíssimo ou nada habituado a elas –, em vez de expor o assunto de maneira menos geométrica, como o faz para outros correspondentes, soa mais como cautela do que como impaciência ou pressa. Terceiro, porque como veremos a seguir, quanto à segunda pergunta, que trata da filosofia de outros, a resposta é muito mais prolixa.

"[...] que defeitos observas na filosofia de Descartes e na de Bacon, e de que maneira julgas que eles podem ser suprimidos e substituídos por coisas mais sólidas." Com a ressalva de que não costuma apontar os erros dos outros, Espinosa inicia sua crítica com três acusações a Bacon e Descartes: primeiro, estão muito longe do conhecimento da causa primeira e da origem de todas as coisas; segundo, ignoram a verdadeira natureza da mente humana; e terceiro, jamais alcançaram a verdadeira causa do erro. Quanto às duas primeiras, mais uma vez poupando explicações, Espinosa apenas indica a contraposição entre elas e a verdade das mesmas três proposições mencionadas na resposta à primeira questão. Dali, todavia, ao contrário do que sugere o filósofo, não é tão fácil coligir por que Bacon e Descartes erram. Sobre a causa primeira, o que talvez seja

---

PROPOSIÇÕES

I. Na natureza das coisas não podem existir duas substâncias que não difiram na essência toda.

II. Uma substância não pode ser produzida, mas é de sua própria essência existir.

III. Toda substância deve ser infinita, ou seja, sumamente perfeita em seu gênero.

Escólio [que demonstra que "a existência da coisa definida não se segue da definição de uma coisa qualquer, mas tão somente se segue da definição ou ideia de algum atributo, isto é, de uma coisa que é concebida por si e em si"].

lícito pensar é que ela é uma substância, e, por isso, que é infinita, sumamente perfeita em seu gênero e que é de sua essência existir, ou seja, que é causa de si. Voltando-nos à mente humana, nada sobre sua natureza pode ser concluído exclusivamente do que oferece Espinosa; e é muito pouco provável que as demonstrações geométricas enviadas por Espinosa supram as lacunas demonstrativas, indicando, por exemplo, o conceito espinosano de mente como modificação do atributo pensamento.

Passemos, então, à última acusação, sobre a qual Espinosa dedica mais explicações. Segundo o filósofo, Bacon, que fala "de maneira bastante confusa e quase nada prova, mas somente narra", aponta as seguintes causas do erro: primeiro, porque o intelecto humano, além do engano dos sentidos, engana-se por sua só natureza e finge todas as coisas por analogia à sua natureza, e não por analogia ao universo, tal como se fosse um espelho desigual aos raios das coisas, que mistura sua natureza à natureza das coisas; segundo, porque o intelecto humano é levado a coisas abstratas por sua própria natureza e finge constantes aquelas que são fluidas; e terceiro, porque o intelecto humano cresce e não pode firmar-se ou repousar.

Essas causas são, respectivamente, referências explícitas aos aforismos XLI, LI e XLVIII, do Livro I do *Novum organum*.[14] Todavia, Espinosa não detém sua crítica a elas diretamente, preferindo reduzi-las a uma só causa, que alega presente tanto em Bacon como em Descartes: no primeiro, "porque o intelecto não é de uma luz seca, mas recebe infusão da vontade", asserção contida no aforismo XLIX da mesma obra citada; no segundo, "porque a vontade humana é livre e mais ampla que o intelecto". Para Espinosa, a falsidade dessa causa única está propriamente na maneira como aqueles dois filósofos concebem a vontade.

Em Bacon não encontramos uma doutrina própria sobre a vontade, mas a afirmação de que "o intelecto não é de uma luz seca,

---

[14] O *Novum organum* (Londres, 1620) é considerado a ata inaugural da filosofia inglesa moderna, e se divide em livros I e II, compostos respectivamente de cento e trinta, e cinquenta e dois aforismos. Os aforismos citados por Espinosa constam transcritos nas notas de tradução 8, 9 e 10.

mas recebe infusão da vontade" – ou seja, que ele está inevitavelmente permeado pela vontade – transparece o tradicional conceito agostiniano de que a vontade é que efetivamente permite a livre escolha, cabendo ao intelecto unicamente o conhecimento das coisas. Descartes, por sua vez, também identifica vontade e liberdade de escolha (*libertas arbitrii*), de tal maneira que, nas *Meditações sobre a filosofia primeira* (Paris, 1641), declara que a vontade:

> [...] consiste apenas em fazer ou não fazer algo (isto é, afirmar ou negar, seguir ou fugir), ou antes, apenas no fato de que, para afirmar ou negar, ou seja, seguir ou fugir ao que nos é proposto pelo intelecto, sejamos conduzidos de maneira tal que não sintamos que somos determinados por nenhuma força externa.[15]

Todavia, para Espinosa, não há, na mente, nenhuma faculdade de querer e de não querer, mas apenas volições, ou seja, essa e aquela afirmação, essa e aquela negação. Com efeito, a vontade não é senão um ente universal ou de razão, ou seja, "um modo de pensar que serve para mais facilmente *reter, explicar e imaginar* as coisas entendidas" (ESPINOSA, 2015b, p. 197).[16] Quer dizer que ela é uma ideia pela qual explicamos todas as volições singulares, isto é, aquilo que é comum a todas elas. Nesse sentido, a causa dessa ou daquela volição singular não pode ser a vontade, assim como a causa desse ou daquele branco não é a brancura, nem a causa de Pedro e de Paulo é a humanidade. Argumento semelhante encontramos no prefácio dos *Princípios da filosofia cartesiana*,[17] escrito por Lodewijk Meyer (1629-1681):

> [...] o autor [Espinosa] crê não ser difícil de demonstrar que a vontade não se distingue do intelecto, e muito menos possui aquela liberdade que lhe adscreve Descartes; mais ainda, que a própria faculdade de afirmar e negar é totalmente fictícia; o afirmar e o negar nada são além de ideias; já as demais faculdades, como o

---

[15] Ver DESCARTES, 1842, p. 45.

[16] Na *Ética* II, prop. 48, escólio, Espinosa é enfático: "[...] por vontade, compreendo a faculdade de afirmar e de negar, e não o desejo. Compreendo, repito, aquela faculdade pela qual a mente afirma ou nega o que é verdadeiro ou o que é falso, e não o desejo pelo qual a mente apetece ou rejeita as coisas".

[17] Obra de Espinosa publicada em 1663 por Jan Rieuwertsz.

intelecto, o desejo, etc., devem ser contadas no número das ficções, ou ao menos no das noções que os homens formaram por conceber as coisas abstratamente, quais sejam, a humanidade, a pedridade e outras do gênero (*Ibidem*, p. 41).

Ora, porquanto a vontade e o intelecto são, para Espinosa, uma só e mesma coisa, também devem sê-lo as volições e as ideias singulares.[18] Daí que, por ser absurda a separação entre a faculdade de assentir e a faculdade de entender, Descartes estaria falando de algo mais amplo que si mesmo; e Bacon, de algo que recebe a infusão de algo em si mesmo, resultando um intelecto que é sim de uma luz seca – para repetir a expressão tomada por Bacon de Heráclito.[19] Não há, pois, uma vontade livre de cuja perversão decorre o erro. As volições, porque em nada se distinguem de ideias, são sempre determinadas por coisas postas fora da mente, ou só pela mente, e, por isso, de jeito nenhum podem ser ditas livres. Em outras palavras, a mente humana é determinada a querer isso ou aquilo por causas que são, também elas, determinadas por outras, e essas, por sua vez, por outras, e assim até o infinito.

Finalmente, regressando ao problema da causa do erro, Espinosa declara que os erros são volições singulares determinadas por causas externas. E aqui vale estender a conclusão do filósofo dizendo que se, de um lado, volições determinadas por causas externas ao intelecto são afirmações ou negações de ideias falsas, de outro, volições determinadas pelo intelecto são necessariamente afirmações de ideias verdadeiras. Portanto, a causa do erro, longe de requerer uma vontade livre distinta do intelecto, tem em conta o tipo de determinação, interna ou externa, que sofre o intelecto, ou seja, a vontade.[20] Essa argumentação encerra a *Carta* II(2), que possui um texto incompleto, pelo menos quanto ao fechamento, forçado pelos editores com um "etc.".

---

[18] A identidade entre vontade e intelecto está demonstrada na *Ética* II, prop. 49.

[19] Heráclito, *Fragmento* 118: *Lumen siccum optima anima* ("Luz seca, ótima alma").

[20] Embora a *Ética* II, prop. 49, apresente uma argumentação mais madura e acabada sobre a causa do erro, quisemos discutir a questão recorrendo apenas aos *Pensamentos metafísicos*, cujos argumentos, por serem cronologicamente mais próximos aos da *Carta* III(3) (escrita cerca de dois anos antes), são mais semelhantes.

A resposta de Oldenburg, na *Carta* III(3), vem em poucas semanas; e, senão por corte dos editores, é objetiva e poupa floreios iniciais. Admitindo a dificuldade de entender o que Espinosa dera como respostas às questões levantadas ("acuso minha hebetação por não alcançar assim prontamente o que com tanto cuidado ensinas"), invoca novas questões, desta vez em número de três. A primeira remete à afirmação de Espinosa de que a partir da só definição de Deus pode ser demonstrada a existência de tal ente. Para Oldenburg, as definições contêm somente conceitos da mente, por meio da qual podem ser concebidas, aumentadas e multiplicadas muitas coisas inexistentes.[21]

> Com efeito, a partir do acúmulo mental de todas as perfeições que depreendo nos homens, nos animais, nos vegetais, nos minerais etc., posso conceber e formar uma substância única que possua de maneira sólida todas aquelas virtudes, que, ainda mais, minha mente é capaz de multiplicar e aumentar ao infinito, e de tal forma efigiar para si um ente perfeitíssimo e excelentíssimo, sem que daí, todavia, de modo algum se possa concluir a existência de um ente desse tipo.

Esse argumento, todavia, indica que a primeira dúvida de Oldenburg envolve não especificamente o problema da definição de Deus, mas sim o que vem a ser uma definição verdadeira.

A segunda questão, certamente motivada pela definição de atributo fornecida por Espinosa na *Carta* II(2), trata das fronteiras entre o pensamento (não como atributo, mas como ação cogitativa) e o corpo. Oldenburg manifesta um interesse não só seu, mas também de Boyle, para quem a questão da união entre o corpo e a mente era de extrema relevância.[22] A pergunta a Espinosa, sob a alegação da

---

[21] Há aqui influência de Gassendi nessa exposição. No primeiro volume de suas *Opera omnia* (1658, p. 93), encontramos a seguinte passagem: "Mas, além disso, a partir dessas coisas que passam pelos sentidos, e que existem na mente, formam-se várias de vários modos, como por composição e como que pela reunião de muitas coisas, ampliação e diminuição delas, transferência e acomodação de uma coisa à outra diferente daquela sobre a qual se tomou".

[22] Para Boyle, é uma união estabelecida por Deus de acordo com certas leis que demarca o escopo de interação e que provê novos poderes ao corpo e à mente. A interação que resulta dessa união é chamada por ele de "supramecânica" e, interessantemente, tomada como a terceira parte em uma divisão tripartite das "operações de Deus" na natureza (ANSTEY, 2000, p. 192).

incerteza existente quanto à natureza do pensamento (*adhuc sub judice lis sit*), se é claro para ele não ser o corpo limitado pelo pensamento, nem o pensamento, pelo corpo. A dúvida se apoia no problema da interação ou interface entre mente e corpo, e, mais ao extremo, sobre a possibilidade de a própria mente possuir natureza física. Essa discussão já era relevante entre os pensadores do século XVII, e ganha exposição sobretudo nas *Quartas* e *Quintas objeções* às *Meditações sobre a Filosofia Primeira*, respectivamente dos filósofos Antoine Arnauld (1612-1694) e Pierre Gassendi (1592-1655), que contestam a distinção e a relação corpo-mente concebida por Descartes.

Por fim, a terceira questão de Oldenburg diz respeito ao estatuto axiomático de três dos quatro axiomas dados por Espinosa nas demonstrações geométricas enviadas como anexo à sua primeira carta, *Carta* II(2) – já que no corpo desta não há menção a eles. Oldenburg faz questão de ratificar que axiomas são "princípios indemonstráveis, conhecidos pela luz natural e que não precisam de prova alguma", para então indicar suas questões. De antemão, cumpre notar que, embora anteriormente tenhamos indicado a coincidência entre as quatro proposições listadas na *Carta* II(2) e aquelas presentes no apêndice geométrico do *Breve tratado*, com os axiomas não ocorre o mesmo, já que o apêndice os traz em sequência diferente e entre um número maior, não só quatro, mas sete.

Passemos então às críticas. Embora Oldenburg conceda que o primeiro dos axiomas contidos nas demonstrações geométricas seja de fato um axioma, hesita em afirmar que o sejam os outros três.[23] Assim, deixando aquele de lado, a primeira crítica visa o segundo axioma, que afirma nada existir na natureza das coisas além de substâncias e acidentes. Contra ele, Oldenburg se limita a mencionar que muitos sustentam o tempo e o lugar como não compatíveis nem com substâncias nem com acidentes. Em seguida, é criticado o terceiro axioma, que assere que "as coisas que têm atributos diversos nada têm em comum entre si", pois "parece antes convencer do contrário disso" o fato de que "todas as coisas conhecidas por nós ora diferem

---

[23] Oldenburg não deixa expresso o conteúdo do primeiro axioma, mas o encontramos na *Carta* IV(4): "a substância é por natureza anterior aos seus acidentes".

entre si em alguns pontos, ora convêm em alguns outros". Por último, quanto ao quarto axioma, isto é, que "as coisas que nada têm em comum entre si não podem ser causa uma da outra", o correspondente contra-argumenta que Deus é tido por quase todos nós como causa de todas as coisas criadas sem possuir nada em comum com elas. É evidente que, em todas as críticas, Oldenburg não duvida somente do estatuto axiomático dos axiomas de Espinosa, mas antes da própria veracidade de cada um. Aqui, vale destacar também a preocupação dele em suavizar o tom da divergência de suas opiniões, o que faz recorrendo a testemunhos adicionais para sustentar sua argumenta-ção na primeira (*multi statuant*) e na terceira (*ferè omnibus habetur*), e valendo-se da expressão de resguardo "parece" (*videatur*) na segunda.

Apontadas as supostas fragilidades dos axiomas de Espinosa, Oldenburg dá o passo seguinte contestando a validade de todas as proposições demonstradas geometricamente a partir deles. À guisa de críticas, ele lança então suas dúvidas sobre duas das três proposições citadas por Espinosa na *Carta* II(2), a saber: na natureza das coisas não podem existir duas substâncias que não difiram na essência toda; e uma substância não pode ser produzida, mas é de sua própria essência existir. Contra a primeira, argumenta que podem dar-se sim duas substâncias de mesmo atributo; por exemplo, dois homens, porque valem-se da razão, são duas substâncias e são do mesmo atributo. Em relação à segunda, Oldenburg se vê encurralado pela impossibilidade de produção das substâncias, pois, se por um lado a proposição diz que uma não pode ser causa de outra, por outro, não pode haver substância causa de si (*causa sui*); isso porque, acrescenta, se as substâncias fossem causas de si, como quer Espinosa, todas seriam independentes umas das outras, e assim cada uma delas seria Deus, donde existiriam tantos deuses quantas substâncias, eliminando, por fim, a causa primeira de todas as coisas. Aqui, não poderia deixar de estar manifestada a con-cepção do teólogo Oldenburg de que Deus é causa transitiva, isto é, de um Deus transcendente.

Essas são as últimas ponderações contidas na *Carta* III(3). Dian-te delas e buscando transparecer boa vontade em compreender o pensamento de Espinosa, Oldenburg pede que o filósofo responda às questões levantadas e, mais ainda, que explique – certamente

PRIMEIRO PERÍODO (1661-1663)

motivado pela última crítica – "qual é a origem e a produção das substâncias, e a dependência das coisas umas das outras e sua mútua subordinação". Notemos, por fim, que Oldenburg não toca em nenhuma das considerações de Espinosa acerca dos erros de Descartes e Bacon, mesmo que elas tenham ocupado a maior parte da *Carta* II(2). Todavia, a questão da livre escolha em contraposição à necessidade não passará em branco e será retomada no terceiro período da correspondência (1675-1676).

Poucas semanas depois, provavelmente no início de outubro de 1661, Espinosa responde a Oldenburg com a *Carta* IV(4). Sem demora, o filósofo inicia suas explicações seguindo a mesma ordem das questões da *Carta* III(3). Quanto à primeira, a saber, se não é indubitado que a partir daquela só definição dada de Deus demonstra-se que ele existe, Espinosa distingue entre "definição de uma coisa qualquer" e "definição de uma coisa concebida por si e em si", esclarecendo que somente a partir da última, isto é, da definição de atributo, segue-se a existência da coisa. Ora, o que é concebido em si e por si é o que Espinosa entende por atributo, e se Deus é definido como "um ente que consiste de infinitos atributos, cada um dos quais é infinito, ou seja, sumamente perfeito em seu gênero", então a existência desse ente também deve seguir-se de sua própria definição. A demonstração da existência de Deus no *Breve tratado* (primeira parte, cap. I, §1) parece articular-se muito bem com o que é afirmado a Oldenburg:

> Acerca do primeiro ponto – a saber, se existe um Deus –, nós dizemos que isto pode ser demonstrado:
> Primeiro *a priori*, como segue:
> 1. *Tudo o que nós clara e distintamente entendemos pertencer à natureza de uma coisa, nós o podemos afirmar também com verdade desta coisa. Mas podemos entender clara e distintamente que a existência pertence à natureza de Deus. Logo.*

Como vemos, o discurso é o mesmo: a clareza e a distinção são suficientes para demonstrar *a priori* a verdade da existência de Deus. Ainda sobre isso, voltando à *Carta* IV(4), Espinosa menciona um escólio junto às três proposições contidas nas demonstrações geométricas anexadas à *Carta* II(2) ("demonstrei no escólio que ajuntei às três

proposições"). Embora não conheçamos o conteúdo completo desse escólio, o filósofo aduz dois pontos principais a serem considerados: a diferença entre uma ficção e um conceito claro e distinto; e o axioma de que toda definição, ou seja, ideia clara e distinta, é verdadeira (*definitio, sive clara, et distincta idea sit vera*). Com o primeiro, Espinosa quer que Oldenburg perceba o próprio equívoco na alegação de que "as definições não contêm senão conceitos de nossa mente, e que, além disso, nossa mente concebe muitas coisas que não existem e é fecundíssima na multiplicação e no aumento de coisas uma vez concebidas". Evidentemente, ao pensar a definição, Oldenburg a admite contendo não só conceitos claros e distintos, mas também fictícios. Com efeito, o que ele propõe, na *Carta* III(3), como definição de Deus – isto é, um ente perfeitíssimo e excelentíssimo efigiado a partir de uma substância única concebida e formada a partir do acúmulo mental de todas as perfeições depreendidas nas criaturas, aumentadas e multiplicadas ao infinito – não é uma definição, mas uma ficção. Sobre esta, acerquemo-nos do que diz o *Tratado da emenda do intelecto* (*Tractatus de intellectus emendatione - TIE*):

> Depois, quando falarmos da ficção que versa acerca das essências, aparecerá claramente que a ficção nunca faz ou apresenta algo de novo à mente, mas que apenas são chamadas à memória as coisas que estão no cérebro ou na imaginação, e que a mente atenta de maneira confusa a todas em simultâneo. Por ex., chamam-se à memória a fala e a árvore; e como a mente atenta a elas de maneira confusa e sem distinção, acha que a árvore fala. O mesmo se entende da existência, especialmente, como dissemos, quando é concebida tão geralmente como ente; porque então é facilmente aplicada a todas as coisas que ocorrem simultaneamente na memória. Isso é muito digno de nota (§57, nota *x*).

Ora, só pelo fato de admitir uma definição a partir de conceitos fictícios, cai por terra a primeira objeção de Oldenburg, pois o que ele faz, poderíamos dizer com Espinosa, é fingir algo que chama de Deus.[24] Mas o filósofo ainda quer que seu correspondente note a

---

[24] No *TIE*, §55, nota *t*, Espinosa afirma: "Nota: ainda que muitos digam duvidar que Deus exista, eles não têm nada mais que um nome ou fingem algo que chamam de

verdade do axioma de que toda definição, ou seja, ideia clara e distinta, é verdadeira.[25] Disso cumpre notar a identidade entre "definição" e "ideia clara e distinta" e, em simultâneo, entre "definição" e "ideia verdadeira"; ou seja, a falsidade só pode pertencer a uma ficção.[26] Retomando a definição de Deus, isto é, "um ente que consiste de infinitos atributos, cada um dos quais é infinito, ou seja, sumamente perfeito em seu gênero", associada à definição de atributo como "tudo aquilo que é concebido por si e em si, de tal maneira que o próprio conceito não envolve o conceito de outra coisa", temos, dito pelo próprio Espinosa na *Carta* II(2), "que essa seja a verdadeira definição de Deus a partir do fato de que entendemos por Deus o ente sumamente perfeito e absolutamente infinito". Em outras palavras, porque a partir da definição espinosana de Deus entendemos que Deus é o ente sumamente perfeito e absolutamente infinito, e porque isso é uma ideia clara e distinta, segue-se que a definição é verdadeira; mais ainda, porque a partir dessa definição verdadeira, associada àquela de atributo, entendemos que Deus é concebido por si e em si, também é indubitável que a partir dela demonstra-se que Deus existe.

Passemos à segunda questão de Oldenburg, isto é, se para Espinosa não há dúvida de que o corpo é limitado pelo pensamento, ou o inverso, pois, declara o alemão, está *sub judice* se o pensamento é ou não um movimento corpóreo. De início, o filósofo localiza a motivação da questão no exemplo vinculado à definição de atributo, dado na *Carta* II(2), em que se distinguem extensão e movimento ("p. ex., a extensão é concebida por si e em si; mas não o movimento; pois este é concebido em outro e seu conceito envolve a extensão"). A resposta, porém, parte da consideração de que uma coisa só pode

---

Deus; o que não convém com a natureza de Deus, como mostrarei depois em seu devido lugar".

[25] Na quarta parte do *Discurso do método*, Descartes julga poder "tomar por regra geral que as coisas que concebemos muito clara e distintamente são todas verdadeiras" (DESCARTES, 2009, p. 61).

[26] *TIE*, §68: "[...] as ideias que são claras e distintas nunca podem ser falsas, pois as ideias das coisas que são concebidas clara e distintamente são ou simplíssimas ou compostas de ideias simplíssimas, isto é, deduzidas de ideias simplíssimas. Porém, que uma ideia simplíssima não possa ser falsa, qualquer um poderá ver, desde que saiba o que é o verdadeiro, ou seja, o intelecto e simultaneamente o que é o falso".

ser finita ou infinita se considerada em seu gênero. Sobre o assunto, vale notar a segunda definição da parte I da *Ética*:

> É dita finita em seu gênero aquela coisa que pode ser delimitada por outra de mesma natureza. P. ex., um corpo é dito finito porque concebemos outro sempre maior. Assim, um pensamento é delimitado por outro pensamento. Porém, um corpo não é delimitado por um pensamento, nem um pensamento por um corpo.

Espinosa, então, argumenta que, se a extensão fosse limitada pelo pensamento, obviamente não seria limitada por si mesma, ou seja, continuaria infinita quanto ao seu próprio gênero, embora não de maneira absoluta. Quanto à possibilidade de ser o pensamento um movimento corpóreo, o filósofo alega que não a concede, uma vez que é inegável que a extensão, quanto à extensão, não é pensamento; e complementa que isso "é suficiente para explicar minha definição e demonstrar a terceira proposição". A definição mencionada, como já observamos, é a de atributo, e a proposição, relembramos, é a de que toda substância deve ser infinita, ou seja, sumamente perfeita em seu gênero.

Finalizado o argumento, Espinosa acerca-se da terceira crítica de Oldenburg, que consiste no ataque aos quatro axiomas, seguido da contestação das proposições, todos contidos nas demonstrações geométricas enviadas como anexo à *Carta* II(2). Fosse objetado tão-só o estatuto axiomático daqueles axiomas ou noções comuns, Espinosa alega que não se contraporia; todavia, como já observamos, as críticas, antes de atingirem a necessidade de demonstração dos enunciados, atentam contra a própria verdade deles, como querendo "mostrar que é mais verossímil o contrário deles".

Para iniciar, Espinosa se vê obrigado a expor duas novas definições, pelo menos aos leitores das cartas: de substância e de modificação.[27] Assim, define-se substância como "aquilo que é concebido por si e em si, isto é, aquilo cujo conceito não envolve o conceito

---

[27] Embora seja a primeira vez que as definições de substância e modificação aparecem no corpo da correspondência, o filósofo parece indicar que ambas já estavam no conjunto daquelas demonstrações geométricas ("atenta, por favor, à definição que dei").

PRIMEIRO PERÍODO (1661-1663)

de outra coisa"; e modificação, que é o mesmo que acidente, como "aquilo que é em outro e que é concebido por aquilo em que é". Espinosa pode agora articular tais definições para defender a verdade dos seus axiomas.

Quanto ao primeiro axioma, cujo enunciado não é criticado nem mesmo mencionado por Oldenburg, e que encontramos na resposta do filósofo como "a substância é por natureza anterior aos seus acidentes", é evidente sua verdade, pois, se o acidente só pode ser na substância, por meio da qual também é concebido, então a substância é necessariamente anterior a ele. Para explicar o segundo axioma, isto é, que "nada existe na natureza das coisas além de substâncias e acidentes", Espinosa declara que tudo o que existe realmente, ou seja, fora do intelecto, "é concebido ou por si ou por outro, e seu conceito ou envolve o conceito de outra coisa ou não o envolve" – o que podemos dizer que também é um axioma; e assim, a partir das definições de substância e acidente, nada pode haver além de substância e acidente. Notemos que o contraexemplo de Oldenburg, acerca da incompatibilidade do tempo e do lugar, é totalmente ignorado. Com efeito, vale mencionar que, para Espinosa, o tempo não existe na realidade, mas é um ente de razão, isto é, apenas um modo de, com a imaginação, medir a duração;[28] já o lugar – que aqui entendemos no sentido aristotélico de espaço onde as coisas se deslocam[29] – envolve a extensão tanto quanto as coisas corpóreas. Quanto ao terceiro axioma, que afirma que "as coisas que têm atributos diversos nada têm em comum entre si", Espinosa, novamente sem tocar no contraexemplo proposto por Oldenburg, apenas reitera que um atributo, por definição, é aquilo cujo conceito não envolve o conceito de outra coisa.

---

[28] Na *Carta* XII, Espinosa escreve a Meyer: "Além disso, do fato de podermos, à vontade, determinar a duração e a quantidade, a saber, quando concebemos esta abstraída da substância, e separamos aquela da maneira como flui das coisas eternas, originam-se o tempo e a medida: o tempo para determinar a duração, a medida para determinar a quantidade, de tal maneira que as imaginamos facilmente, o quanto possível. Ademais, do fato de separarmos as afecções da substância da própria substância e as reduzirmos a classes para que, o quanto possível, imaginemo-las facilmente, origina-se o número com o qual as determinamos. A partir disso, vê-se claramente que a medida, o tempo e o número nada mais são que modos de pensar, ou antes, modos de imaginar".

[29] Ver Aristóteles, *Física*, livro IV (*topos*, cap. 1-5).

De fato, o que é contraposto ("todas as coisas conhecidas por nós ora diferem entre si em alguns pontos, ora convêm em alguns outros") ignora totalmente a definição espinosana de atributo, comparando este a qualquer coisa conhecida. No que atina ao último axioma criticado, isto é, que "as coisas que nada têm em comum entre si não podem ser causa uma da outra", Espinosa explica que, se fosse possível o contrário, conceder-se-ia um efeito cujo conteúdo viria do nada. Dessa vez, decide também refutar o argumento de Oldenburg, que supõe que Deus, formalmente, nada tem em comum com as coisas criadas. Ao contrário, além das substâncias ou dos atributos, todas as coisas são modificações de atributos infinitos e sumamente perfeitos em seu gênero, de todos os quais Deus consiste.

Pois bem, defendidos os axiomas, Espinosa passa às críticas às proposições. Retomando a primeira, em que se alega que dois homens que, porque possuem a razão, são duas substâncias de mesmo atributo, é evidente que a dúvida só tem lugar porque Oldenburg insiste em ignorar as definições espinosanas de atributo e substância. Por isso, Espinosa se basta em declarar que os homens não são criados, mas apenas gerados a partir de corpos que antes existiam formados doutro modo; quer dizer, o corpo de cada homem não é uma substância distinta, mas uma modificação do atributo extensão da substância. Quanto à segunda proposição, acusada por Oldenburg de criar tantos deuses quantas substâncias, já que cada uma seria causa de si e independente de todas as outras, Espinosa limita-se a afirmar que a partir dela segue-se um único Deus, que consiste de infinitos atributos. A explicação, todavia, é muito sucinta, para não dizer impaciente, e requereria concluir que só pode dar-se uma única substância, que é Deus, e, assim, poderia deduzir: se Deus, por definição, consiste de infinitos atributos infinitos; e se, pela primeira proposição dada, não podem existir duas substâncias que não difiram na essência toda, isto é, nos atributos de que consta; logo, houvesse outra substância além de Deus, faltaria nele o que consta dela, o que é absurdo, já que ele consiste de infinitos atributos; há, pois, uma única substância, que é Deus. Oliveira (2015, p. 60) aponta que o equívoco de Oldenburg aparece devidamente esclarecido no *Breve tratado*, pois

[...] se fossem substâncias diversas que não estivessem implicadas com um único ser, então a união seria impossível, já que vemos claramente que elas não têm entre si absolutamente nada em comum, como pensamento e extensão, em que, não obstante, consistimos (Primeira parte, cap. II, 2, §17).

Essa é a última consideração de Espinosa na *Carta* IV(4), interrompida por um "etc." tal como a *Carta* II(2), e possivelmente pelos mesmos motivos outrora apresentados. Mas faltou responder imediatamente à última pergunta de Oldenburg – e mais autêntica, por não envolver uma contestação como as outras –, que é: "qual é a origem e a produção das substâncias, e a dependência das coisas umas das outras e sua mútua subordinação"? Tal questão, veremos, só será respondida em 1665, no final do segundo período da correspondência.

A resposta de Oldenburg, na *Carta* V(5), é escrita poucas semanas depois, porém, ao contrário das anteriores, é extremamente breve. Em suma, as poucas linhas, além de anunciarem o envio de um livrinho contendo um ensaio de Robert Boyle sobre o nitro, a fluidez e a firmeza, nada possuem de contestação à última carta de Espinosa, mas apenas a cobrança daquela última e única resposta ausente, sem a qual Oldenburg alega que não poderá compreender coisa alguma dita ("todas as coisas que ouço e leio parecem-me vassouras soltas"). Instado ao final da *Carta* VI(6), Espinosa dá uma satisfação:

No que atina à tua nova questão, a saber, como as coisas começaram a ser e com que nexo dependem da causa primeira, compus sobre esse assunto e também sobre a emenda do intelecto um opúsculo inteiro,[30] em cuja redação e emenda estou ocupado. Mas às vezes desisto da obra, porque ainda não tenho nenhuma decisão certa acerca de sua publicação. De fato, temo que os teólogos de nosso tempo se ofendam e invistam contra mim, eu que tenho completo horror a rixas, o ódio com que estão acostumados. Esperarei teu conselho acerca desse assunto, e para saberes o que está contido nessa minha obra que possa ser um empecilho aos pregadores, direi que considero como criaturas muitos atributos que, por eles e pelo menos por todos os conhecidos por mim, são atribuídos a Deus; e,

---

[30] Não se sabe com certeza de que opúsculo Espinosa fala. Ver nota de tradução 33.

ao contrário, outros que, por causa de preconceitos, são considerados por eles como criaturas, eu sustento que são atributos de Deus e que foram mal entendidos por eles; e também não separo Deus da natureza, tal como fizeram todos de que tenho notícia. Espero, pois, teu conselho. Decerto, considero-te um fidelíssimo amigo, de cuja boa-fé seria um crime duvidar.

Como vemos, pela preocupação demonstrada em relação à publicação do opúsculo citado, Espinosa prefere eximir-se de responder sobre a origem das coisas e a causalidade, pois, ainda que exalte Oldenburg como "um fidelíssimo amigo, de cuja boa-fé seria um crime duvidar", não pode dizer o mesmo sobre Boyle e outros doutos pertencentes à Royal Society, que viessem a ler suas explicações. De fato, veremos que estas virão apenas dois anos depois, na *Carta* XXXII(17), escrita no fim de 1665 e discutida em nossa próxima seção.

Desse primeiro período, todavia, as *Cartas* VI(6), VII(7), XI(8), XIII(9), XIV(10) e XVI(11) nada tratam de questões metafísicas, e o conjunto epistolar configura-se antes como uma correspondência entre Espinosa e Boyle, restando a Oldenburg o mero papel de mediador. A começar pela longa análise crítica do livro *Certain Physiological Essays*[31] contida na *Carta* VI(6), as demais cartas voltam-se sobremaneira a discussões físico-químicas e, vale notar, mostram um Espinosa bastante afeito à prática experimental, engendrando seus próprios experimentos a fim de amparar suas objeções contra as conclusões de Boyle. Todavia, porque tais discussões fogem totalmente aos assuntos verdadeiramente próprios a Oldenburg e ao filósofo, considerá-la-emos, no escopo de nosso estudo, como uma digressão no primeiro período. Assim, embora abstendo-nos de

---

[31] A obra é publicada contendo cinco estudos, na sequência: (1) *A proemial essay* ("Um ensaio proemial"); (2) *Of the Unsuccessfulness of Experiments* ("Do insucesso de experimentos"); (3) *Unsucceeding experiments* ("Experimentos sem sucesso"); (4) *A physico-chymical essay, containing an experiment, with some considerations touching the differing parts and redintegration of salt-petre* ("Um ensaio físico-químico, contendo um experimento com algumas considerações relativas às diferentes partes e à reintegração do salitre"); e (5) *The history of fluidity and firmnesse* ("A história da fluidez e da firmeza"). O quarto deles, também conhecido como o *Ensaio do nitro*, foi traduzido por Luciana Zaterka e publicado no Apêndice 1 do livro *A filosofia experimental na Inglaterra do século XVII: Francis Bacon e Robert Boyle* (ver ZATERKA, 2004, pp. 227-262).

comentá-las, não deixamos de destacar e indicar, acerca delas, os relevantes estudos de Filip Buyse e Antônio Clericuzio. Cabe-nos, aqui, apenas mencionar que Boyle e Espinosa dissentiram em grande parte em suas conclusões acerca dos experimentos apresentados. Sobre a polêmica instalada entre eles, Luciana Zaterka (2004, p. 25) nos dá um sinóptico:

> Por meio da correspondência entre Espinosa e Oldenburg, pudemos localizar o ponto preciso da polêmica entre o autor da *Ética* e nosso químico [Boyle]. Para Espinosa, o nitro e as duas partes "decompostas" diferiam somente nas suas propriedades mecânicas, não ultrapassando assim o paradigma "físico-mecânico". Assim, acreditamos que a diferença entre os dois pensadores aparece como uma diferença entre uma ciência natural *a priori* (uma física matemática em que o conhecimento vai das causas aos efeitos) e uma ciência natural *a posteriori* (uma química experimental em que o conhecimento ruma dos efeitos para as causas), que pressupõe diferenças fundamentais quanto aos respectivos conceitos de substância e causa. Esses pressupostos indicam que a diferença entre ambos não se resume àquela que se costuma fazer nos manuais de história da filosofia, entre um racionalista e um empirista, mas diz respeito a aspectos teológicos e ontológicos fundamentais, como, aliás, é necessário ter em conta quando se estuda o pensamento seiscentista.

Possivelmente as profundas divergências com Boyle tenham sido um dos motivos por que, na *Carta* XVI(11), Oldenburg finalmente decide encerrar a diatribe entre o filósofo de "engenho matemático" e seu "nobilíssimo" patrão.[32] Com ela, conclui-se então o primeiro período, seguido de um hiato de quase dois anos (de agosto de 1663 a abril de 1665), pelo menos quanto às cartas supérstites, até o reestabelecimento do comércio epistolar, que tomamos como iniciando o segundo período da correspondência.

---

[32] Oldenburg, além de amigo, serviu como secretário particular de Boyle e como tradutor e editor de seus livros.

Segundo período (1665)

Interlúdio temático, intercâmbio de informações

O segundo período da correspondência entre Espinosa e Oldenburg vai de 28 de abril de 1665 a 8 de dezembro do mesmo ano, compreendendo pouco mais de oito meses, o que é bem menos que o primeiro período. Ao todo, são sete cartas disponíveis, a saber, *Cartas* XXV(12), XXVI(13), XXIX(14), XXX(15), XXXI(16), XXXII(17) e XXXIII(18). Porém, há indícios de que uma ou mais se perderam ou foram excluídas pelos editores das obras póstumas entre maio e setembro de 1665, isto é, entre as *Cartas* XXVI(13) e XXIX(14), talvez por causa do avanço da grande peste a partir do começo daquele ano.[33] Um indício é o fato de não parecer demorada a resposta de Espinosa à *Carta* XXV(12), tendo sido escrita provavelmente em maio, o que seria muito distante da data de 4 de setembro citada por Oldenburg na *Carta* XXIX(14), a segunda deste no período. Ademais, a suspeita se corrobora pela presença de quatro assuntos que ao leitor são novos, mas que sugerem abordagem prévia em carta desconhecida, a saber: a crítica à preparação, por um livreiro holandês, de uma versão latina do tratado sobre as cores de Boyle; o

---

[33] Em 1665, ocorreu um surto de peste bubônica (infecção causada por uma bactéria transmitida por ratos) em Londres. A "grande praga de Londres" matou aproximadamente cem mil pessoas, o que equivalia a aproximadamente um quinto da população da capital britânica.

comentário ao *Mundo subterrâneo*, obra do jesuíta alemão Athanasius Kircher (1602-1680), como que respondendo a algum comentário de Espinosa (em carta ausente) sobre ele; a menção a pensamentos de Espinosa sobre anjos, profecia e milagres, sem lugar nos textos anteriores; e, por último, a alusão de Oldenburg a um comentário de Espinosa sobre a guerra que, na época, travavam Inglaterra e Holanda ("A coragem sobre a qual indicas discutir-se entre vós é ferina, não humana"), presente na *Carta* XXVI(13), mas excluída pelos editores.

A propósito, cumpre notar que, além da *Carta* XXVI(13), abruptamente terminada com um "etc.", a *Carta* XXX(15) também é incompleta, mas porque formada de dois fragmentos. Como será mais detalhadamente explicado em O TEXTO E A TRADUÇÃO, o primeiro deles foi extraído de uma transcrição contida em uma carta de Oldenburg a Boyle, de 10 de outubro de 1665; e o segundo, de outra transcrição em uma carta de Oldenburg a Robert Moray (1609-1673), de 7 de outubro 1665.

Feito esse percurso, ambientemo-nos. Em 28 de abril de 1665, data da *Carta* XXV(12), Oldenburg já se aproxima dos cinquenta anos, vive em Londres e, desde abril de 1663, atua como Secretário da Royal Society. Esta havia sido fundada oficialmente em julho de 1662, quando Charles II promulgou a Primeira Carta Régia de incorporação. Em abril do ano seguinte, Charles II assinou uma Segunda Carta Régia, na qual Oldenburg e John Wilkins foram nomeados os dois Primeiros Secretários da Sociedade: este como Secretário de Ciências Biológicas, e aquele como Secretário de Ciências Físicas.[34] Além disso, a alguns de seus membros foi concedida licença para

---

[34] Embora sua posição oficial fosse a de Segundo Secretário, Oldenburg foi o principal e mais efetivo dos Secretários. Possuindo uma ampla rede de contatos com pessoas eruditas, construída ao longo de seus intercursos pela Europa, e com a capacidade de se comunicar fluentemente em latim e nas principais línguas modernas, Oldenburg acabou tornando-se o associado ativo mais habilitado ao quinhão de corresponder-se em nome da Sociedade. Decerto, a correspondência foi seu maior fardo. Dos quinze anos em que foi Secretário da Royal Society, cargo exercido até sua morte, sobreviveram aproximadamente duas mil cartas autógrafas e um número semelhante de outras endereçadas a ele. Por meio delas, patenteia-se a grande diversidade de assuntos e interesses, bem como a ampla extensão geográfica alcançada pelo círculo de correspondentes de Oldenburg.

que se correspondessem por cartas, em nome da Sociedade, sobre assuntos filosóficos, matemáticos ou mecânicos com qualquer estrangeiro (LYONS, 1944, pp. 329-340). Esse privilégio de se corresponder livremente com cidadãos de outros países foi muito útil à Sociedade em um período de grande turbulência na Inglaterra e de conflitos internacionais (GOTTI, 2014, p. 152).

Por sua vez, em 1665, Espinosa, com trinta e três anos, já conta com a circulação de manuscritos do *Breve tratado* e com uma publicação em seu nome, a saber, os *Princípios da filosofia cartesiana* e seu apêndice intitulado *Pensamentos metafísicos*, de 1663. Além disso, em abril de 1663, como mencionado na *Carta* XIII(9), o filósofo se havia mudado dos arredores de Leiden para os de Haia, mais especificamente para Voorburg, onde alugou um quarto na casa do amigo pintor Daniel Tydeman.

Não sabemos por quanto tempo os correspondentes mantiveram-se afastados até a *Carta* XXV(12). A contar da última remanescente do primeiro período, já dissemos, o hiato ocorrido é de pouco mais de dois anos, mas não há como asseverar ter sido essa, de fato, a duração do silêncio, pois, ainda que nesses mesmos dois anos nenhuma carta disponível escrita por Oldenburg tenha sido endereçada à Holanda, nada impede que algumas cartas tenham-se perdido entrementes.

De todo modo, houve um longo afastamento, como relatado por Oldenburg em sua carta de retorno. Mas por que o Secretário se afastara? Ele se desculpa justificando que a privação do "suavíssimo comércio" se deveu tanto à "turba de ocupações" como à "crueldade das calamidades domésticas". De fato, desde a nomeação como Secretário, Oldenburg passou a dedicar-se ativamente à Royal Society, ocupando-se dos mais diversos assuntos administrativos.[35] De agosto

---

[35] Preserva-se no British Museum um memorando manuscrito de Oldenburg, de 1668 ou 1669, no qual ele descreve detalhadamente suas ocupações como Secretário e questiona a ausência de apoio financeiro por parte da Sociedade: "Ele [Oldenburg] encarrega-se constantemente das reuniões da Sociedade e do Conselho; anota os ditos e feitos lá observados; compila-os em privado; cuida de lançá-los no livro-diário e no livro-registro; lê por inteiro e corrige todos os lançamentos; solicita os desempenhos das tarefas recomendadas e empreendidas; escreve todas as cartas para fora e responde aos retornos dados a elas, mantendo uma correspondência com pelo menos trinta pessoas; emprega bastante tempo e esforça-se muito indagando e

de 1663 a abril de 1665, preservam-se disponíveis quarenta e cinco cartas escritas por Oldenburg, somadas a outras cinquenta e oito a ele endereçadas. Notemos, também, que em 6 de março de 1665 dava início a publicação da revista científica *Philosophical transactions of the Royal Society of London*,[36] fruto do esforço solitário do Secretário, que extraía o conteúdo dos artigos a partir de informações colhidas de sua própria correspondência e das atividades da Sociedade. Quanto às "calamidades domésticas", Oldenburg se refere, pelo menos, à morte de sua primeira esposa, Dorothy West (ca.1623), no início de fevereiro de 1665, isto é, dois meses antes de escrever a *Carta* XXV(12).

Ora, explicado o afastamento, devemos ainda nos perguntar: por que Oldenburg, tempos depois, voltaria a procurar Espinosa? Que interesses valeriam retomar o contato com alguém cujos pensamentos divergem profundamente das metafísicas tradicional e cartesiana, e que ainda ousa contestar os experimentos físico-químicos e as respectivas conclusões do nobilíssimo Boyle? De imediato, a análise das sete cartas que integram esse segundo período nos indica três autênticos motivos de Oldenburg para a reaproximação: i) a tentativa de evitar a publicação não autorizada de versões latinas de obras de Boyle; ii) a busca por notícias políticas vindas da Holanda; e iii) a procura por informações sobre os avanços e as descobertas do holandês Christiaan Huygens (1629-1695).

Diferentemente do primeiro período, o segundo tem assuntos muito mais variados. Neste há muito menos perguntas e críticas

---

satisfazendo demandas estrangeiras sobre questões filosóficas, distribui para longe e perto grande quantidade de direções e indagações para o propósito da Sociedade, e as vê bem recomendadas etc. Pergunta: uma pessoa assim deveria ser deixada sem assistência?" (HALL, 1965, p. 290).

[36] *Philosophical transactions of the Royal Society of London*, a primeira revista puramente científica do mundo, compunha o escopo de divulgar as mais recentes descobertas científicas aos membros da Sociedade e outros leitores interessados. Embora o primeiro número do *Journal des Sçavans*, de 5 de janeiro de 1665, tenha sido publicado dois meses antes do surgimento das *Philosophical transactions*, aquele dedicava-se também a assuntos não científicos. Em 1886, a amplitude das descobertas científicas tornou necessário separar a revista inglesa em duas, as *Philosophical transactions series A* e *series B*, cobrindo ciências físicas e ciências biológicas, respectivamente. Curioso notar que tal divisão coincide com a mesma entre os dois Primeiros Secretários da Royal Society: Oldenburg como Secretário de Ciências Físicas e John Wilkins como Secretário de Ciências Biológicas.

do que notícias e solicitações. Além dos três pontos que indicamos como motivadores de Oldenburg, cumpre mencionar outros dois que surgem de respostas de Espinosa, a saber, a crítica às regras do movimento de Descartes e de Huygens, e a questão da conveniência das partes com o todo e da coerência entre si. Esse último é o único tema filosófico e, sem dúvida, o de maior destaque no segundo período da correspondência.

Em suma, temos à mão cinco assuntos distintos, o que nos obriga a abordar o período de maneira diferente daquela como abordamos o primeiro. Assim, na impossibilidade de, como antes, seguirmos uma ordem de perguntas e respostas cronologicamente por cartas, trataremos um assunto por vez, articulando as passagens de todas as cartas que dizem respeito a ele.

Antes disso, porém, é preciso indicar o lugar da divulgação dos trabalhos e experimentos dos membros da Royal Society. Como Secretário, uma importante função de Oldenburg, ao corresponder-se com alguém, era fornecer e requerer informações sobre seu próprio trabalho ou sobre o de outras pessoas. Segundo Gotti (2014, p. 156), as cartas tinham a tarefa de veicular novas ideias ou descobertas a outros membros da erudita comunidade, ou de apresentar algumas observações pessoais a respeito de eventos interessantes ou incomuns dignos de notícia. A correspondência com Espinosa não poderia ser diferente. Na *Carta* XXV(12), por exemplo, Oldenburg dá notícia de duas novas publicações de Boyle: um tratado sobre as cores, publicado em inglês sob o título *Experiments and considerations touching colours* (1664), e em latim sob o título *Experimenta et considerationes de coloribus* (1665); e outro sobre o frio, os termômetros etc., publicado em inglês sob o título *New experiments and observations touching cold* (1665), e em latim sob o título *Historia experimentalis de frigore* (1665). Além disso, menciona o recém-publicado (janeiro de 1665) livro *Micrographia*, de autoria do inglês Robert Hooke (1635-1703). Na carta seguinte, *Carta* XXIX(14), Oldenburg menciona dois trabalhos sobre cometas, escritos pelo astrônomo polonês Johannes Hevelius (1611-1687), um publicado sob o título *Prodromus Cometicus* (1665) e outro, ainda no prelo, intitulado *Cometographia*, cuja publicação só sairia em 1668. Posteriormente, na *Carta* XXXI(16), o Secretário

prossegue com a informação de uma controvérsia entre o mesmo Hevelius e o astrônomo francês Adrien Auzout (1622-1691) "sobre os recentes cometas", mas sem detalhes sobre a disputa; e, encerrando a mesma carta, cita que membros da Sociedade começaram a promover alguns experimentos físicos a fim de investigar a natureza do som. Por fim, na *Carta* XXXIII(18), última deste período, Oldenburg relata a Espinosa, com mais detalhes, dois casos observados por anatomistas de Oxford: o primeiro diz respeito a um boi que, morto por uma doença desconhecida, teve o pescoço dissecado e a garganta foi encontrada cheia de capim; e o segundo, a um médico que encontrara leite no sangue de uma garota, após realizar algumas sangrias.

Ora, se no primeiro período da correspondência a divulgação de livros e experimentos teve como escopo a cooperação de Espinosa com críticas e opiniões acerca daquilo que lhe havia sido enviado (e que rendeu longas e profundas cartas), neste segundo, não há muito espaço para que isso ocorra, pois, como mostramos, as publicações foram citadas muito de passagem, e os acontecimentos, narrados sem muita profundidade experimental. De fato, as notícias dadas têm dupla utilidade: servem não só à divulgação de avanços da Royal Society, mas principalmente para estimular, como um favor a ser pago, a cooperação de Espinosa naqueles assuntos que, já dissemos, são a motivação de Oldenburg no reestabelecimento da troca epistolar com o filósofo.

Contra a pirataria de livros na Holanda

O primeiro assunto presente neste período é a tentativa de evitar a publicação não autorizada de versões latinas das obras de Boyle. Sobre isso, Adrian Johns (1998, p. 515) fornece-nos uma importante contextualização. Com a criação da Royal Society, para que ela obtivesse sucesso em seu propósito, tornou-se essencial a divulgação de seus ideais filosóficos, experimentos e resultados, por meio da publicação dos trabalhos de seus membros. Todavia, os frutos da Sociedade frequentemente saíam a lume restritos ao mundo inglês, isto é, em língua inglesa e sem versão latina disponível a estrangeiros não versados naquela. Por causa disso, como Secretário, Oldenburg

era cercado de pedidos de traduções em latim de obras publicadas somente em inglês, como as de Boyle. Mas, apesar de suas promessas, não era fácil conseguir que os livreiros ingleses publicassem algo que não estivesse em língua inglesa.

Segundo Marie Boas Hall (1965, p. 285), no século XVII, embora as publicações de obras e traduções latinas tivessem a garantia de uma distribuição internacional e, portanto, de uma venda satisfatória, o aumento da alfabetização vernácula daqueles não letrados na língua latina fazia diminuir gradualmente o público leitor de latim. À medida que publicações nos vernáculos se tornaram mais comuns, estudiosos passaram a preferi-las no lugar daquelas em latim, se a oportunidade lhes fosse dada. Por conseguinte, a substituição da língua erudita internacional em favor do conforto da escrita e leitura vernáculas reduziu o alcance da comunicação entre os estudiosos, aumentando a dificuldade de manterem-se atualizados com a literatura corrente.

Inevitavelmente, o interesse estrangeiro aliado à indisponibilidade de obras em versões traduzidas dos próprios autores fizeram com que livreiros tratassem de empreender as suas próprias. E não havia como os autores manterem o controle sobre isso. Na época, não existiam garantias de direitos autorais amparadas em leis; no caso da Grã-Bretanha, havia apenas regulações privadas – que mais serviam para censura – ditadas, com o apoio da Coroa, pela Stationers' Company, uma guilda de impressores e livreiros que detinha o monopólio sobre a indústria editorial. Só em 1710 foi promulgado o "Estatuto da Rainha Ana", constituindo o primeiro sistema de direitos autorais e estabelecendo uma nova forma de regulação do comércio de livros (PATTERSON, 1968). Portanto, mesmo que na Inglaterra houvesse algum tipo de regulação, fora dela nenhuma barreira legal impedia o aparecimento de impressões e versões não autorizadas, nada obstava que os textos escapassem do prelo autorizado.

Consequentemente, a despeito da vantagem de favorecer a disseminação dos ideais e dos frutos da Sociedade, as impressões e traduções estrangeiras tornaram-se assunto de grande preocupação. Frente a elas, por exemplo, Boyle pressionava os impressores ingleses tanto por celeridade quanto por sigilo, tendo chegado a hesitar antes da publicação de obras como *The origine of forms and qualities*

(Oxford, 1666), com a pretensão de que o texto em inglês não fosse disponibilizado antes do latim.[37] Por sua vez, Oldenburg, indo além dos deveres de Secretário, buscava combater a pirataria estrangeira das publicações da Royal Society lançando mão de sua própria correspondência, para, por intermédio de seus contatos, tentar dissuadir os livreiros rivais (JOHNS, 1998, p. 515).

A Holanda seiscentista era o centro comercial e financeiro da Europa, e o mercado editorial florescia proporcionalmente. Milhares de pessoas especializadas ganhavam a vida com a publicação literária: comerciantes de papel, gravadores impressores, revisores, ilustradores etc., e, claro, autores, tradutores, editores e jornalistas. A produção total de livros na Holanda naquele século ultrapassou cem mil títulos, quantidade que nenhum outro país da Europa conseguiu atingir (HOFTIJZER, 2001, p. 59). É diante desse ambiente editorialmente livre e pujante, e por isso ameaçador, que Oldenburg recorre a Espinosa como um "agente" nas terras baixas, a fim de averiguar quais traduções de obras da Sociedade eram planejadas e impressas, e, ao mesmo tempo, desencorajar os livreiros envolvidos. Considerando não serem poucos os amigos e conhecidos de Oldenburg na Holanda, a escolha é interessante, pois parece mostrar uma proximidade e certa influência de Espinosa sobre a rede de livreiros holandeses, à qual, vale notar, integravam o amigo Jan Rieuwertsz, livreiro de Amsterdã que publicou os *Princípios de filosofia cartesiana (Principia philosophiae cartesianae – PPC)* , o *Tratado teológico-político (TTP)* e as obras póstumas, e o professor e rabino Menasseh ben Israel, que, embora falecido em 1655, possuía uma bem-sucedida oficina de impressão.

Voltemo-nos, então, aos apelos na correspondência. Na *Carta* XXV(12), entre as formalidades cortesãs devidas à reaproximação e as notícias sobre novas publicações, só há duas passagens em que Oldenburg demanda algo de Espinosa. A primeira, isto é, o incentivo à publicação dos escritos do filósofo, ainda se mistura à polidez introdutória da carta; a segunda, porém, é um legítimo pedido de cooperação de Espinosa à causa antipirataria da Royal Society:

---

[37] Mesmo assim, a versão latina da obra, *Origo formarum et qualitatum*, só foi publicada em 1669.

Não há por que ser impressa entre vós a diatribe do senhor Boyle sobre o nitro e sobre a firmeza e a fluidez, pois aqui já foi publicada em língua latina e não falta senão comodidade para vos passar exemplares. Rogo, pois, que não permitas que algum tipógrafo vosso comece algo assim.

Na *Carta* XXVI(13), a resposta de Espinosa não traz comentário algum acerca do pedido de Oldenburg, talvez porque o filósofo tenha-se abstido do assunto, talvez porque constasse na parte final excluída pelos editores, no que cremos mais. De todo modo, ao menos em uma ocasião infere-se que ele tenha-se pronunciado sobre o assunto. Isso porque, na *Carta* XXIX(14), Oldenburg responde à informação dada por Espinosa, em carta de 4 de setembro de 1665, perdida, de que uma versão latina de um tratado sobre as cores de Boyle estava sendo preparada por um livreiro holandês. Vejamos a passagem:

Mas no que respeita àquele homem demasiado oficioso que, não obstante aquela versão do *Tratado sobre as cores* que aqui já está pronta, quis preparar outra, sentirá ele que talvez tenha feito mal a si com aquela dedicação prepóstera. Pois que se fará da tradução dele se o autor enriqueceu aquela latina, preparada aqui na Inglaterra, com inúmeros experimentos que não se encontram no inglês? É necessário que a nossa, a ser disseminada logo mais, seja totalmente preferida à sua e muito mais estimada por quaisquer homens sensatos. Mas se ele quer, que seja abundante em seu senso; cuidaremos das nossas coisas conforme o que virmos de mais sensato.

É clara a insatisfação do Secretário e sua estratégia de desencorajamento. O alerta é que a legítima versão latina, preparada pelo próprio Boyle, seria mais completa que a original inglesa, e que, diante disso, qualquer outra tentativa de publicação resultaria em um material inferior. De fato, o tratado em língua latina foi publicado por Boyle em Londres, em 1665, sob o título *Experimenta et considerationes de coloribus*.[38] Porém, segundo verificamos, não há diferença alguma de

---

[38] Em 1664, Boyle publica em Londres a obra *Experiments and considerations touching colours: first occasionally written; among some other essays, to a friend; and now suffer'd to come abroad as the beginning of an experimental history of colours*. No ano seguinte, também em Londres, sai a versão latina *Experimenta et considerationes de coloribus: primùm ex*

conteúdo em relação à primeira edição inglesa, nenhum experimento a mais, o que mostra tratar-se de um blefe de Oldenburg na tentativa de impedir o empreendimento dos livreiros rivais. De todo modo, parece que Oldenburg, com a influência ou não de Espinosa, conseguiu obstar que uma tradução latina do tratado chegasse às prensas holandesas, pois uma edição publicada em Amsterdã só aparece em 1667, e, após cotejo, descobrimos ser, não uma nova versão, mas uma cópia idêntica àquela publicada dois anos antes em Londres.

Por fim, embora, sobre esse assunto, não haja mais registros na correspondência entre Espinosa e Oldenburg, encontramos, em carta de Oldenburg para Boyle, de 10 de outubro de 1665, a seguinte passagem:

> Na mesma carta ao Senhor Robert [Moray], informei a ele que certo notável filósofo (que conheces melhor do que ele como sendo o Senhor Espinosa) escreveu-me muito recentemente a respeito da mudança do Sr. Huygens para a França, de seus pêndulos e de seu progresso na dióptrica, etc. O mesmo Espinosa expressa um respeito muito grande por ti e te presta seu mais humilde serviço, e está descontente de que os livreiros holandeses, apesar de nossa oposição, liquidarão uma de suas próprias impressões latinas da *História das cores* antes que a tradução, aqui feita, possa ser enviada para lá. Para dar-te um extrato do que ele está pensando e fazendo, ele escreve pois: *Gaudeo, philosophos* [...] (BOYLE, 1772, VI, p. 339).

Portanto, fora das conjecturas, temos o testemunho do Secretário indicando a posição não favorável de Espinosa às publicações não autorizadas e, mais ainda, que ele estava "descontente" com o fato de que livreiros holandeses venderiam uma versão latina do tratado sobre as cores antes que aquela oficial pudesse chegar à Holanda.

Em busca de notícias da guerra vindas da Holanda

Na *Carta* XXV(12), ao queixar-se da pirataria praticada pelos livreiros da Holanda, Oldenburg menciona a dificuldade de enviar

---

occasione, inter alias quasdam diatribas, ad amicum scripta, nunc verò in lucem prodire passa; ceu, initium historiae experimentalis de coloribus.

livros para lá devido ao entrave da "infausta guerra". Trata-se da Segunda Guerra Anglo-Holandesa, iniciada em 4 de março de 1665, quando Charles II declara guerra à Holanda, tentando acabar com a dominação holandesa do comércio mundial durante um período de intensa rivalidade comercial na Europa. Novamente, na *Carta* XXIX(14), ao reclamar da peste, Oldenburg menciona a "atrocíssima guerra, que consigo não traz senão uma ilíada de males e quase extermina do mundo toda a humanidade"; e, em outra passagem da mesma carta, retoma:

> Aqui, quotidianamente, esperamos notícias sobre a segunda batalha naval, a não ser que talvez vossa frota se tenha retirado ao porto novamente. A coragem sobre a qual indicas discutir-se entre vós é ferina, não humana. Com efeito, se os homens agissem segundo o fio da razão, então não se dilaniariam uns aos outros, como está à vista de todos. Mas do que me queixo? Haverá vícios enquanto houver homens; mas aqueles não só não são perpétuos, como também são compensados pela intervenção de coisas melhores.

Sabemos então que, em alguma carta perdida ou passagem suprimida da *Carta* XXVI(13), Espinosa comentou sobre a guerra. De qualquer maneira, em um dos fragmentos da *Carta* XXX(15), temos um primeiro comentário disponível do filósofo:

> Alegro-me que vossos filósofos estejam vivos e lembrem de si e de sua república. Esperarei pelo que fizeram recentemente, quando os combatentes estiverem saturados de sangue e repousarem um pouco para restaurar as forças. Se aquele célebre zombador vivesse nesta época, certamente morreria de riso. Todavia, essas perturbações não me incitam nem a rir nem a chorar, mas antes a filosofar e a observar melhor a natureza humana.

A passagem, todavia, não dá a Oldenburg as notícias que lhe interessam. Assim, na *Carta* XXXI(16), decide abandonar a estratégia írrita da abordagem indireta, e vai direto ao ponto perguntando as notícias que tanto almeja:

> Rogo que ajuntes as coisas que talvez digam para vós sobre o tratado de paz, sobre os planos do exército sueco transportado para a

Alemanha e sobre o progresso do Bispo de Münster. Creio que toda a Europa estará envolvida em guerras no verão seguinte, e todas as coisas parecem convergir para uma mudança inusitada.

Os três assuntos referem-se ao mesmo conflito, isto é, à Segunda Guerra Anglo-Holandesa. Primeiro, vemos o Secretário ansioso pelo fim da guerra;[39] segundo, ele quer saber sobre a presença do exército sueco na Alemanha e sobre o progresso do Bispo de Münster. Acerca disso, expliquemos brevemente o contexto. Na mesma época em que a guerra contra os holandeses fora declarada, a Suécia assinara um tratado de aliança defensiva com a Inglaterra. Todavia, para os ingleses, a aliança foi um completo fracasso, pois, durante todo o conflito, a Suécia jamais forneceu o apoio prometido, tanto que em julho de 1665 declarou-se neutra. Por outro lado, fez efeito o tratado de aliança assinado em junho de 1665 por Charles II com o príncipe-bispo de Münster, Christoph Bernhard von Galen (1606-1678). Financiado pela Inglaterra, Von Galen, em setembro do mesmo ano – ou seja, um mês antes de Oldenburg pedir notícias sobre ele –, invadiu com suas tropas a Holanda e ocupou várias cidades das províncias do leste. A batalha se estenderia até abril de 1666, quando o príncipe-bispo de Münster, compelido pelo Rei Luís XIV e por Frederico Guilherme I, Eleitor de Brandemburgo, firmaria, desvantajosamente, paz em Kleve.

Espinosa leva pouco mais de um mês para enviar sua resposta (*Carta XXXII(17)*), segundo ele por dificuldades de ir até Haia para remetê-la. Dessa vez, todavia, não priva Oldenburg das informações pedidas:

> O bispo de Münster, depois que mal aconselhado ingressou na Frísia, como o bode de Esopo no poço, nada avançou. Mais ainda, a não ser que o inverno inicie muito tempestivamente, não deixará a Frísia senão com grande dano. Não há dúvida de que ele ousou iniciar essa façanha por conselhos de um ou outro traidor. Mas todas essas coisas são demasiado antigas para serem escritas como novidades. E, no intervalo de uma semana ou duas, não aconteceu algo de novo que seja digno da escrita. Nenhuma esperança de paz com a Inglaterra

---

[39] O tratado de paz da Segunda Guerra Anglo-Holandesa só seria assinado dois anos depois, em 31 de julho de 1667, sob o nome "Tratado de Breda".

aparece; todavia, um rumor espalhou-se recentemente por causa de certa conjectura de um legado holandês ter sido enviado à França, e também porque pessoas de Overijssel, que se esforçam com sumas forças por introduzir o príncipe de Orange – e isso, como muitos pensam, mais para incomodar os holandeses do que para lhes ser útil –, haviam sonhado com um certo caminho, a saber, para que enviassem o dito príncipe à Inglaterra como mediador. Porém, as coisas comportam-se de maneira totalmente diferente. No presente momento, os holandeses nem em sonho pensam sobre a paz, a não ser talvez que a coisa chegue a ponto de comprarem a paz com dinheiro. Sobre os planos do [exército] sueco ainda há dúvidas. Muitos pensam que ele se dirige a Metz, outros, à Holanda. Mas não pensam essas coisas senão por conjectura.

Na carta seguinte, *Carta* XXXIII(18), a questão da guerra aparece apenas sob a repetição do anseio de Oldenburg por um tratado de paz e um pedido de informações sobre os planos dos exércitos sueco e brandemburguês: "Ainda não aparece nenhuma esperança de paz entre a Inglaterra e a Holanda. Explica, se podes, o que agora tramam o [exército] sueco e o brandemburguês [...]".

Desse segundo período da correspondência, não há mais cartas subsequentes, e, assim, não temos uma continuação do assunto, se é que ela ocorreu. Resta-nos, então, diante de todas as passagens citadas, expor o motivo da insistência de Oldenburg em extrair de Espinosa notícias sobre a Segunda Guerra Anglo-Holandesa vindas da Holanda.

Com a eclosão da guerra, Oldenburg passou a usar sua rede de contatos para conseguir notícias políticas vindas da França e da Holanda, e fornecê-las a Sir Joseph Williamson[40] (1633-1701), então Subsecretário de Estado. Williamson era uma importante figura no sistema de inteligência pós-Restauração, que, trabalhando no State Paper Office ("Arquivo Oficial do Estado"), recebia informações nacionais e estrangeiras de muitos agentes, entre os quais se incluía Oldenburg (MARSHALL, 1994, *passim*). Embora as fontes bibliográficas só mencionem a conexão entre ele e Oldenburg a partir de 1666, dado o estado de guerra e o fato de Williamson também ser membro da

---

[40] Williamson era membro da Royal Society e foi seu segundo presidente por três exatos anos, de 1677 a 1680 (THOMSON, 1812, p. 13).

Royal Society, parece-nos muito provável que a cooperação entre eles já se dava antes, ao menos desde 1665, ano em que se passa esse período da correspondência. O indício também se corrobora em uma passagem ao final da *Carta* XXXII(17), em que Oldenburg pede notícias sobre a situação causada pelo surgimento, naquele ano, do pretenso messias judaico Sabatai Tzvi (1626-1676), assunto do qual tratam o Secretário e Williamson em cartas trocadas entre 1666 e 1667. Portanto, a demanda de Oldenburg por notícias políticas é motivada não por mera curiosidade pessoal, mas, provavelmente, por um acordo de cooperação com a inteligência da Inglaterra, conduzida por Williamson.

Crítica às regras do movimento de Descartes e Huygens

Além das sondagens por informações políticas, Oldenburg não se esquece de exercer uma de suas autênticas atribuições como Secretário da Royal Society, isto é, a busca por notícias científicas. Aproveitando o ensejo da última passagem da *Carta* XXVI(13), em que Espinosa menciona assuntos de astronomia contados por Christiaan Huygens e, ao mesmo tempo, critica certa conclusão de Descartes sobre o movimento de Saturno, Oldenburg não perde tempo e, na carta seguinte (*Carta* XXIX(14)), pede notícias:

> Por favor, o que julgam os vossos sobre os pêndulos de Huygens, principalmente sobre o gênero daqueles que dizem exibir uma medida tão exata do tempo que podem servir para encontrar longitudes no mar? O que também ocorre com sua dióptrica e seu tratado do movimento, ambos os quais já esperamos por muito tempo? Estou certo de que ele não está ocioso; desejaria somente saber o que ele promove.

Nesse momento, ignorando a crítica a Descartes, o Secretário se mostra bastante interessado em Huygens. Poucas semanas antes de pedir tais informações, ele, que desde 1662[41] não escrevia ao nobre holandês,[42] havia-lhe remetido uma carta, mas sem obter resposta. Em

---

[41] Oldenburg e Huygens se correspondem desde 1661.

[42] Huygens era membro da Royal Society desde 1663.

11 de setembro, mais ou menos na mesma data da *Carta* XXIX(14), Oldenburg insiste e endereça outra carta a Huygens, e, dessa vez, recebe uma resposta, embora redigida com pouquíssimas palavras. Das cartas escritas em 1665, há outras duas de autoria de Oldenburg, uma de 17 de outubro e outra de 3 de dezembro, ambas sem respostas disponíveis. Enquanto isso, vale notar que, ao longo do mesmo ano, Huygens e Moray, membro importante da Royal Society e, por isso, muito próximo de Oldenburg, mantiveram um exaustivo comércio epistolar – de pelo menos vinte e cinco cartas – dedicado a questões de filosofia natural, que envolviam inclusive discussões sobre o movimento de pêndulos e a publicação da dióptrica. Aqui, todavia, para evitar uma longa digressão, não conjecturaremos os motivos de Huygens calar-se para um e abrir-se para outro. De todo modo, parece-nos que Oldenburg estaria atuando paralelamente com Moray a fim de extraírem juntos o máximo de informações possíveis sobre Huygens. Além da exaustiva troca de cartas, isso se corrobora em uma carta escrita por Oldenburg em 7 de outubro de 1665 e destinada a Moray; nela o Secretário transcreve um fragmento inteiro, um dos dois constituintes da *Carta* XXX(15), de uma carta de Espinosa, recebida poucos dias antes, contendo tão somente notícias sobre Huygens.[43] Ademais, a título de comparação, observamos que em relação a Boyle, a quem Oldenburg escreve em 10 de outubro de 1665, tais notícias receberam um tratamento muito superficial, sem merecer a transcrição dada a Moray e ocupando poucas linhas.[44]

Indo ao fragmento, o segundo da *Carta* XXX(15), a resposta de Espinosa demonstra uma disposição incomum para falar, fornecendo a Oldenburg detalhes sobre cada uma das três informações solicitadas. Aliás, quanto à última delas, a saber, a expectativa de publicação do

---

[43] "Eu nada mais deveria ter dito neste momento senão que chegou agora em minhas mãos uma carta de um notável filósofo, que vive na Holanda, mas não holandês, que, tendo conversado recentemente com o Sr. Huygens, escreve-me assim: *Kircheri mundum subterraneum apud* [...]" (WOLF, 1935, pp. 200-204.)

[44] "Na mesma carta ao Senhor Robert [Moray], informei a ele que certo notável filósofo (que conheces melhor do que ele como sendo o Senhor Espinosa) escreveu-me muito recentemente a respeito da mudança do Sr. Huygens para a França, de seus pêndulos e de seu progresso na dióptrica, etc." (BOYLE, 1772, VI, p. 339.)

tratado do movimento de Huygens, Espinosa vai além do pedido e acrescenta a seu comentário novas críticas a Descartes:

> Mas o tratado do movimento, sobre o qual também perguntas, penso ser esperado em vão. Faz um tempo demasiado desde que ele começou a jactar-se de ter descoberto por cálculo as regras do movimento e as leis da natureza muito diferentemente das que são apresentadas por Descartes, e que aquelas de Descartes são quase todas falsas. [...] julgo, porém, que ele e Descartes erram completamente na regra do movimento, a sexta em Descartes [...].

Essa passagem desperta tanto interesse em Oldenburg que, na *Carta* XXXI(16), provavelmente satisfeito com o que havia recebido sobre Huygens, é a única a ser retomada e questionada:

> Quando falas sobre o tratado do movimento de Huygens, indicas que as regras do movimento de Descartes são quase todas falsas. Já não está à mão o livrinho que editaste anteriormente sobre os *Princípios* de Descartes geometricamente demonstrados; não me ocorre ao ânimo se mostraste ali essa falsidade ou se na verdade, para a graça de outros, seguiste Descartes κατά πόδα.

Como vemos, o Secretário se confunde ao atribuir a Espinosa a alegação de serem quase todas falsas as regras do movimento de Descartes. Na verdade, tal juízo é de Huygens, como o próprio Espinosa corrige em sua resposta (*Carta* XXXII(17)):

> Quanto ao que depois escreves, que indiquei serem falsas quase todas as regras do movimento de Descartes, se me lembro corretamente, disse que o Sr. Huygens pensa isso, e não afirmei ser falsa nenhuma outra senão a sexta regra de Descartes, acerca da qual disse que penso que o Sr. Huygens também erra [...].

Todavia, a correção nada indica sobre quais seriam os problemas na regra do movimento a que Espinosa se refere, "a sexta em Descartes", motivo pelo qual Oldenburg, na *Carta* XXXIII(18), não se inibe em pedir um esclarecimento:

> Oxalá quisesses dar-te ao trabalho de bem ensinar-me as coisas que julgas que tanto Descartes quanto Huygens erraram nas regras do movimento. Prestando esse serviço, certamente me farias muito

grato, o que me empenharia em fazer por merecer conforme as minhas forças.

Infelizmente, essa é a última carta do período e não restaram evidências de que Oldenburg tenha recebido de Espinosa o esclarecimento solicitado. De nossa parte, porque resultaria em uma digressão muito longa, não convém abordarmos os defeitos que Huygens teria apontado nas regras do movimento de Descartes, a ponto de declará-las "quase todas falsas". Trataremos apenas da acusação de Espinosa sobre a falsidade da sexta regra de Descartes, em relação à qual pensa "que o Sr. Huygens também erra".

Primeiro, quanto a Descartes, as regras do movimento são divididas em sete. No citado excerto da *Carta* XXXII(17), Espinosa demonstra um consentimento tácito em relação a quase todas, menos quanto à sexta regra. Sobre esta, indo ao texto de Descartes, nos *Princípios da filosofia*, II, §51, consta o seguinte enunciado:

> Sexto, se o corpo C em repouso fosse rigorosamente igual ao corpo B movido em direção a ele, em parte seria impelido por este, em parte o repeliria para o lado contrário; a saber, se B viesse na direção de C com quatro graus de velocidade, comunicaria um grau ao próprio C, e com os três restantes seria refletido para o lado contrário.[45]

Descartes não explicita que caminho segue para encontrar os valores quantitativos do exemplo – parecendo-nos mais frutos de um palpite às cegas –, tampouco explica o aspecto qualitativo da regra: por que o corpo movido comunica menos da metade de seu movimento ao corpo em repouso? É o próprio Espinosa que, na proposição XXX, livro II, dos *PPC*, correspondente à sexta regra de Descartes, empreende uma demonstração, levando em conta unicamente princípios mecânicos cartesianos, mas ainda sem desenvolver algebricamente o que resultaria na proporção de três para um do exemplo. A despeito da demonstração, não se deve entender que Espinosa se contradiga,

---

[45] Vale esclarecer que "grau" é usado como um valor fixo de quantidade de movimento; assim, no exemplo, poder-se-ia dizer que B move-se a 40 m/s antes de colidir com C parado, e que, após a colisão, B passa a mover-se a 30 m/s, e C, a 10 m/s.

porque apontaria defeitos em algo que ele mesmo demonstrara. Ora, adverte Meyer, em sua apresentação dos *PPC*:

> [...] que ninguém julgue que ele [Espinosa] ensina aqui ou coisas suas ou apenas as que aprova. E embora julgue ele umas verdadeiras e confesse ter acrescentado algumas das suas, ocorrem muitas que rejeita como falsas e a propósito das quais acalenta uma posição bem diversa.

Pois bem, diante da vagueza da acusação de Espinosa e da ausência de quaisquer indícios que pudessem mostrar quais eram, para ele, os defeitos da sexta regra de Descartes, parece-nos inútil, para não dizer perigoso, tentar conjecturá-los. Com efeito, limitar-nos-íamos a fazê-lo ou com apoio no opúsculo de física da *Ética*, cujos lemas não sabemos se já estavam consolidados em 1665, ou com apoio nas formulações mecânicas consagradas posteriormente por Isaac Newton (1643-1727). De todo modo, os defeitos não devem estar nos princípios sobre os quais se dão as regras de Descartes, pois, fosse o caso, Espinosa teria-se juntado a Huygens na acusação de "serem falsas quase todas". Por isso, não é impossível que, naquele momento, nem o próprio Espinosa conseguisse apontar especificamente quais os defeitos da sexta regra, e que apenas tivesse concluído que haveriam de existir, já que é claramente outro o resultado da colisão quando empiricamente verificada – o que ele certamente não deixou de fazer, a julgar por sua disposição à atividade experimental, demonstrada em suas críticas aos ensaios de Boyle no primeiro período da correspondência.

Todavia, mais de uma década depois, Espinosa parece aderir ao juízo de Huygens. Segundo citação de Foucher de Careil (LEIBNIZ, 1854, p. lxiv), Leibniz, após visitar Espinosa, escreve em 1676: "Espinosa não via claramente os defeitos das regras do movimento de Sr. Descartes; ele ficou surpreso quando comecei a mostrar-lhe que elas violavam a igualdade de causa e efeito". Também em 1676, Espinosa escreve (*Carta* LXXXI) a Ehrenfried Walther von Tschirnhaus (1651-1708) que é totalmente impossível demonstrar a existência dos corpos a partir da concepção cartesiana de extensão como massa em repouso, pois a matéria em repouso perseverará em repouso a menos que movida por uma causa externa mais potente.

Por esse motivo, conclui Espinosa, "não hesitei em afirmar outrora que os princípios cartesianos das coisas naturais são inúteis, para não dizer absurdos".

Deixando Descartes de lado, voltemo-nos, agora, à regra do movimento que Espinosa alega "que o Sr. Huygens também erra". De fato, não sabemos a que regra ele se refere. Embora Huygens já trabalhasse em suas regras do movimento desde a década anterior, mantém-nas guardadas consigo até 1669. Publicadas[46] em número também de sete no artigo "Regulae de motu corporum ex mutuo impulsu" ("Regras de movimento por mútuo impulso"), um resumo dos resultados das investigações de Huygens sobre a percussão de corpos duros (perfeitamente elásticos), encontramos que a regra do movimento sob as mesmas condições iniciais da sexta de Descartes – isto é, corpos iguais que se colidem em consequência do movimento de um contra outro em repouso – possui outra conclusão: "Se um corpo duro colide com outro corpo duro igual em repouso, após o contato o impelente ficará em repouso, e a mesma velocidade que estava neste será adquirida pelo que repousa".

Esse é o resultado verdadeiro, também alcançado por Wren, em 1668, e por Newton, quase duas décadas depois, nos *Philosophiae Naturalis Principia Mathematica* (*Princípios matemáticos de filosofia natural*) (Londres, 1687). Ora, se são obscuros os defeitos apontados por Espinosa sobre uma regra empiricamente falsa, que dirá sobre outra que é verdadeira. Assim, é prudente duvidar: seria esse o mesmo enunciado criticado por Espinosa? Arriscaríamos dizer que não. Por ser um resultado tão evidente, que pode ser facilmente experimentado e provado, soa-nos muito indigesto admitir que Espinosa o tenha atacado. Àquela altura nada impede que Huygens, mais de três anos antes da publicação das regras, ainda não houvesse alcançado o resultado correto dessa primeira, ou que, mesmo já tendo obtido sucesso, Espinosa ainda o desconhecesse e presumisse ser outro. A questão toda é obscura.

---

[46] De fato, a publicação se dá primeiro em francês, no *Journal des Sçavans* (Paris, 18 de março de 1669), e só depois em latim, nas *Philosophical transactions* (n. 46, 12 de abril de 1669).

A conveniência de cada parte com o
todo e a coerência com as demais

Em um dos fragmentos da *Carta* XXX(15), ao mencionar a Segunda Guerra Anglo-Holandesa, Espinosa faz o seguinte comentário:

> [...] penso que os homens, como as demais coisas, são somente uma parte da natureza e que ignoro como cada parte da natureza convém com seu todo e como coere com as demais; e descubro que, a partir desse só defeito do conhecimento, antes me pareciam vãs, desordenadas, absurdas, certas coisas da natureza que de fato não percebo senão em parte e mutiladamente, e que de maneira nenhuma convêm com nossa mente filosófica [...].

Propositalmente ou não, o filósofo retoma um assunto levantado no primeiro período, na *Carta* III(3), na qual Oldenburg pede que ele ensine "qual é a origem e a produção das substâncias, e a dependência das coisas umas das outras e sua mútua subordinação". A polêmica em torno dessa questão havia sido evitada por Espinosa na *Carta* IV(4), quando simplesmente a ignora, e na *Carta* VI(6), quando se limita a sugerir que a explicação estaria em um opúsculo que hesitava em publicar. Assim, na ausência de resposta dois anos depois, o Secretário não perde a ocasião e inicia a *Carta* XXXI(16) revocando a "árdua indagação":

> O senhor Boyle, junto comigo, dá-te muitas saudações e exorta-te a continuares a filosofar corajosamente e ἀκριβῶς. Sobretudo, se fulgir alguma luz na árdua indagação que trata sobre conhecermos como cada parte da natureza convém com seu todo e de que maneira coere com as demais, rogamos muito encarecidamente que no-la comuniques.

Fica patente aqui que, desde o início, o interesse sobre o assunto não era só de Oldenburg, mas também de Boyle, com quem, sabemos, costumava conversar sobre as cartas recebidas de Espinosa.[47] Dessa

---

[47] Na definição de Filosofia Mecânica, introduzida "Um ensaio proemial" dos *Certain Physiological Essays* enviados a Espinosa juntos com a *Carta* V(5), Boyle afirma que um corpo tem apenas um conjunto limitado de propriedades intrínsecas e que essas

vez, o filósofo não deixa de atender ao pedido, mas vê a necessidade de emendar a pergunta do Secretário, antes de oferecer uma longa explicação em sua resposta (*Carta* XXXII(17)):

> Quando perguntas o que penso acerca da questão que trata sobre *conhecermos como cada parte da natureza convém com seu todo e de que maneira coere com as demais,* penso que rogas as razões pelas quais somos persuadidos de que cada parte da natureza convém com seu todo e coere com as demais. Pois conhecer como verdadeiramente coerem e como cada parte convém com seu todo, disse em minha carta antecedente que o ignoro; porque para conhecê-lo requerer-se-ia conhecer a natureza toda e todas as suas partes. Esforçar-me-ei, pois, em mostrar a razão que me força a afirmar isso; todavia, gostaria de antes advertir que não atribuo à natureza beleza, feiura, ordem nem confusão. Pois as coisas não podem ser ditas belas ou feias, ordenadas ou confusas, senão respectivamente à nossa imaginação.

Ou seja, porque para saber "como" cada parte da natureza convém com seu todo e coere com as demais "requerer-se-ia conhecer a natureza toda e todas as suas partes", o que é impossível, a pergunta que há de ser feita é, na verdade, "por que podemos afirmar" que cada parte da natureza convém com seu todo e coere com as demais. É acerca desta que Espinosa dedica sua explicação, e a faz a partir das seguintes definições:

> Portanto, por coerência das partes nada outro entendo senão que as leis ou a natureza de uma parte se acomodam tanto às leis ou à natureza de outra que não se contrariam de jeito algum. Acerca do todo e das partes, considero as coisas como partes de um certo todo enquanto a natureza delas acomoda-se uma à outra, de maneira que consintam entre si o quanto possível; mas, enquanto discrepam entre si, cada uma forma em nossa mente uma ideia distinta das outras, e por isso é considerada como um todo, não como uma parte.

A coerência, portanto, é uma acomodação mútua das naturezas ou leis das partes, de modo que consintam o quanto possível (*quod*

---

propriedades tinham que ser explicadas em termos de propriedades mecânicas dos corpúsculos que compõem o corpo.

fieri potest), isto é, que nenhuma contrariedade haja entre elas. É pela coerência que se explicam os conceitos de todo e de parte: as coisas são consideradas como partes de um todo enquanto coerem entre si; e são consideradas cada uma como um todo enquanto discrepam entre si. Em outras palavras, se uma coisa forma com outras uma mesma ideia, então são juntas partes de um todo; se, ao contrário, formam ideias distintas, então cada uma é em si um todo. Em suma, a coerência, isto é, a acomodação e o consentimento, diz respeito às partes; já a discrepância, isto é, a distinção e a contradição, diz respeito ao todo.

Para ilustrar as relações de coerência e discrepância, Espinosa recorre ao exemplo do sangue e suas partículas. Enquanto os movimentos das partículas de linfa, quilo etc. se acomodam "de maneira que consintam inteiramente entre si" e que constituam juntos um único fluido, então a linfa, o quilo etc. são considerados partes do sangue; todavia, enquanto concebemos as partículas de linfa, quanto à figura e ao movimento, discrepantes daquelas de quilo etc., então linfa, quilo etc. são considerados, cada um, um todo. Mas Espinosa não para por aí e aprofunda o exemplo de maneira bastante curiosa:

> Finjamos agora, se te apraz, que no sangue vive um vermezinho que seria capaz de discernir com a vista as partículas de sangue, de linfa etc., e de observar pela razão como cada partícula, a partir do choque de outra, ou resile, ou comunica parte de seu movimento etc. Ele viveria nesse sangue como nós nesta parte do universo e consideraria cada partícula de sangue como um todo, e não como uma parte, e não poderia saber como todas as partes são moderadas pela natureza universal do sangue e são forçadas a acomodar-se umas às outras, tal como a natureza universal do sangue exige, de modo que consintam entre si de maneira certa. Pois se fingimos não se dar nenhuma causa fora do sangue que lhe comunique novos movimentos, nem se dar espaço algum fora do sangue, nem outros corpos aos quais as partículas de sangue possam transferir seu movimento, é certo que o sangue sempre permanecerá em seu estado, e que suas partículas não sofrerão nenhuma outra variação senão aquelas que podem se conceber a partir da proporção de movimento do sangue dada à linfa, ao quilo etc. e, assim, o sangue deveria ser considerado sempre como um todo, e não como uma

parte. Mas porque se dão muitíssimas outras causas que, de modo certo, moderam as leis da natureza do sangue, e, inversamente, são elas moderadas pelo sangue, daí ocorre de se originarem no sangue outros movimentos e outras variações, que não se seguem da só proporção de movimento de suas partes uma à outra, mas da proporção de movimento em simultâneo do sangue e das causas externas um ao outro; desse modo, o sangue tem a proporção de uma parte, e não de um todo.

De fato, um exemplo que lança mão de aspectos microscópicos do sangue não é nada descontextualizado. Espinosa era reconhecidamente um notável em assuntos de óptica, tanto na fabricação de lentes quanto nos experimentos e estudos teóricos,[48] e vivia numa época de grandes avanços em instrumentos ópticos e, por conseguinte, constantes observações microscópicas. Aliás, em janeiro de 1665, a microscopia havia alcançado um grande marco com a publicação da obra intitulada *Micrographia: or, some physiological descriptions of minute bodies made by magnifying glasses* (Londres), de autoria do cientista inglês Robert Hooke.[49] O "notável tratado sobre sessenta observações microscópicas" é tão importante que, em resposta à notícia sobre sua publicação, dada por Oldenburg na *Carta* XXV(12), Espinosa indica que já a conhecera por intermédio de Huygens, e que este lhe contara "coisas maravilhosas".[50] Além disso, por mais peculiar que pareça, o recurso a um vermezinho no sangue também não deve ser por acaso. Poucos anos antes (1658), no livro intitulado *Scrutinium physico-medicum contagiosae Luis, quae pestis dicitur etc.*, Kircher havia descrito vermezinhos no sangue de pacientes com peste – que na época assolava a região sul da Itália (Reino de Nápoles), onde ele vivia. Embora não fossem vermes exatamente o que o jesuíta observara no sangue dos pestilentos, mas provavelmente leucócitos ou "hemácias em formação de *rouleaux*" (SINGER, 1915, p. 338), a estranha observação

---

[48] Espinosa apresenta alguns resultados algébricos seus em óptica na *Carta* XXXVI, endereçada ao político e matemático holandês Johannes Hudde (1628-1704).

[49] Hooke substituiu Oldenburg no cargo de Secretário da Royal Society após a morte deste em 1677.

[50] Como o livro foi publicado somente em inglês, pode ser que Espinosa, que não era versado no idioma, tenha-se limitado às informações contadas por Huygens.

deve ter chegado a Espinosa, que, conforme *Carta* XXX(15), demonstra conhecimento sobre escritos de Kircher.[51]

A partir do vermezinho, Espinosa oferece a Oldenburg um inovador ponto de vista. A intenção do filósofo é mostrar que o modo como apreendemos a relação das partes entre si e com o todo refere-se não à razão, mas à imaginação, tal como assinalado por ele antes de formular o exemplo: "as coisas não podem ser ditas belas ou feias, ordenadas ou confusas, senão respectivamente à nossa imaginação" (*Carta* XXXII(17)).[52] Passando da nossa perspectiva à perspectiva microscópica, figuradamente representada na visão do vermezinho provido de percepção como a humana,[53] as partículas do sangue, que não conseguimos enxergar, seriam discerníveis à "vista" dele, e, assim, ele seria capaz de conhecer "como cada partícula, a partir do choque de outra, ou resile, ou comunica parte de seu movimento, etc.". Ora, porque não somos capazes de enxergar nem a figura nem o movimento das partículas, e consequentemente de dizer como se acomodam de maneira a consentirem inteiramente entre si, consideramo-las como partes do sangue. Mas, se tivéssemos tal capacidade, como tem o vermezinho sanguíneo, considera-las-íamos cada uma como um todo. Por outro lado, entre nós e ele, uma mesma impossibilidade manter-se-ia: se não podemos saber como cada parte da natureza convém com seu todo e coere com as demais, porque para isso precisaríamos conhecer

---

[51] Na *Carta* XXIX(14), Oldenburg afirma: "O *Mundo subterrâneo* de Kircher ainda não compareceu em nosso mundo inglês por causa da peste, que proíbe quase todos os comércios". Em um dos fragmentos da *Carta* XXX(15), Espinosa declara: "Vi o *Mundo subterrâneo* de Kircher com o Sr. Huygens, que louva sua piedade, não seu engenho [...]".

[52] Na *Carta* LIV, de 1674, Espinosa escreve a Hugo Boxel: "A beleza, grandíssimo senhor, não é tanto uma qualidade do objeto que se olha, quanto um efeito naquele que o olha. Se nossos olhos fossem mais alongados ou mais curtos, ou se nosso temperamento se portasse de outro modo, as coisas que agora nos são belas nos apareceriam feias, e aquelas que agora nos são feias nos apareceriam belas. A mão mais bela, vista através de um microscópio, aparecerá terrível. Algumas coisas são belas vistas de longe, e feias, de perto; de tal maneira que as coisas, vistas em si mesmas ou referidas a Deus, não são nem belas nem feias".

[53] Aqui, interpretamos a expressão "observar com a razão" usada por Espinosa, no sentido lato de "perceber" as coisas como os homens.

a natureza toda e todas as suas partes, também não poderia o vermezinho saber como todas as partes – evidentemente, as que assim o
são para ele, não para nós – "são moderadas pela natureza universal
do sangue e forçadas a acomodarem-se umas às outras, tal como a
natureza universal do sangue exige, de modo que consintam entre
si de maneira certa".

Prosseguindo, Espinosa explica que, enquanto consideramos
as muitíssimas causas externas que moderam as leis da natureza do
sangue e, em simultâneo, são por ele moderadas de maneira certa,
os movimentos e outras variações no sangue serão frutos tanto da
"proporção de movimento de suas partes uma à outra" quanto da
"proporção de movimento em simultâneo do sangue e das causas
externas um ao outro". E assim, coerindo com outras causas externas, o sangue deve ser considerado como parte, e não como todo.
Todavia, caso nenhum espaço se desse fora do sangue, de modo que
a transferência de quantidade de movimento só se desse entre suas
próprias partículas, o sangue permaneceria sempre em seu estado e
seria considerado sempre como um todo.[54]

Após isso, voltando da analogia, Espinosa diz que todos os
corpos da natureza devem ser concebidos da mesma maneira que o
sangue, ou seja, circundados por outros e mutuamente determinados
a existir e operar, sempre permanecendo em todos simultaneamente
com a "mesma proporção de movimento ao repouso" em todo o
universo. E generaliza a relação parte/todo:

> [...] segue-se daí que todo corpo, enquanto existe modificado de
> modo certo, deve ser considerado como uma parte do universo
> todo, convém com seu todo e coere com os demais; e porquanto a
> natureza do universo não é, como a natureza do sangue, limitada,
> mas absolutamente infinita, suas partes são moderadas de infinitas
> maneiras por essa natureza de potência infinita e são forçadas a sofrer

---

[54] Tomando o todo como um indivíduo, é o mesmo raciocínio do lema 6 da
Ética II, prop. 13, escólio: "Se alguns dos corpos que compõem um indivíduo
forem forçados a desviar seu movimento de uma direção para outra, mas de tal
maneira que possam continuar seus movimentos e transmiti-los entre si, na mesma
proporção de antes, o indivíduo conservará, igualmente, sua natureza, sem qualquer
mudança de forma".

infinitas variações. Mas, em razão da substância, concebo que cada parte tem uma união mais estreita com seu todo. Pois, tal como antes me esforcei em demonstrar em minha primeira carta, que te escrevi ainda residindo em Rijnsburg, já que é da natureza da substância que ela seja infinita, segue-se que cada parte pertence à natureza da substância corpórea e não pode ser ou conceber-se sem ela.

Ora, o arremate da explicação conduz a discussão ao seu exato início, isto é, ao primeiro período da correspondência, quando Espinosa, tratando de questões metafísicas, calara-se diante de Oldenburg sobre "qual é a origem e a produção das substâncias, e a dependência das coisas umas das outras e sua mútua subordinação" – questão que, agora sabemos, também era do interesse de Boyle. Mais ainda, se relembramos que Oldenburg declara (*Carta* I(1)) haver conversado com Espinosa, durante sua visita em Rijnsburg, "sobre Deus, sobre a extensão e o pensamento infinitos, sobre a discrepância e a conveniência desses atributos, sobre a maneira da união da alma humana com o corpo", percebemos que o final da explicação sobre a relação parte/todo volta-se justamente ao lugar, na natureza, da mente e do corpo humano:

> Vês, portanto, de que maneira e a razão por que penso que o corpo humano é uma parte da natureza; ora, no que atina à mente humana, também considero que ela é uma parte da natureza, a saber, porque sustento que na natureza também se dá uma potência infinita de pensar, que, enquanto infinita, contém objetivamente em si a natureza toda, e cujos pensamentos procedem do mesmo modo que a natureza, a saber, seu ideado.
> Ademais, sustento que a mente humana é essa mesma potência, não enquanto infinita e perceptiva da natureza toda, mas finita, a saber, enquanto percebe somente o corpo humano; e, dessa maneira, sustento que a mente humana é parte de um intelecto infinito. Mas seria algo demasiado prolixo explicar e demonstrar cuidadosamente aqui todas essas coisas e as que são anexas, e penso que não o esperas de mim no presente momento. Mais ainda, tenho dúvida se percebi suficientemente teu pensamento e se respondi algo diferente do que rogaste; isso desejo saber de ti.

É possível notar, no último parágrafo citado, ou um receio quanto à explicação ou até uma impaciência de Espinosa, já contando

com a resistência de Oldenburg e Boyle em relação aos seus conceitos, transparecida desde o início da correspondência. A suspeita do filósofo se confirmaria quando a explicação fosse lida pelo destinatário. De fato, a complicada e estranha analogia ao verme no sangue, aliada ao próprio fato de que ela não responde à exata indagação que fora apresentada, a saber, "como cada parte da natureza convém com seu todo e de que maneira coere com as demais", frustrou Oldenburg a ponto de nem querer enviar a explicação para Boyle, como demonstra uma carta de 21 de novembro de 1665, escrita pelo Secretário ao patrão:

> Vejo que o Sr. Huygens está muito ocupado fazendo testes de lentes ópticas com uma máquina muito refinada, que, ouvi dizer, mandou fazer para esse propósito; mas nada mais ouvi dizer a respeito do livro das cores na Holanda, embora, recentemente, eu tenha recebido outra carta do Senhor Espinosa, que está muito a teu serviço, e que me oferece um discurso dele acerca do consenso e da coerência das partes do mundo com o todo; o que, na minha opinião, não é não filosófico, embora talvez fosse tedioso para ti receber uma carta repleta disso; e isso faz com que eu me contenha em enviá-la a ti (BOYLE, 1772, V, p. 200).

É possível que ambos esperassem de Espinosa uma resposta que versasse mais sobre a mecânica dos corpos, e não uma com explicações tão metafísicas, como a que de fato é fornecida pelo filósofo. Mas pode ser, também, que Oldenburg não quisesse compartilhar com o patrão um discurso que tem como pano de fundo a assustadora tese da ordenação imanente de todas as coisas.

Como já dissemos, a *Carta* XXXIII(18), tomada quase que por inteiro pela explicação de Espinosa sobre a relação parte/todo, é a última disponível desse período. Após isso, segue-se um novo hiato muito maior que o primeiro, de aproximadamente dez anos. Dessa vez, evidentemente, muitas coisas ocorrerão até o restabelecimento da correspondência, e o comportamento de ambos no debate, assegurado o respeito de sempre, mudará com o endurecimento de posições.

Terceiro período (1675-1676)

Divergências sobre o cristianismo

Após 1665, na correspondência entre Espinosa e Oldenburg, uma nova carta só aparece dez anos depois, isto é, a *Carta* LXI(19), de 8 de junho de 1675. O conjunto do terceiro período encerra as dez últimas cartas disponíveis e é, dos três que dividimos, talvez aquele mais estudado e discutido.[55] Mas essas que nos restam são apenas parte do que realmente existiu, pois coligimos faltarem pelo menos três: duas antes da *Carta* LXI(19) e uma após ela, escrita por Espinosa em 5 de julho de 1675, conforme adução na *Carta* LXII(20).

Não sendo, portanto, a *Carta* LXI(19) uma missiva de reabertura, que não deixa marcas de que houve um longo hiato na comunicação – como ocorre no segundo período com a *Carta* XXV(12) –, não podemos assegurar que o silêncio entre Espinosa e Oldenburg coincide com o intervalo que as cartas disponíveis indicam. No entanto, sem muito aprofundamento, podemos concluir, do início da *Carta* LXII(20), escrita por Oldenburg, que a restauração da correspondência não deve fugir do primeiro semestre de 1675 ("Instaurado com tanta felicidade nosso comércio epistolar, não

---

[55] Como dito na Apresentação, Omero Proietti, por exemplo, dedica o livro *Agnostos theos: Il carteggio Spinoza-Oldenburg (1675-1676)*, publicado em 2006, ao estudo e à tradução apenas do terceiro período.

quero, ilustríssimo senhor, com uma intermissão de cartas, faltar com o dever de amigo").

Do que temos, inicialmente, cumpre discutir a ordem das duas primeiras cartas do período. Omero Proietti, em sua obra *Agnostos theos: Il carteggio Spinoza-Oldenburg (1675-1676)*, apregoa que os textos identificados por Van Vloten & Land como *Carta* LXI(19) e *Carta* LXII(20) estariam, na verdade, em ordem invertida. De fato, a cronologia é problemática, já que nas *Opera Posthuma* o texto da *Carta* LXI(19) tem data "8 de outubro de 1665" (*Londini 8. Octob. 1665*), enquanto nos *Nagelate Schriften* aparece "8 de junho de 1675" (*Te Londen, 8. Van Jun. 1675*). Em nota à sua tradução, Proietti (2006, p. 142) conjectura a data correta do texto como "8 de agosto de 1675". Segundo ele, possivelmente, a data "8 de outubro de 1665" (evidentemente absurda) seria uma reprodução nas *Opera Posthuma* de um lapso de Oldenburg; os *Nagelate Schriften*, por sua vez, teriam corrigido o ano para 1675, mantendo o mesmo dia, mas alterando, erroneamente, o mês para junho, porque o texto haveria de ser anterior àquele da *Carta* LXII(20), de 22 de julho de 1675. Proietti se apoia totalmente na identidade entre o primeiro *tractatus* aludido na *Carta* LXI(19) e o *tractatus quinque-partitum* mencionado na *Carta* LXII(20); segundo o comentador italiano, é impossível que seja o *Tratado teológico-político* (*TTP*), pois Oldenburg certamente já o conhecia, e, ademais, não houvera reimpressão do livro em 1675. Por exclusão, Proietti atesta que o referido *tractatus* só pode ser o manuscrito da *Ética*, que, algumas semanas antes, Espinosa havia expedido a Oldenburg. Nesse sentido, a cronologia das cartas haveria de ser emendada da seguinte maneira: i) em 5 de julho (carta desconhecida), Espinosa promete enviar a Oldenburg um certo número de copias da *Ética*, quando impressa; ii) em 22 de julho, Oldenburg diz que não recusará receber alguns exemplares do dito tratado; e iii) próximo a 8 de agosto (carta desconhecida), Espinosa transmite a Oldenburg uma cópia do manuscrito do *tractatus quinque-partitum*.

Ora, não obstante a argumentação de Proietti, a correção apregoada nos parece improcedente. Primeiro, dificilmente cremos que Espinosa enviaria um manuscrito da *Ética* a Oldenburg, a quem, sabemos, ele sempre tratou com cautela nas questões filosóficas e

teológicas. Segundo, na terceira carta do período (*Carta* LXVIII(21)), da qual Proietti não contesta a ordem, o filósofo menciona que "escrevera sobre" o *tractatus quinque-partitum*, jamais que o teria enviado ao Secretário ("No momento em que recebi tua carta de 22 de julho, parti para Amsterdã com o plano de mandar à imprensa o livro sobre o qual eu te escrevera"). Terceiro, a notícia sobre a intenção de publicar o *tractatus quinque-partitum*, dada por Espinosa em carta perdida (5 de julho) e aduzida por Oldenburg na *Carta* LXII(20), parece ser um claro atendimento ao pedido de Oldenburg, na *Carta* LXI(19), por informações sobre os presentes trabalhos do filósofo ("gostaria de rogar-te com todas as forças que te dignes de expor [...] o que ora preparas e meditas para esse fim"). Portanto, apoiados em tais contra-argumentos, concluímos por não assentir à alteração indicada por Proietti e mantemos, em nossos texto latino e tradução, a mesma datação dos *Nagelate Schriften*.[56]

Se, apesar de uma década de cartas ausentes, não podemos assegurar por quanto tempo Espinosa e Oldenburg ficaram sem se falar, é inevitável recorrer às conjecturas para saber por quem e por que a correspondência é restabelecida pela segunda vez. Ora, sobre o responsável pelo retorno do comércio epistolar, o conteúdo todo das cartas do período converge para que tenha sido Oldenburg, já que os questionamentos e pedidos partem quase sempre dele, cabendo a Espinosa apenas prestar-lhe os devidos esclarecimentos. Sobre o porquê do retorno, se no início do primeiro período nossa análise do texto e do contexto histórico e político permitiu encontrar pelo menos três motivos iniciais muito nítidos, nesse terceiro se sobressaem dois, a saber: a busca por esclarecimentos acerca do polêmico *TTP* e os rumores sobre a recém-acabada redação da *Ética*.

Em 1675, Espinosa já conta quarenta e três ano, e reside em Haia,[57] onde se instalara desde 1670, mesmo ano em que o *TTP* é

---

[56] Por outro lado, Maxime Rovere (2010, p. 326), em sua recente tradução francesa (*Correspondance*), acata os argumentos de Proietti e inverte as duas cartas de posição.

[57] Entre setembro de 1669 e fevereiro de 1671, Espinosa morou em Haia na casa de uma viúva (CZELINSKI-UESBECK, 2007, p. 237). Depois mudou-se, na mesma cidade, para o primeiro andar da casa do pintor Hendrik van der Spyck (Pavillioensgracht, n.º 72), onde permaneceu até a morte.

publicado. O filósofo se dedicara à redação do tratado sobre a Escritura durante pelo menos quatro anos, como podemos depreender de uma passagem da *Carta* XXX(15), de outubro de 1665, a mais antiga referência de Espinosa à composição de um trabalho que eventualmente seria publicado como o *TTP*:

> Componho agora um tratado sobre meu pensamento acerca da Escritura; de fato, movem-me a fazê-lo: 1. os preconceitos dos teólogos; pois sei que eles impedem maximamente que os homens possam aplicar o ânimo à filosofia; azafamo-me, pois, em explicá-los e afastá-los das mentes dos mais prudentes; 2. a opinião que de mim tem o vulgo, que não cessa de insimular-me de ateísmo, forço-me o quanto possível a também afastá-la; 3. a liberdade de filosofar e dizer as coisas que pensamos, a qual desejo asserir de todos os modos, e que aqui é suprimida de qualquer maneira por causa da demasiada autoridade e petulância dos pregadores.

A declaração é uma resposta a Oldenburg, que, na *Carta* XXIX(14), de agosto de 1665 (data provável), em alusão a uma carta (perdida) de Espinosa de 4 de setembro de 1665, comenta:

> Vejo que não filosofas tanto, mas sim teologizas, se é permitido dizer assim; pois assinalas teus pensamentos sobre anjos, profecia e milagres. Mas talvez o faças filosoficamente; seja como for, estou certo de que é uma obra digna de ti e, sobretudo, desejadíssima por mim. Como estes tempos dificílimos obstam à liberdade dos comércios, rogo que pelo menos não te acanhes em me sinalizar em tua próxima carta tua decisão e teu escopo nesse teu escrito.

O *TTP* só é finalizado e mandado ao prelo em 1669. O livro é publicado anonimamente pelo editor de Amsterdã Jan Rieuwertsz, que na contracapa adotou para si o pseudônimo "Henricus Kunrath" e indicou Hamburgo como cidade de publicação. O ano da impressão é dado como 1670, mas ela talvez tenha ocorrido no fim mesmo de 1669, pois não era incomum editores anteciparem livros que apareciam em fim de ano (STEENBAKKERS, 2010, p. 30). Embora, para Oldenburg, Espinosa vivesse "em uma República tão livre que é lícito aí pensar o que quiseres e dizer o que pensas" (*Carta* VII(7)), a cautela e os disfarces eram imprescindíveis, já que os teólogos ortodoxos holandeses

perseguiam qualquer autor ou editor que se inclinasse à heterodoxia e ao pensamento livre, exercendo forte pressão sobre as autoridades civis a fim de que fossem confiscados os livros que julgavam perigosos. Na verdade, Espinosa compôs o *TTP* destinado essencialmente à interpretação da Escritura, pois o que ali está em foco é uma questão política, a saber, "é possível e útil ao Estado deixar aos cidadãos a liberdade de filosofar, isto é, principalmente, a liberdade de elaborar conhecimentos especulativos graças à razão natural e trocar as ideias assim concebidas?" (MOREAU, 1998, p. 75). Assim, não demorou para que um furor em torno do livro se instaurasse na Holanda e fora dela, e que seu verdadeiro autor fosse identificado.[58] Bamberger (1961, pp. 12-13) relata com detalhes algumas reações entre os doutos:

> Não demorou muito para que uma barragem de vilificação fosse lançada contra o livro. Alguns dos professores e clérigos que levantaram suas vozes com uma raiva estridente sabiam o nome do autor. Mas, se sabiam ou não, não fazia diferença; a reação deles era igualmente injuriosa. Franz Burmann, professor de teologia na Universidade de Utrecht, leu o livro em abril de 1670, tirou dele um excerto, anotou o nome do autor cuidadosamente em seu diário e escreveu em 5 de julho ao seu amigo, o hebraísta Jacobus Alting de Groningen, implorando-o para "esmagar e destruir este livro extremamente pestilento". Em 8 de maio, Jacob Thomasius, professor de Leibniz na Universidade de Leipzig, trovejou em um "programa" acadêmico contra o *Tractatus* e seu autor, "aquele monstro abominável afastando a luz". Em 1º de junho, Friedrich Rappolt, em seu discurso inaugural na Universidade de Leipzig, denunciou o naturalismo "naquele livro extremamente ruim". Em agosto, Johann Melchior, um pregador em uma vila perto de Bonn, esclareceu a um amigo sobre "os engodos desse homem de

---

[58] Pierre-François Moreau (1998, p. 80), em seu artigo "Os princípios de leitura das Sagradas Escrituras no *Tratado teológico-político*", faz uma importante colocação sobre o principal objeto do *TTP*, e aquele subsidiário que se tornou o alvo de ataques e ira: "[...] Espinosa não tomou a Bíblia como objeto principal de sua análise. As Sagradas Escrituras não aparecem no *TTP* senão por ocasião do debate sobre a liberdade de pensar. Ora, constatamos esse fenômeno surpreendente: mal o livro apareceu e o anonimato se desfez, e ele se tornou o alvo de uma bateria de ataques e calúnias que se ligam menos ao seu tema explícito (o problema político) que a um outro fim que se lhe supõe: a destruição das crenças religiosas estabelecidas".

insolência extraordinária ['um descendente de Xinospa'], tecidos para confundir a verdade da nossa fé". Em 1671, Johann Ludwig Fabricius, professor de filosofia e teologia na Universidade de Heidelberg, pediu a supressão do "impudente" livro para mantê-lo longe da Alemanha e dos estudantes alemães. E, assim, continuou, *crescendo*, cada irrupção aproveitando a deixa das anteriores, amontoando insulto sobre insulto.

Os teólogos holandeses não foram tão rápidos quanto os alemães para enviar suas denúncias ao impressor. Um professor de Heidelberg, Friedrich Mieg, relatou a um colega em Herborn que a publicação do *Tractatus* criara turbulência na Holanda; mas o primeiro livro anti-espinosista de um autor holandês, um pregador remonstrante em Haia, só apareceu em 1673. Ele era Jacob Batelier (Vatelier, Batalerius), que alertou as autoridades civis que o *Tractatus* poderia arruinar os fundamentos do Estado inteiro.

Na Holanda, os conselhos e sínodos da Igreja Reformada mostraram elevado grau de vigilância, e logo votaram para que se banisse o pernicioso livro. Todavia, a ação desejada só veio oficialmente em julho do 1674, quando Guilherme de Orange ordenou que o *TTP* fosse confiscado. Apesar do decreto do príncipe e dos constantes ataques, pelo menos até 1677, graças a engenhosos artifícios de Rieuwertsz para enganar os censores, jamais houve interrupção na oferta do livro, que continuou disponível à venda, para leitura e discussão, entre os que o condenavam e mesmo os que o defendiam (Bamberger, 1961, p. 14).

Os ataques contra o *TTP* também não impediram que Espinosa prosseguisse na elaboração de outro tratado, a *Ética*. De fato, o início da redação da *opus magnum* espinosana remonta a um período anterior a 1665,[59] provavelmente em 1662 ou 1663, após a escrita do *Breve tratado*. Entre os anos de 1665 e 1669, Espinosa decerto precisou desacelerar o trabalho sobre a *Ética* para dedicar-se ao tratado sobre a Escritura. Com a publicação do famigerado *TTP*,

---

[59] O título *Ética* tem seu primeiro registro na *Carta* XXIII, de março de 1665, na qual Espinosa escreve a Willem van Blijenbergh: "Pois, por homem justo entendo aquele que deseja constantemente que cada um possua o que é seu; esse desejo demonstro em minha *Ética* (ainda não publicada) ter origem necessariamente nos pios que têm um claro conhecimento de si mesmos e de Deus".

o filósofo retomou seus esforços sobre a *Ética*, tendo-a completado em 1675.

No mesmo ano, com o texto preparado, Espinosa vai a Amsterdã para tratar da publicação do *tractatus quinque-partitum*, provavelmente com o amigo livreiro Rieuwertsz. No entanto, conforme exposto na *Carta* LXVIII(21), durante a estada na capital holandesa, o filósofo descobre que seu novo livro, antes mesmo de ser colocado no prelo, já suscitava rumores, ira e ataques:

> No momento em que recebi tua carta de 22 de julho, parti para Amsterdã com o plano de mandar à imprensa o livro sobre o qual eu te escrevera. Enquanto eu fazia isso, espalhava-se por toda a parte o rumor de que certo livro meu sobre Deus está no prelo e que tento mostrar nele que nenhum Deus se dá; rumor que, certamente, era aceito por muitos. Donde alguns teólogos (talvez, os autores desse rumor) agarraram a ocasião para queixar-se de mim perante o príncipe e os magistrados; além disso, estultos cartesianos, para afastarem de si essa suspeita, porque acreditava-se que estavam a meu favor, não cessavam, e até agora não cessam de amaldiçoar por toda a parte minhas opiniões e meus escritos.

Como testemunho do temor que se instalava, em 14 de agosto de 1675, Theodor Rijckius, respeitado estudioso e professor de História e Oratória em Leiden, escreve para Adriaan van Blyenburg, um influente magistrado de Dordrecht:

> Entre nós há o rumor de que o autor do *Tratado teológico-político* tem à mão um livro sobre Deus e a mente, este muito mais perigoso que o primeiro. Será responsabilidade tua e daqueles que contigo ocupam-se de governar na nova República que esse livrinho não seja publicado. Com efeito, é incrível o quanto o primeiro, que se esforçou em derrubar os princípios de nossa santíssima fé, prejudicou a República (Citado por FREUDENTHAL, 1904, p. 239).

Diante das ameaças e acusações de ateísmo, e possuindo "completo horror a rixas",[60] Espinosa renuncia seu desígnio de publicação da *Ética*, como declarado ainda na *Carta* LXVIII(21):

---

[60] Na *Carta* VI(6), do início de 1662, Espinosa escreve para Oldenburg sobre certo opúsculo que escrevia à época: "Mas às vezes desisto da obra, porque ainda não tenho

Como eu soubera dessas coisas por alguns homens fidedignos que simultaneamente afirmavam que os teólogos me insidiavam por toda a parte, decidi prorrogar a edição que eu preparava, até que eu visse em que acabaria o assunto, e então sinalizar-te que decisão que eu seguiria. Mas o assunto parece a cada dia inclinar-se ao pior, e estou incerto sobre o que farei.

Para Nadler (1999, p. 336), se a publicação do *TTP* antes da *Ética*, primeiro definindo os argumentos para a liberdade de filosofar, tinha como objetivo preparar o caminho para as posições metafísicas e morais mais extremas, a estratégia de Espinosa foi mal calculada, tanto que em vida nada mais quis mandar à prensa. Mas isso não quer dizer que o texto não tenha sido divulgado informalmente. É sabido que, desde o final de 1674, cópias de um manuscrito aparentemente acabado da *Ética* já circulavam entre algumas pessoas na Holanda. Entre aqueles que o possuíam estavam os alemães Georg Hermann Schuller (1651-1679) e Ehrenfried Walther von Tschirnhaus (1651-1708), como extraímos da correspondência de Espinosa com ambos. A propósito, indo além das perguntas iniciais sobre por que e por quem a correspondência teria sido retomada novamente, trataremos agora do provável agente responsável pela reaproximação entre Oldenburg e Espinosa.

Não antes de 1674, Tschirnhaus havia sido, por intermédio de Schuller, apresentado aos pensamentos de Espinosa, e logo encontrado com o próprio, tendo acalentado com grande interesse o arcabouço filosófico espinosano. Em maio de 1675, em um itinerário para promoção de conexões com personalidades científicas importantes, Tschirnhaus viaja para a Inglaterra, onde permanece alguns meses e encontra, entre outros eminentes, Boyle e Oldenburg.[61] Frente aos dois, segundo relato de Schuller a Espinosa, em carta de 25 de julho

---

nenhuma decisão certa acerca de sua publicação. De fato, temo que os teólogos de nosso tempo se ofendam e invistam contra mim, que tenho completo horror a rixas, o ódio com que estão acostumados".

[61] Vários comentadores afirmam que Tschirnhaus teria ido à Inglaterra com uma carta de recomendação de Espinosa. Todavia, não encontramos, em fontes primárias, vestígio algum que sustentasse isso.

daquele ano (*Carta* LXIII), Tschirnhaus parece não ter poupado esforços na defesa do filósofo holandês:

> [Tschirnhaus] conta que os Srs. Boyle e Oldenburg formaram de tua pessoa um conceito estranho, e que ele não só o tirou deles, mas acrescentou razões que lhes induziram a ter de novo uma opinião muito digna e favorável sobre ela, e também a estimar sumamente o *Tratado teológico-político...*

É difícil afirmar se houve mesmo mudança de opinião na dupla da Royal Society, mas, mesmo que não, ao menos parece ter fulgido em Oldenburg a necessidade de confrontar diretamente os argumentos apresentados pelo visitante alemão. Daí que, tudo indica, foi graças a Tschirnhaus que o Secretário voltou a procurar Espinosa. Mas, como dissemos, o interesse do retorno não era só por assuntos relacionados ao *TTP*. Durante a estada em Londres, é muito provável que Tschirnhaus tenha informado Oldenburg sobre o novo tratado que Espinosa finalizara e planejava publicar. Não faz sentido que Tschirnhaus tenha privado o Secretário da novidade, se pouco depois, em setembro de 1675, sabemos que conversou sobre a *Ética* com Leibniz, com quem se encontra em Paris sob recomendação do próprio Oldenburg.[62]

Já na primeira carta do período (*Carta* LXI(19)), Oldenburg transparece seu propósito, quando, sem menção direta à *Ética*, diz: "gostaria de rogar-te com todas as forças que te dignes a expor [...] o que ora preparas e meditas para esse fim"; e mais à frente no texto, dá pistas de que já sabia da iminente publicação e de algum conteúdo da obra:

> [...] eu me esforçarei somente nisto: dispor gradualmente as mentes dos homens bons e sagazes a abraçarem aquelas verdades que tu um

---

[62] Na *Carta* LXX, de 14 de novembro de 1675, Schuller, intermediando Tschirnhaus, escreve a Espinosa: "[...] [Tschirnhaus] relata ainda que encontrou em Paris um homem notavelmente erudito, versadíssimo nas várias ciências e livre dos preconceitos vulgares da teologia. Chama-se Leibniz [...] Enfim, conclui ele, esse Leibniz é muito digno de que teus escritos, concedida antes tua vênia, sejam-lhe comunicados [...] Esse mesmo Leibniz tem em grande estima o *Tratado teológico-político*, de cuja matéria escreveu ao senhor uma vez uma carta, se te recordas".

dia darás ao mais amplo lume, e suprimir os preconceitos concebidos contra tuas meditações. Se não me engano, parece-me que examinas, com muito mais profundidade, a natureza e as forças da mente humana e a união desta com nosso corpo.[63]

Respondendo, em carta perdida de 5 de julho de 1675, Espinosa dá o que Oldenburg queria, isto é, notícias sobre seu novo tratado, a *Ética*, que estaria finalizado e prestes a seguir para o prelo. Foi a deixa para que o Secretário (*Carta* LXII(20) não hesitasse em pedir:

> [...] não recusarei receber alguns exemplares do dito tratado. Gostaria de rogar-te somente que, a seu tempo, eles sejam endereçados a algum mercador holandês residente em Londres, que cuide, logo depois, de entregá-los a mim. E não será preciso falar que livros desse tipo foram transmitidos a mim [...].

O assunto sobre a *Ética* termina na *Carta* LXVIII(21), em cujo texto, já citamos, Espinosa, ameaçado por rumores e ataques ao iminente livro, informa a Oldenburg a suspensão dos planos de publicá-lo. Fora isso, todo o restante do período restringir-se-á a temas oriundos do *TTP*. Antes de debatê-los, porém, temos condições agora, a partir do que esclarecemos, de concluir a questão inicial sobre a ordem das duas primeiras cartas deste período.

Propositalmente, em nossas objeções à inversão de Proietti, deixamos de lado seu argumento de que o primeiro *tractatus* mencionado na *Carta* LXI(19) não poderia ser o *TTP* porque Oldenburg certamente já o conhecia e porque não houvera reimpressão do livro em 1675. Retomemos, então, o início dessa carta:

> Não quis deixar passar esta cômoda ocasião que me oferece o doutíssimo Sr. Bourgeois, Doutor em Medicina de Caen e devoto da religião reformada, que parte agora para a Holanda, para, dessa maneira, sinalizar-te que expus, há algumas semanas, minha gratidão por teu tratado a mim transmitido, embora nunca entregue; mas conservo a dúvida se aquela minha carta chegou rigorosamente em tuas mãos. *Eu indicara nela minha opinião sobre*

---

[63] Oldenburg dá indícios de que conhece a crítica anticartesiana de Espinosa, presente explicitamente no Prefácio da *Ética* V (A potência do intelecto ou a liberdade humana).

aquele tratado; a qual, de toda maneira, depois de examinado e ponderado mais propriamente o assunto, estimo ter sido demasiado imatura. Naquele momento, certas coisas pareciam-me inclinar-se ao prejuízo da religião, enquanto as media pelo pé, que fornecem o vulgo dos teólogos e as fórmulas das confissões (as quais parecem exalar demasiado os esforços das partes).

Ora, não é preciso que Oldenburg se refira a um livro enviado há pouco tempo. Ainda que sutil, notemos que a expressão "embora nunca (*nunquam*) entregue" parece indicar um tempo muito mais pretérito que algumas semanas. Nadler (1999, p. 329) supõe que o Secretário tenha lido, "com grande alarme", o tratado sobre a Escritura de seu amigo muito provavelmente logo após a publicação; Espinosa, na mesma época, ter-lhe-ia enviado uma cópia do *TTP*, e a resposta inicial de Oldenburg – expressa em uma carta perdida, mas provavelmente de 1670 – foi definitivamente negativa. Pode ser essa a razão, completa Nadler, pela qual não há cartas entre ambos até o primeiro semestre de 1675: "Naquele momento [de minha primeira carta], certas coisas pareciam-me inclinar-se ao prejuízo da religião", diz Oldenburg a Espinosa. Diferentemente, o comentador Vleeschauwer (1942, p. 371) sugere que a referência era, sim, a um fato recente, isto é, que só em 1675 o *TTP* teria sido enviado pelo próprio Espinosa, a quem Oldenburg agradece sem que o exemplar tivesse chegado a suas mãos; ademais, supõe que, até ali, o juízo do Secretário sobre a obra se teria formado com base apenas em opiniões de terceiros. Sem hesitarmos, Nadler soa-nos muito mais razoável do que Vleeschauwer, já que é pouquíssimo provável que Oldenburg, dados seu profundo interesse no assunto e sua extensa rede de contatos, não conseguisse um exemplar da obra logo após a publicação;[64] ou que, não a tendo lido, pudesse discuti-la com a propriedade que o fez nas cartas deste período. Além disso, quando alega que "media [certas coisas] pelo pé, que fornecem o vulgo dos

---

[64] É de notar, por exemplo, que Leibniz, que já se correspondia com Oldenburg desde 1670, talvez tivesse recebido do próprio Espinosa uma cópia do *TTP*, em 1671. Na *Carta* XLVI, de 9 de novembro de 1671, escrita a Leibniz, Espinosa diz em *postscriptum*: "Se o *Tratado teológico-político* ainda não chegou em tuas mãos, enviarei um exemplar, se não for desagradável".

teólogos e as fórmulas das confissões", não necessariamente quer dizer que seu julgamento anterior se amparava exclusivamente em opiniões que lia ou escutava, mas é muito provável que ele se referisse ao fato de que sua própria leitura tenha sido influenciada por aquelas. Por fim, na *Carta* LXXV(25), a remissão de Espinosa a explicações suas no *TTP* – como que sugerindo consulta – leva-nos a deduzir que ele sabia que Oldenburg, de alguma maneira, tinha em mãos o livro: "se não me engano, expliquei suficientemente, no *Tratado teológico-político*, minha opinião sobre os milagres".

Refutada por completo a alteração de Proietti, aqui ousamos ainda formular a descrição cronológica que nos pareceu mais veros-símil: i) em 1670 (carta perdida), Espinosa envia um exemplar do *TTP* a Oldenburg; ii) em carta posterior (perdida), Espinosa informa a Oldenburg que lhe enviara o *TTP*; iii) em resposta (carta perdida), Oldenburg agradece pelo envio do *TTP*, ainda que nunca o tivesse recebido; mas, tendo-o adquirido por outro meio e lido, emite, na mesma carta, sua opinião sobre ele, certamente negativa; iv) anos depois, em 8 de junho de 1675 (*Carta* LXI(19)), Oldenburg, sem respostas de Espinosa, reitera o agradecimento pelo envio do *TTP* nunca entregue e reconsidera, motivado por Tschirnhaus, sua opinião sobre a obra; v) em carta de 5 de julho de 1675 (perdida), Espinosa redargui sobre o *TTP* e indica a Oldenburg sua intenção de publicar a *Ética*; vi) em 22 de julho de 1675 (*Carta* LXII(20)), Oldenburg ad-verte Espinosa acerca do conteúdo do *tractatus quinque-partitum*, volta a comentar sobre o *TTP* (parte excluída pelos editores) e, por fim, manifesta interesse em receber alguns exemplares da *Ética* impressos e repassá-los a seus amigos; e vii) em resposta (*Carta* LXVIII(21)), Espinosa relata os rumores e ataques que o fazem desistir de publi-car a *Ética*, agradece as advertências de Oldenburg e pede a ele que esclareça certa afirmação sobre o *TTP* contida na carta anterior. E aí, prossegue-se sem intermitências até a *Carta* LXXIX(28), últi-ma disponível. Passemos agora aos temas do *TTP* levantados por Oldenburg, bem como às consequentes discussões.

Em 1675, Oldenburg já beira os sessenta anos. Nos dez longos anos entre o segundo período e este terceiro, destaca-se o trágico episódio de sua prisão na Torre de Londres, em 1667. Como já dito,

desde 1666, havia entre ele e o Subsecretário de Estado Sir Joseph Williamson um acordo de cooperação: as cartas dos correspondentes de Oldenburg eram entregues no escritório de Williamson, que arcava com seus custos, e, em troca, Oldenburg prestava-lhe informações de inteligência, reportando notícias políticas e militares dadas, sob o pano de fundo da Segunda Guerra Anglo-Holandesa, por seus missivistas estrangeiros – especialmente da França e Holanda. Todavia, ainda que fornecesse vantagens aos interesses da corte inglesa, o frequente intercâmbio epistolar de Oldenburg com estrangeiros suscitou suspeitas acerca de suas atividades. Como resultado, nem a proximidade com Williamson nem os privilégios concedidos pela Royal Society obstaram que Oldenburg fosse, em 20 de junho de 1667, conduzido à Torre de Londres, um castelo que, à época, servia como prisão. O mandado havia sido assinado, no mesmo dia, pelo então Secretário de Estado Lord Arlington (1618-1685), e insimulava Oldenburg de "planos e práticas perigosas" (MCKIE, 1948, p. 29). Todavia, o Secretário acreditava tratar-se de represália por suas críticas, contidas em algumas cartas e discursos, à condução da Segunda Guerra Anglo-Holandesa (*ibidem*, p. 35). O encarceramento de Oldenburg durou pouco mais de dois meses, cessando, em 26 de agosto de 1667, quando o próprio Lord Arlington assinou o mandado de sua soltura.

Após esse episódio, ou mesmo na iminência dele, é provável que o Secretário tenha cortado suas relações mais perigosas e evitado temas que não interessassem ao escopo da Royal Society. Durante anos tão difíceis, assolados pela peste, marcados pela perda da primeira esposa e por problemas financeiros, Oldenburg provavelmente buscou grande refúgio em sua fé religiosa, que, sendo ele teólogo e cristão luterano, sempre foi profunda (NADLER, 1999, p. 329). Nesse sentido, não há como assegurarmos a honestidade dele ao declarar, na *Carta* LXI(19), sua mudança de opinião acerca do *TTP*:

> Mas, repensando mais intimamente o assunto todo, ocorrem muitas coisas que me persuadem de que estás tão longe de tramar qualquer dano contra a verdadeira religião ou a sólida filosofia que, ao contrário, trabalhas por recomendar e estabelecer o genuíno fim cristão da religião, e também a sublimidade e a excelência da frutuosa filosofia.

Como vimos nas cartas do primeiro e segundo períodos, o Secretário sempre foi capaz de modular seu discurso, habilidade imprescindível para alguém cuja função mais importante, talvez, fosse a coleta de informações. Além disso, a busca, a qualquer custo, pela reaproximação do sempre cauteloso Espinosa era importante para Oldenburg, especialmente para que conseguisse uma ou mais cópias da *Ética*, da qual, mostramos, possivelmente tomara conhecimento por intermédio de Tschirnhaus.

Acerca das críticas ao *TTP*, na *LXVIII*(21), Espinosa, que havia sido advertido por Oldenburg, na carta anterior (*Carta* LXII(20)), a evitar misturar na *Ética* "qualquer coisa que pareça de algum modo abalar a prática da virtude religiosa", pede ao Secretário uma explicação mais ampla a fim de saber que dogmas (*dogmatas*) ele crê que implicariam aquilo; em seguida, porque tem a intenção de prover o *TTP* com algumas notas, e, se possível, "suprimir os preconceitos concebidos sobre ele", aproveita para pedir que Oldenburg também indique quais as "passagens do *Tratado teológico-político* que inspiraram escrúpulo em homens doutos". Em resposta de 15 de novembro (*Carta* LXXI(22)), Oldenburg, muito objetivamente, enumera três pontos do *TTP* que aos leitores mereciam esclarecimento: i) a ambiguidade entre Deus e Natureza, pois muitos pensam que ele confunde as duas coisas; ii) a supressão da autoridade e do valor dos milagres, que tiraria o fundamento dos cristãos para a certeza da revelação divina; e iii) a opinião de Espinosa sobre Jesus Cristo, sobre quem o filósofo estaria escondendo a opinião, bem como sobre sua encarnação e sua satisfação.[65] Ao fim da mesma carta, percebemos que os temas levantados pelo Secretário, de fato, não vinham de um público geral de "homens doutos", como inicialmente asserido, mas especificamente do que ele chama "cristãos sensatos e fortes de razão" – entre os quais, certamente, ele e Boyle eram os mais interessados nos esclarecimentos.

---

[65] Esboçada sobretudo nas obras de Anselmo de Cantuária (1033-1109), a teoria da satisfação ensina que a morte de Cristo foi o pagamento que satisfez as exigências de Deus em vista da ofensa do pecado. Os méritos de Cristo são transferidos aos que creem.

Na *Carta* LXXIII(23), insatisfeito com a brevidade ("recebi tua brevíssima carta") e incompletude da resposta de Oldenburg, Espinosa se queixa da omissão em relação aos dogmas "que pareciam abalar a prática da virtude religiosa". Então instado diretamente, o Secretário cede à reclamação e revela, na *Carta* LXXIV(24), um só "dogma", a saber, a fundamentação do pensamento de Espinosa na necessidade fatal de todas as coisas e ações. Assim, com esse último, somam-se, aqui, quatro pontos que discutiremos separadamente a seguir.

Deus sive Natura

Na *Carta* LXXI(22), Oldenburg indica que atormentam "os leitores" as partes do *TTP* em que Deus e Natureza aparecem de maneira ambígua, e que julgam serem coisas confundidas por Espinosa. Em sua resposta (*Carta* LXXIII(23)), o filósofo esclarece:

> [...] sustento uma opinião sobre Deus e a natureza muito diversa daquela que os cristãos recentes costumam defender. Com efeito, sustento que Deus é causa imanente de todas as coisas, e não transitiva, como afirmam. Que todas as coisas são, digo, em Deus e se movem em Deus, afirmo-o com Paulo e talvez também com todos os filósofos antigos, embora doutro modo, e, ousaria dizer, com todos os antigos hebreus, o quanto se permite conjecturar de algumas tradições, ainda que adulteradas de muitos modos. Contudo, erram de toda maneira alguns que pensam que o *Tratado teológico-político* se apoia no fato de Deus e a natureza (pela qual entendem alguma massa ou matéria corpórea) serem uma só e mesma coisa.

Ou seja, a confusão está essencialmente no fato de que, para Espinosa, "Deus é causa imanente de todas as coisas, e não transitiva", como pensam os cristãos recentes. Tal é o próprio enunciado da proposição 18 da *Ética* I. No excerto acima, ao defender sua posição, o filósofo lança mão do discurso de Paulo de Tarso, remetendo a *Atos dos Apóstolos*, cap. 17, v. 28: "É nele que temos vida, nele nos movemos e existimos". Tal referência paulina leva-nos imediatamente à proposição 15 da *Ética* I: "Tudo que é, é em Deus, e nada sem Deus pode ser nem ser concebido"; e dela se segue um longo escólio que, entre outras coisas, fornece-nos uma profunda explicação sobre a

natureza corpórea divina. Aliás, ao final do fragmento supracitado transcrito, Espinosa nega totalmente que o fundamento do *TTP* seja a identidade entre Deus e uma natureza "pela qual entendem alguma massa ou matéria corpórea".[66] De fato, a natureza com a qual Deus espinosano se identifica é a "natureza naturante" (*natura naturans*), isto é: "[...] o que existe em si mesmo e por si mesmo é concebido, ou seja, aqueles atributos da substância que exprimem uma essência eterna e infinita, isto é, Deus, enquanto é considerado como causa livre". (*Ética* I, prop. 29, escólio).[67] Portanto, a natureza consagrada na expressão *Deus sive Natura* afasta-se completamente da associação vulgar entre a natureza e o conjunto de todos os corpos maciços, ou, como exposto no escólio da proposição 15 da *Ética* I, corpos entendidos como "uma quantidade qualquer com comprimento, largura e profundidade, delimitada por uma certa figura". Aliás, em uma nota no cap. VI do *TTP*, o autor esclarece: "N.B. Por natureza não entendo aqui só a matéria e suas afeções, mas, além da matéria, infinitas outras coisas". Por fim, aproveitamos a luminar contraposição dada por Chaui (1999, p. 137) para dizer que o problema de Oldenburg e daqueles por quem fala é confundir o *Deus sive Natura* espinosano, que tem Deus como causa imanente de todas as coisas, com o *Natura sive Deus* deísta, que tem Deus como causa transcendente de uma natureza material.

Diante da resposta de Espinosa, Oldenburg se cala sobre este assunto, não trazendo mais considerações ao longo de suas cartas posteriores. Como veremos, o interesse do Secretário voltar-se-á muito mais aos pontos seguintes.

---

[66] No *TTP*, cap. I, Espinosa diz: "[...] e a lei revelada a Moisés, à qual não era lícito acrescentar nada nem retirar nada e que foi instituída como um direito da pátria, nunca preceituou acreditarmos que Deus é incorpóreo, nem que ele também não tem nenhuma imagem ou figura [...]".

[67] Na *Ética* I, prop. 33, escólio 1, "Uma coisa é dita necessária em razão de sua essência ou em razão de sua causa. Com efeito, a existência de uma coisa segue-se necessariamente de sua própria essência e definição ou da existência de uma causa eficiente". Essa distinção entre necessário "por si" e "pela sua causa" é, na verdade, consequência de uma outra, a saber, entre natureza naturante (*natura naturans*) e natureza naturada (*natura naturata*). Pela primeira, deve-se entender toda a atividade produtiva, a substância divina, ou seja, aquilo que existe em si mesmo e por si mesmo é concebido, e sua infinidade de atributos infinitos; já pela segunda, deve-se entender o que é produzido por Deus, ou seja, o conjunto de suas modificações ou modos, que sem Deus não pode existir nem ser concebido.

Milagres, isto é, ignorância

Outro tormento "aos leitores", aponta Oldenburg, é o fato de que Espinosa parece "suprimir a autoridade e o valor dos milagres, com os quais sozinhos quase todos os cristãos persuadem-se de que pode ser construída a certeza da revelação divina". Com efeito, o capítulo VI do *TTP* dedica-se integralmente ao desmonte dos milagres e certamente constituiu grande peso na ira daqueles que condenaram o livro. Espinosa, porém, não se esgueirou de expor seu pensamento ao Secretário (*Carta* LXXIII(23)):

> Ademais, no que atina aos milagres, estou, ao contrário, persuadido de que a certeza da revelação divina pode ser construída pela só sabedoria da doutrina, e não por milagres, isto é, pela ignorância, o que mostrei de maneira bastante prolixa no cap. VI, sobre os milagres. Aqui acrescento somente que entre religião e superstição reconheço esta diferença principal: que esta tem por fundamento a ignorância, e aquela, a sabedoria; e creio ser este o motivo por que os cristãos se distinguem entre os demais: não pela fé, nem pela caridade, nem pelos outros frutos do Espírito Santo, mas pela só opinião; porque, como todos, defendem-se com os milagres sozinhos, isto é, com a ignorância, que é a fonte de toda maldade, e por isso convertem a fé, ainda que verdadeira, em superstição. Mas duvido muito que algum dia os reis concederão aplicar um remédio a esse mal.

Incomodado com a equivalência dada por Espinosa entre milagres e ignorância ("por milagres, isto é, pela ignorância"), Oldenburg questiona, na *Carta* LXXIV(24), em que sentido o filósofo tem uma coisa e outra por "sinônimos e equivalentes". E contrapõe que "a ressuscitação de Lázaro dos mortos e a ressurreição de Jesus Cristo da morte parecem superar toda a força da natureza criada e competir à só potência divina", e que a ignorância que resulta fora dos limites de uma "inteligência finita e constrita por barreiras certas" não deve ser culpável. Prossegue, então, evocando à finitude do intelecto humano, ou seja, à impossibilidade de nós, "homúnculos", perscrutarmos com nossas mentes certas coisas e explicarmos o motivo e a maneira pela qual se dão a partir da ciência e potência de Deus. Por fim, aduzindo

a Terêncio,[68] chancela sua indagação: "Somos homens, nada de humano parece que nos há de ser considerado alheio". Quer dizer Oldenburg: se a coisa é alheia à nossa mente criada, é porque atina somente à ciência e à potência da mente incriada, isto é, à suprema divindade. Aqui, embora obviamente atado à tradição escolástica, o Secretário parece aproximar-se de uma posição cartesiana, como depreendemos de uma passagem da quarta meditação de Descartes:

> [...] de início me vem ao pensamento que não devo espantar-me se minha inteligência não for capaz de compreender por que Deus faz o que faz, e que assim não tenho nenhuma razão de duvidar de sua existência, talvez pelo fato de eu ver, por experiência, muitas outras coisas sem poder compreender por que razão nem como Deus as produziu. Pois já sabendo que minha natureza é extremamente fraca e debilitada, e, ao contrário, que a de Deus é imensa, incompreensível e infinita, já não tenho dificuldade em reconhecer que há uma infinidade de coisas em sua potência cujas causas ultrapassam o alcance do meu espírito. E esta única razão é suficiente para persuadir-me de que todo esse gênero de causas, que se costuma tirar do fim, não tem nenhuma utilidade nas coisas físicas, ou naturais; pois não me parece que eu possa sem temeridade investigar e empreender descobrir os fins impenetráveis de Deus (DESCARTES, 2011, pp. 86-87).

Em resposta (*Carta* LXXV(25)), Espinosa critica a necessidade de usar milagres para assegurar a existência de Deus e da religião, e ironiza que aqueles que lançam mão de tal obnubilação inovam no argumento, "reduzindo não ao impossível, como afirmam, mas à ignorância". Sem querer aprofundar o assunto, certamente por impaciência, o filósofo sugere veladamente que Oldenburg procure os devidos argumentos no *TTP* ("se não me engano, expliquei suficientemente, no *Tratado teológico-político*, minha opinião sobre os milagres").[69] No que atina à finitude do intelecto humano, na mesma carta, Espinosa redargui:

---

[68] Terêncio, nome latino Publius Terentius Afer (185 a.C.-159 a.C.), foi um dramaturgo e poeta romano, autor de várias comédias. A citação velada é: "Sou homem e penso que nada de humano me é alheio" (*Homo sum: humani nil a me alienum puto*) (*Heaautontimorumenos*, I, I).

[69] O cap. VI do *TTP*, "Dos milagres", dedica-se longamente à questão. Nele, Espinosa afirma: "Assim, o vulgo chama de milagres ou obras de Deus as obras insólitas

Reconheço contigo a debilidade humana. Mas seja-me lícito perguntar-te, ao contrário: acaso nós, homúnculos, temos tanto conhecimento da natureza a ponto de podermos determinar quão longe sua força e potência se estendem, e o que supera sua força? Porque ninguém pode presumir isso sem arrogância, é lícito então explicar o quanto possível, sem jactância, os milagres por causas naturais; e sobre aqueles que não podemos explicar, nem mesmo demonstrar, pois são absurdos, será preferível suspender o juízo, e, como eu disse, fundar a religião na só sabedoria da doutrina.

Notemos então a fineza da *retorsio argumenti*. Por um lado, Oldenburg, na esteira da tradição escolástica, argumenta que nem tudo está ao alcance do intelecto dos homens, e que aqueles acontecimentos que lhes estão fora do alcance cognitivo pertencem somente à potência infinita de Deus, e, assim, dizem-se milagres; consequentemente, ao contrário, negar a existência dos milagres seria tomar o intelecto dos "homúnculos" como ilimitado, à guisa do supremo intelecto divino. Por outro lado, Espinosa, esquivando-se da esparrela retórica sobre os limites de nossa inteligência, reverte o argumento do Secretário apontando a contradição em atribuir à mesma inteligência criada – incapaz de "penetrar e prestar coisas das quais a razão e o modo não podem ser dados e explicados por nós, homúnculos" – a capacidade de determinar quão longe ela, "finita e constrita por barreiras certas", pode conhecer a natureza das coisas, a ponto de definir o que está ao seu alcance (tem causa natural) e o que não está (é milagre). Ora, adverte Espinosa, sobre o que não podemos explicar por causas naturais, é melhor suspendermos nosso juízo, pois do contrário caímos em arrogância e jactância.[70] Donde

---

da natureza e, em parte por devoção, em parte pelo desejo de se opor àqueles que cultivam as ciências naturais, deseja não saber as causas naturais das coisas e exulta de ouvir apenas aquelas coisas que maximamente ignora e que, por isso, maximamente admira. A saber, porque de nenhuma outra maneira ele pode adorar a Deus e referir-se a seu poder e vontade senão suprimindo as causas naturais e imaginando as coisas fora da ordem da natureza; e não admira mais a potência de Deus senão enquanto imagina a potência da natureza como que subjugada por Deus".

[70] No cap. VI do *TTP*, o tom é muito mais mordaz: "[...] portanto, dizem frivolidades completamente aqueles que, onde ignoram a coisa, recorrem à vontade de Deus; certamente, um modo ridículo de professar a ignorância". Ao contrário, dirá Espinosa no Apêndice da *Ética* I, "quem quer que busque as verdadeiras causas dos milagres e se

a crença em milagres, longe de afirmar nossa fraqueza, afirma antes nossa soberba. "Ao contrário, se admitirmos que é fraco nosso intelecto, tanto mais nos esforçaremos para compreender o que está ao nosso alcance, ou seja, o conhecimento das causas naturais dos acontecimentos" (CHAUI, 1999 p. 173).

Na *Carta* LXXVII(26), Oldenburg, em vez de voltar-se ao contra-argumento de Espinosa, ou por não entendê-lo ou por negá-lo, permanece insistindo na embromação sobre os limites da mente humana: "pareces encerrar nos mesmos limites a potência de Deus e o conhecimento dos homens, mesmo dos mais agudos, como se Deus não pudesse fazer ou produzir nada cuja razão os homens não pudessem dar, se dirigissem todas as forças do engenho". A indução falaciosa de Oldenburg faz com que Espinosa, impaciente, demonstre pouco esforço em prosseguir na discussão (*Carta* LXXVIII(27)): "do fato de eu assumir milagres e ignorância como equivalentes, não vejo de que modo pareço encerrar nos mesmos limites a potência de Deus e o conhecimento dos homens". Mesmo assim, a brevidade do filósofo não impede que Oldenburg, na *Carta* LXXIX(28), a última do conjunto, seja enfadonho na acusação:

> [...] o fato de continuares a assumir milagres e ignorância por equivalentes parece apoiar-se no fundamento de que a criatura pode e deve ter como evidentes a potência e a sabedoria infinitas do Criador; o que, até o momento, estou persuadidíssimo de que se passa inteiramente doutro modo.

Decerto, a impaciência de Espinosa está em saber claramente que o Secretário, convicto, não está mesmo interessado em compreender, mas apenas em refutar. Aqui, podemos dizer que a lança brandida erra o filósofo pelo menos por dois motivos: primeiro, porque, no bojo da metafísica espinosana, o intelecto humano e o divino nada têm em comum senão o nome;[71] e segundo, porque não se pode afirmar, do

---

esforce por compreender as coisas naturais como um sábio, em vez de se deslumbrar como um tolo, é tido, aqui e ali, por herege e ímpio, sendo como tal proclamado por aqueles que o vulgo adora como intérpretes da natureza e dos deuses".

[71] "[...] o intelecto de Deus é a única causa das coisas, isto é (como mostramos), tanto de sua essência como de sua existência, ele deve necessariamente delas diferir, seja

fato de que todas as coisas têm causas naturais, que os homens sempre hão de formar delas um conhecimento claro e distinto – o que só seria possível se eles dessem conta de toda a ordem causal da natureza. Acerca disso, ressaltemos as palavras de Espinosa no próprio *TTP*, cap. VI: "[...] assim, a natureza sempre observa leis e regras que envolvem uma eterna necessidade e verdade, ainda que não nos sejam todas conhecidas, e, por isso, observa também uma ordem fixa e imutável [...]".

Encarnação de Deus e ressurreição de Cristo

A indagação acerca do que pensa Espinosa sobre Jesus Cristo está, na menção aos temas da encarnação e da satisfação, estreitamente ligada ao debate anterior, isto é, ao valor dos milagres. Além de Oldenburg, toda a temática religiosa tratada no terceiro período tem Boyle como interlocutor velado. Prova disso é que, no mesmo ano de 1675 (Londres), Boyle publica o livro *Some considerations about the reconcileableness of reason and religion*, que trazia *annex'd by the Publisher* (muito provavelmente Oldenburg) o artigo "A Discourse of Mr. Boyle about the Possibility of the Resurrection". Atento ao interesse específico na encarnação e na satisfação, o autor do *TTP* vai direto à polêmica e afirma que conhecer Cristo segundo a carne "não é totalmente necessário" para a salvação; mas que, diferentemente, o "filho eterno" a ser conhecido é a sabedoria eterna de Deus, que, embora manifestada em todas as coisas, teve como expoente máximo Jesus Cristo. É somente essa sabedoria que ensina o que é verdadeiro e falso, bom e mau, e, assim, permite aos homens o estado de beatitude.[72] Por fim, sem omitir-se, Espinosa afirma em tom de acusação:

> [...] quanto ao que algumas igrejas acrescentam a isso, que Deus tenha assumido a natureza humana, adverti expressamente não saber o que dizem; mais ainda, para confessar a verdade, não me

---

no que toca à essência, seja no que toca à existência. Com efeito, o que é causado difere da respectiva causa precisamente naquilo que ele recebe dela [...]" (*Ética* I, prop. 17, escólio).

[72] Na *Ética* V, prop. 36, corolário, Espinosa identifica salvação e beatitude, e indica consistirem "no amor constante e eterno para com Deus, ou seja, no amor de Deus aos homens".

parecem falar menos absurdamente do que se alguém me dissesse que um círculo tomou a natureza de um quadrado.

Ao dizer que Deus assumir a natureza humana é o mesmo que um círculo tomar a natureza de um quadrado, Espinosa quer explicitar a contradição envolvida, já que a essência e a existência de um e outro, seja de Deus e do homem, seja do círculo e do quadrado, são completamente distintas. Nesse sentido, levando em conta a metafísica espinosana, podemos afirmar que é impossível que a substância infinita (Deus), ou seja, seus infinitos atributos infinitos, possa mudar-se em uma modificação ou modo finito (corpo humano).

Diante da negativa de que Cristo seja Deus encarnado, Oldenburg recorre a duas passagens específicas da Sagrada Escritura, que contrariariam a alegação de Espinosa: a primeira, de *João*, cap. 1, v. 14,[73] "o Verbo se fez carne"; e a segunda, de *Hebreus*, cap. 2, v. 16,[74] "o Filho de Deus não assumiu os anjos, mas a semente de Abraão". E acrescenta veladamente outras ao alegar que, a partir de todo o teor do Evangelho, infere-se que "o filho unigênito de Deus, o λóγον (que era Deus e estava com Deus),[75] mostrou-se na natureza humana e pagou, por nós pecadores, o ἀντίλυτρον, o preço da redenção,[76] com sua paixão e sua morte". O Secretário pede, então, que Espinosa justifique tais passagens e outras semelhantes, para que sua doutrina não contrarie o Evangelho e a religião. Vemos que, como na *Carta* LXI(19), permanece a preocupação de que o filósofo não trama "qualquer dano contra a verdadeira religião" e que, ao contrário, trabalha por "recomendar e estabelecer o genuíno fim cristão da religião".

---

[73] *João*, cap 1, v. 14: "E o Verbo se fez carne, e habitou entre nós; e nós vimos a sua glória, glória que ele tem junto ao Pai, como Filho único, cheio de graça e de verdade".

[74] *Hebreus*, cap. 2, v. 16: "Pois não veio ele ocupar-se com *anjos*, mas, sim, com a *descendência de Abraão*" (grifos nossos).

[75] *João*, cap. 1, v. 1: "No princípio era o Verbo e o Verbo estava com Deus e o Verbo era Deus".

[76] 1 *Timóteo*, cap. 2, vv. 5-6: "Pois há um só Deus, e um só mediador entre Deus e os homens, um homem, Cristo Jesus, que se deu em resgate por todos". *Mateus*, cap. 20, v. 28: "Desse modo, o Filho do Homem não veio para ser servido, mas para servir e dar sua vida como resgate por muitos".

A resposta de Espinosa, na *Carta* LXXV(25), é mais prolixa. Inicialmente, ele vê por bem dar os seguintes esclarecimentos: i) "Cristo não apareceu ao senado, nem a Pilatos, nem a qualquer dos infiéis, mas tão somente aos santos", isto é, Cristo só apareceu aos que nele acreditavam, e, assim, só viram o milagre aqueles que acreditavam no milagre; ii) "Deus não tem direita nem esquerda, nem está em um lugar, mas, segundo sua essência, em toda a parte, e que a matéria é a mesma por toda a parte", isto é, Deus é absolutamente infinito e contém todas as perfeições; iii) "Deus não se manifesta fora do mundo, em um espaço imaginário que forjamos", isto é, como já dito, Deus não é causa transcendente, mas imanente de todas as coisas; e iv) "a constituição do corpo humano está contida dentro dos devidos limites pelo só peso do ar", isto é, o corpo humano, que é um conjunto de corpos, distingue-se como tal em razão do movimento e do repouso, da lentidão e da rapidez entre suas partes e aquilo que o cerca, isto é, o ar, e não em razão da substância.[77] Posto isso, o filósofo compara a aparição de Cristo após a morte com aparições de Deus a Abraão, especificamente, nos livros de *Gênesis* e *Êxodo*:

> [...] verás facilmente que essa aparição de Cristo não é dessemelhante àquela na qual Deus apareceu para Abraão, quando este viu três homens e os convidou para comer consigo.[78] Mas dirás que todos os apóstolos creram totalmente que Cristo tenha ressurgido da morte e

---

[77] Aduzimos aqui a *Ética* II, prop. 13, lema 1 "Os corpos se distinguem entre si pelo movimento e pelo repouso, pela velocidade e pela lentidão, e não pela substância".

[78] *Gênesis*, cap. 18, vv. 1-8: "Iahweh lhe apareceu no Carvalho de Mambré, quando ele estava sentado na entrada da tenda, no maior calor do dia. Tendo levantado os olhos, eis que viu três homens de pé, perto dele; logo que os viu, correu da entrada da tenda ao seu encontro e se prostrou por terra. E disse: 'Meu senhor, eu te peço, se encontrei graça a teus olhos, não passes junto de teu servo sem te deteres. Traga-se um pouco de água, e vos lavareis os pés, e vos estendereis sob a árvore. Trarei um pedaço de pão e vos reconfortareis o coração antes de irdes mais longe; foi para isso que passastes junto de vosso servo!' Eles responderam: 'Faze, pois, como disseste'. Abraão apressou-se para a tenda, junto a Sara e disse: 'Toma depressa três medidas de farinha, de flor de farinha, amassa-as e faze pães cozidos'. Depois correu Abraão ao rebanho e tomou um vitelo tenro e bom; deu-o ao servo que se apressou em prepará-lo. Tomou também coalhada, leite e o vitelo que preparara e colocou tudo diante deles; permaneceu de pé, junto deles, sob a árvore, e eles comeram".

que tenha realmente ascendido ao céu; o que não nego. Pois o próprio Abraão também creu que Deus tenha almoçado com ele, e todos os israelitas creram que Deus tenha descido, rodeado de fogo, do céu ao Monte Sinai, e que tenha falado imediatamente com eles [...].[79]

Espinosa sustenta, então, que tais aparições ou revelações estão acomodadas à compreensão e às opiniões dos homens que as receberam, "pelas quais Deus lhes quis revelar seu pensamento", e que em nada diferem da ressurreição de Cristo dos mortos, revelada somente aos fiéis e segundo a capacidade de compreensão deles. Sem negar a ressurreição, todavia, entende-a de modo diferente, alegando que, na verdade, Cristo surgiu dos mortos para a eternidade de maneira espiritual; para isso, deve-se deixar claro, primeiro, que os "mortos" não devem ser entendidos no sentido corpóreo, mas naquele em que Cristo disse: "*deixai que os mortos enterrem seus mortos*",[80] isto é, como indivíduos "mortos em espírito",[81] alheios ao Reino de Deus; e, depois, que a ressurreição de Cristo significa levantar dos "mortos em espírito" seus discípulos enquanto seguem o "exemplo de singular santidade" que ele deu com a vida e a morte.

Seguro, Espinosa declara que a doutrina inteira do Evangelho pode ser explicada seguindo a concepção espiritual da ressurreição de Cristo, e que, aliás, o cap. 15 (vv. 1-19) da primeira Epístola aos

---

[79] *Êxodo*, cap. 19, vv. 18-24: "Toda a montanha do Sinai fumegava, porque Iahweh descera sobre ela no fogo; a sua fumaça subiu como a fumaça de uma fornalha, e toda a montanha tremia violentamente. O som da trombeta ia aumentando pouco a pouco; Moisés falava e Deus lhe respondia no trovão. Iahweh desceu sobre a montanha do Sinai, no cimo da montanha. Iahweh chamou Moisés para o cimo da montanha, e Moisés subiu. Iahweh disse a Moisés: 'Desce e adverte o povo que não ultrapasse os limites para vir ver Iahweh, para muitos deles não perecerem. Mesmo os sacerdotes que se aproximarem de Iahweh devem se santificar, para que Iahweh não os fira'. Moisés disse a Iahweh: 'O povo não poderá subir à montanha do Sinai, porque tu nos advertes, dizendo: Delimita a montanha e declara-a sagrada'. Iahweh respondeu: 'Vai e desce; depois subirás tu e Aarão contigo. Os sacerdotes, porém, e o povo não ultrapassem os limites para subir a Iahweh, para que não os fira'".

[80] *Mateus*, cap. 8, v. 22: "Mas Jesus lhe respondeu: 'segue-me e deixa que os mortos enterrem seus mortos'". *Lucas*, cap. 9, v. 60: "Ele replicou: 'Deixa que os mortos enterrem seus mortos; quanto a ti, vai anunciar o Reino de Deus'".

[81] Seguimos esta interpretação: deixai que os espiritualmente mortos, alheios ao Reino de Deus, enterrem os fisicamente mortos.

Coríntios, que trata do fato e do modo da ressurreição dos mortos, só pode ser interpretado assim, pois "seguindo a hipótese comum, estes aparecem fracos e podem ser refutados com facilidade, para já não dizer que os cristãos interpretaram espiritualmente todas as coisas que os judeus interpretaram carnalmente".

Depois do longo preâmbulo explicativo, enfim, Espinosa volta-se às duas passagens bíblicas mencionadas por Oldenburg (*João*, cap. 1, v. 14; e *Hebreus*, cap. 2, v. 16). Contra a suposta incompatibilidade entre elas e a doutrina do filósofo, este se defende linguisticamente:

> [...] crês que as coisas que eu disse repugnam as passagens do Evangelho de João e da Epístola aos Hebreus porque medes as frases das línguas orientais aos modos europeus; e, embora João tenha escrito seu Evangelho em grego, ele hebraíza. Seja como for, quando a Escritura diz que Deus se manifestou em uma nuvem, ou que habitou no tabernáculo e no templo, crês que o próprio Deus tenha assumido a natureza da nuvem, do tabernáculo e do templo?

Frisemos aqui a alegação de que João hebraíza suas frases. Homero Santiago (2014, pp. 127-128), no livro *Geometria do instituído: estudo sobre a gramática hebraica espinosana*, explica que os hebraísmos joaninos têm como marca a "supressão, em sua descrição dos fatos, das causas intermediárias, a fim de exprimir com maior eficácia a causa principal. Eis o modo de falar que deixa a leitores europeus a impressão de que João narra milagres".[82] É sob essa perspectiva que Espinosa fecha a carta, explicando que João diz que o Verbo se fez carne, justamente para dizer, com "maior eficácia", que Deus se manifestou maximamente em Cristo.

Todavia, os argumentos de Espinosa não convencem o luterano Oldenburg, que, na *Carta* LXXVII(26), recorrendo à nitidez ("cores tão vivas e genuínas") com que os evangelistas narram a história sobre a paixão, a morte, o sepultamento e a ressurreição de Cristo, insiste na defesa de que ela há sim de ser toda levada à letra, e apela

---

[82] O mesmo autor afirma (*ibidem*, p. 128) que os "hebraísmos de João exprimem, por força de sua memória e uma persistência espontânea da língua, não modos de falar dele, idiossincrasias suas, porém, 'modos de falar que existiam entre os judeus', ou seja, modos de falar *coletivos*".

à consciência do filósofo: "contanto tenhas te persuadido da verdade da história, acaso crês que ela há de ser aceita antes alegoricamente que literalmente?".

Breve, Espinosa admite, na *Carta* LXXVIII(27), a literalidade na história da paixão, da morte e do sepultamento de Cristo, mas não da ressurreição, que é alegórica. Nesse último caso, confessa que, ainda que as circunstâncias sejam narradas pelos evangelistas com ares fidedignos, nelas se enganaram, como aconteceu a outros profetas. Por fim, mais uma vez, recorre a Paulo para dizer que o apóstolo, a quem Cristo também apareceu depois,[83] conhecera-o não segundo a carne, mas segundo o espírito.[84]

Na *Carta* LXXIX(28), Oldenburg denuncia a ausência de argumentos de Espinosa para defender a ressurreição como alegórica. Para o Secretário, além de não haver diferença alguma na maneira como os evangelhos transmitem os artigos da história de Cristo, se a ressurreição não for tomada literalmente, mas alegoricamente, desmoronam toda a religião cristã e sua verdade, além da missão de Jesus Cristo e da doutrina celeste. A asserção de Espinosa é tão grave para Oldenburg que este parece ter desistido de buscar jazigo para negar as posições do filósofo; finalmente, percebeu que, ao contrário do que desejava, os dogmas do *TTP* não estão de acordo com a teologia cristã corrente, e que seu autor não está disposto a agradar aos "cristãos sensatos e fortes de razão". Resta ao Secretário finalizar sua carta, a última disponível do conjunto, em tom de indignação:

---

[83] *Atos dos Apóstolos*, cap. 26, vv. 12-18: "Com este intuito encaminhei-me a Damasco, com a autoridade e a permissão dos chefes dos sacerdotes. No caminho, pelo meio-dia, eu vi, ó rei, vinda do céu e mais brilhante que o sol, uma luz que circundou a mim e aos que me acompanhavam. Caímos todos por terra, e ouvi uma voz que me falava em língua hebraica: 'Saul, por que me persegues? É duro para ti recalcitrar contra o aguilhão'. Perguntei: 'Quem és, Senhor?'. E o Senhor respondeu: 'Eu sou Jesus, a quem tu perseges. Mas levanta-te e fica firme em pé, pois este é o motivo por que te apareci: para constituir-te servo e testemunha da visão na qual me viste e daquelas nas quais ainda te aparecerei. *Eu te livrarei* do povo e *das nações gentias, às quais te envio para lhes abrires os olhos* e assim se converterem *das trevas à luz*, e da autoridade de Satanás para Deus. De tal modo receberão, pela fé em mim, a remissão dos pecados e a herança entre os santificados'" (grifos nossos).

[84] *Filipenses*, cap. 3, v. 3: "Os circuncidados somos nós, que prestamos culto pelo Espírito de Cristo e nos gloriamos em Cristo Jesus e não confiamos na carne".

Não te pode escapar o quanto trabalhou Cristo, ressuscitado dos mortos, para convencer seus discípulos da verdade da ressurreição assim propriamente dita. Querer verter todas aquelas coisas em alegorias é o mesmo que se alguém se azafamasse em arruinar toda a verdade da história evangélica.

Fatalismo e escusa perante Deus

Instado duas vezes por Espinosa, Oldenburg expõe, na *Carta* LXXIV(24), o que atormentava os leitores no *TTP* e que parecia "arruinar a prática da virtude religiosa":

> Direi o que é do assunto que os atormenta mais que tudo. Pareces assegurar a necessidade fatal de todas as coisas e ações; porém, com ela concedida e asserida, eles afirmam cortarem-se os nervos de todas as leis, de toda virtude e de toda religião, e serem inanes todas as recompensas e penas. Julgam que tudo o que coage ou infere necessidade é escusável; e por isso consideram que ninguém será inescusável à vista de Deus. Se somos conduzidos por fados, e, com dura mão revoluta, todas as coisas caminham por um trâmite certo e inevitável, não alcançam eles qual é o lugar da culpa e das penas.

Espinosa inicia sua resposta, na *Carta* LXXV(25), esclarecendo que a "necessidade fatal de todas as coisas e ações"[85] – que ele alega ser o principal fundamento da *Ética* – de modo nenhum implica sujeitar Deus ao fado (*fatum*). Com efeito, o filósofo declara conceber que "todas as coisas se seguem da natureza de Deus por uma necessidade inevitável, do mesmo modo que todos concebem que, da própria natureza de Deus, segue-se que Deus entende a si mesmo"; e acrescenta: "certamente, ninguém nega que isso se segue necessariamente da natureza divina, e, todavia, ninguém concebe Deus coagido por algum fado, mas sim que ele, ainda que necessariamente, entende a

---

[85] O termo "necessidade fatal" evoca Cícero, *De natura deorum*, I, 55: "[...] aquela necessidade fatal que chamais εἱμαρμένην (*heimarmêne*), a saber, que tudo aquilo que acontece, isso mesmo afirmais que se deriva de uma verdade eterna e de uma série ininterrupta de causas".

si mesmo com total liberdade".[86] Essa necessidade fatal, diz Espinosa, não suprime as leis divinas nem as humanas, pois os ensinamentos morais, recebam ou não de Deus a forma jurídica (de lei ou de direito), são sempre "divinos e salutares". Além disso, seja Deus concebido como juiz, sejam as coisas dadas como emanadas da necessidade de sua natureza, não será mais ou menos desejável o bem que se segue da virtude e do amor divino, nem será mais ou menos temido o mal que se segue de ações e afetos depravados. Isso porque, consideremos nossas ações contingentes ou necessárias, estaremos sempre "guiados pela esperança e pelo medo".[87] Para finalizar, contra a alegação de que, se há coação ou necessidade, tudo se tornaria escusável, e que, por isso, ninguém seria inescusável perante Deus, Espinosa responde: "os homens são inescusáveis perante Deus por nenhuma outra razão a não ser porque estão no poder de Deus como o barro no poder do oleiro, que da mesma massa faz vasos, uns para a honra, outros para a desonra". Essa analogia, tomada de Paulo em *Romanos*, cap. 9, v. 21,[88] também é citada no *TTP*, cap. XVI, anotação XXXIV, conforme transcrição a seguir:

> Quando Paulo diz que os homens não têm como escapar, fala à maneira humana. Pois, no cap. 9 [v. 18] da mesma epístola, ele ensina expressamente que Deus tem misericórdia de quem ele quer e endurece quem ele quer, e que os homens não são escusáveis por nenhum outro motivo senão porque estão no poder de Deus como o barro está no poder do oleiro, que da mesma massa faz vasos, uns para a honra e outros para a desonra, e não porque eles foram

---

[86] Na *Carta* LVIII, de 1675, Espinosa escreve para Schuller, mas respondendo a Tschirnhaus: "Deus, por exemplo, ainda que necessariamente, existe livremente, pois existe a partir da só necessidade de sua natureza. Assim também Deus entende livremente a si mesmo e a absolutamente todas as coisas, pois se segue da só necessidade de sua natureza que ele entenda todas as coisas. Vês, portanto, que não ponho a liberdade no livre decreto, mas na livre necessidade".

[87] Essa explicação aparece de maneira muito semelhante na resposta de Espinosa ao teólogo holandês Lambert van Velthuysen (1622-1685), intermediada por Jacob Osten, na *Carta* XLIII, de 1671. Aliás, Espinosa copiou dela para a *Carta* LXXV(25), *ipsis litteris*, o parágrafo: "Ademais, essa necessidade inevitável das coisas... somos contudo guiados pela esperança e pelo medo".

[88] *Romanos*, cap. 9, v. 21: "O oleiro não pode formar da sua massa, seja um utensílio para uso nobre, seja outro para uso vil?".

advertidos antes. Ora, no que atina à lei divina natural, cujo sumo preceito dissemos ser amar a Deus, só o chamei de lei naquele sentido em que os filósofos chamam de leis as regras comuns da natureza, segundo as quais tudo ocorre [necessariamente].

Na *Carta* LXXVII(26), Oldenburg rejeita a posição de Espinosa: conceber a necessidade fatal de todas as coisas é impedir o exercício da virtude, é suprimir o valor da justiça de Deus, isto é, dos prêmios e das penas. E abertamente insatisfeito com a resposta dada à questão – porque as coisas ditas "não parecem resolver esse assunto nem tranquilizar a mente humana" –, interpela:

> Com efeito, se nós, homens, em todas as nossas ações, tanto morais quanto naturais, estamos no poder de Deus tal como o barro na mão do oleiro, com que cara, pergunto, algum dos nossos pode ser acusado de ter agido deste ou daquele modo, já que agir doutro modo lhe foi totalmente impossível? Acaso não poderemos, todos sem exceção, replicar a Deus: vosso inflexível fado e vosso irresistível poder nos forçaram a operar assim, e não pudemos operar doutro modo; portanto, por que e com que direito, operando e dirigindo todas as coisas, por meio da suprema necessidade, segundo vosso arbítrio e beneplácito, vós nos entregareis a duríssimas penas, que de jeito nenhum pudemos evitar?

Além disso, para Oldenburg, a razão pela qual Espinosa diz que a necessidade fatal torna os homens inescusáveis perante Deus, isto é, o fato de estarem no poder de Deus, indica justamente o contrário, ou seja, que eles devem ser totalmente escusáveis. "Com efeito, está ao alcance de todos objetar: inelutável é vosso poder, ó Deus, por isso, pareço ser merecidamente escusável por não ter agido doutro modo."

A crítica do Secretário exige de Espinosa elucidar em que sentido empregou a analogia do oleiro e do barro. Inicialmente, o filósofo faz notar que à natureza de uma coisa compete tão somente aquilo que se segue de sua causa, tal como é dada. Assim, por exemplo, do mesmo modo como o círculo não pode reclamar de não ter as propriedades de uma esfera, um criança enferma não poderia reclamar que Deus não lhe tenha dado um corpo são (pois assim é seu corpo); um homem impotente de ânimo, que Deus não lhe tenha dado a fortaleza e o conhecimento e o amor verdadeiros do próprio Deus (pois assim

é seu ânimo); nem que Deus lhe tenha dado uma natureza tão fraca a ponto de não conseguir regular seus desejos (pois assim é sua natureza). Além disso, afirma Espinosa, ninguém pode negar, senão contrariando a experiência e a razão, que não compete à natureza de todo homem que ele tenha um ânimo forte, nem está em nosso poder ter uma mente sã mais do que um corpo são. Portanto, a analogia do versículo paulino é dita a Oldenburg no sentido de que, não sendo todo vaso destinado à honra, aquele que é desonroso não pode reclamar que o oleiro o tenha feito para a desonra. A explicação é bem articulada em um solilóquio de Espinosa (2015b, p. 243) nos *Pensamentos metafísicos*:

> *E assim, [Deus] comisera-se de quem quer e a quem quer endurece. Dir-me-ás então: por que ainda se queixa? pois quem resiste à vontade dele? na verdade, ó homem, quem és tu para contestar a Deus? Acaso dirá a obra a quem a forjou: por que me forjaste desse jeito? O oleiro não tem o poder de fazer da mesma massa de argila certo vaso para a honra, outro para a ignomínia?*

Ademais, contra a posição de que a necessidade fatal implicaria escusa dos homens perante Deus, Espinosa questiona o que Oldenburg pretende concluir disso, e em seguida aventa duas possibilidades: ou, primeiro, que ser escusável é não receber a ira de Deus, ou, segundo, que ser escusável é ser digno de felicidade, isto é, do conhecimento e do amor de Deus. Se a conclusão é a primeira, diz o filósofo, não há que se falar em ira de Deus, já que tudo acontece segundo sua sentença; e adverte que, quando a Escritura afirma, entre outros antropomorfismos, que Deus se ira com os pecadores, "fala à maneira humana e segundo as opiniões aceitas do vulgo; pois o intento dela não é ensinar filosofia, nem tornar doutos os homens, mas sim obedientes".[89] Todavia, se se

---

[89] No cap. XIX do *TTP*, Espinosa afirma: "Assim, não admira de jeito nenhum que Deus se tenha acomodado às imaginações e às opiniões preconcebidas dos profetas, e que os fiéis tenham acalentado opiniões diversas sobre Deus, como mostramos com muitos exemplos no cap. II. Depois, também não admira de jeito nenhum que, em toda parte, os Volumes Sagrados falem de Deus tão impropriamente e lhe atribuam não apenas mãos, pés, olhos, orelhas, mente e movimento local, mas também comoções do ânimo, como ser ciumento, misericordioso, etc., e que, finalmente, o pintem como um juiz sentado nos céus como em um trono real e Cristo à sua direita. A saber, porque falam segundo a compreensão do vulgo, o qual a Escritura não se empenha em tornar douto, mas obediente".

trata da segunda opção, Espinosa contesta a falsidade da implicação afirmando que é possível ser escusável e, ao mesmo tempo, carecer de felicidade e sofrer de muitos modos; e dá contraexemplos: i) "o cavalo é escusável de que seja um cavalo, e não um homem; não obstante, deve ser um cavalo, e não um homem", isto é, o cavalo não é mais nem menos feliz por não ser um homem; ii) "aquele que se enraivece pela mordida de um cão há sim de ser escusado, e, todavia, é, com direito, sufocado", isto é, embora não tenha culpa da enfermidade, a pessoa deve ser morta para impedir que a transmita para outros;[90] e, por fim, iii) "aquele que não pode reger seus desejos e coibi-los por medo da lei, ainda que por sua fraqueza também haja de ser escusável, não pode, contudo, fruir do repouso do ânimo, e do conhecimento e do amor de Deus, mas perece necessariamente", isto é, um criminoso que dá vazão a seu mau desejo, por não conseguir controlar-se nem mesmo pelo medo da punição legal, é escusável porque esse descontrole resulta de sua fraqueza de ânimo, mas não é por isso – por podermos desculpá-lo por sua fraqueza – que ele deixará de ser executado. Notemos, todavia, que tais situações são apenas retóricas. Atentando à afirmação de Espinosa na *Carta* LXXV(25) ("os homens são inescusáveis perante Deus por nenhuma outra razão a não ser porque estão no poder de Deus como o barro no poder do oleiro, que da mesma massa faz vasos, uns para a honra, outros para a desonra"), podemos coligir que, não importa a ação, os homens são sempre inescusáveis perante Deus, isto é, não podem queixar-se do que são pois assim o são. Por isso, quando Espinosa elenca aqueles três contraexemplos, nada mais faz do que se esquivar de Oldenburg: no primeiro, porque nada tem a ver com a prática da virtude; e nos outros dois, porque não são situações de escusa atinentes a Deus, mas ao só bem-estar dos homens em comunidade.

Diante da resposta de Espinosa, não é para menos que Oldenburg continue inconformado,[91] tanto que na *Carta* LXXIX(28)

---

[90] Os primeiros registros descrevendo a raiva até o século XVII mostram que o medo de contágio, às vezes, fez com que pessoas com a doença, ou mesmo com apenas indícios dela, fossem mortas por sufocamento, estrangulamento e até apedrejamento (KIENZLE, 2007, p. 8).

[91] Reiteremos que, na *Carta* LXI(19), a primeira deste período, o plano de Oldenburg é certificar se, de fato, Espinosa trabalha não só em favor da "sublimidade e a excelência

TERCEIRO PERÍODO (1675-1676)

reforça suas objeções. Primeiro, contrapõe-se à afirmação de que não está em nosso poder ter uma mente sã mais do que um corpo são; com efeito, recorrendo não menos que à própria Escritura, alega que "porque Deus, criador dos homens, formou-os à sua imagem, a qual parece em seu conceito implicar sabedoria, bondade e potência, parece seguir-se totalmente que está mais no poder do homem ter uma mente sã do que um corpo são". Para explicar, todavia, reafirma o voluntarismo paulino, a liberdade de escolha dos homens e rebaixa o corpo a princípios meramente mecânicos: "a saúde física do corpo depende de princípios mecânicos, mas a saúde da mente, de προαιρέσει e decisão."[92] Dito isso, volta-se ao contra-argumento de Espinosa que diz que a escusa não impede a falta de felicidade nem os tormentos. Entre os três exemplos dados pelo filósofo, Oldenburg questiona apenas aquele do cão, mas lê a frase latina equivocadamente[93] – talvez aterrorizado com a interpretação correta –, como se o cão raivoso, e não uma pessoa mordida por ele, é que mereceria morrer; para o Secretário, a declaração de Espinosa está longe de provar ou resolver o assunto, pois "a matança de um cão desse tipo arguiria crueldade, a não ser que fosse necessária para que outros cães ou outros animais e os próprios homens houvessem de ser preservados de uma mordida raivosa desse tipo". Por fim, Oldenburg acusa igual crueldade em conceber que Deus consagra os homens a tormentos, eternos ou temporais, por pecados que lhes seriam impossíveis de evitar. E, recorrendo novamente à Escritura, crê que todo o seu teor

> [...] parece supor e implicar que os homens podem abster-se dos pecados, pois é abundante em abominações e promessas, e anúncios de prêmios e penas, todas as quais parecem militar contra a necessidade

---

da frutuosa filosofia", mas "por recomendar e estabelecer o genuíno fim cristão da religião", evitando qualquer dano contra elas.

[92] Embora transpareça uma posição escolástica e cartesiana sobre a relação corpo e mente, lembremos que não escapavam a Oldenburg discussões menos ortodoxas sobre a natureza da mente e do pensamento. Tanto que, na *Carta* III(3), de 27 de setembro de 1661, questiona a posição de Espinosa: "[...] te é indubitado que o corpo não seja limitado pelo pensamento, nem o pensamento pelo corpo; visto que ainda está *sub judice* o que é o pensamento, se é um movimento corpóreo ou um ato espiritual completamente contradistinto do corpóreo".

[93] Sobre o equívoco de Oldenburg, ver nota de tradução 160.

de se pecar e inferir a possibilidade de se evitar as penas; isso negado, haveria de se dizer que a mente humana age não menos mecanicamente que o corpo humano.

Para Espinosa, sabemos, não há um dualismo que coloca corpo e mente em posições hierárquicas distintas. "Corpo e alma são isonômicos, isto é, estão sob as mesmas leis e mesmos princípios, expressos diferenciadamente" (CHAUI, 1995, p. 58). No entanto, aqui não podemos saber como, de fato, o filósofo respondeu a essas últimas objeções, ou mesmo se chegou a haver correspondência após a *Carta* LXXIX(28). Mas é bem provável, já que sabemos, por meio de uma carta de 28 de novembro de 1676 (Amsterdã) escrita por Leibniz a Oldenburg, que o Secretário havia endereçado, poucas semanas antes daquela data, uma carta a Espinosa, mas que o filósofo alemão, por motivos escusos, decidira não a entregar.[94]

De fato, a questão de conciliar fatalismo e moralidade é um dos assuntos mais interessantes da correspondência entre os dois missivistas. Por isso, para prosseguir um pouco mais, decidimos aproveitar as cartas trocadas entre Espinosa e o correspondente Tschirnhaus, cujo tema principal é a questão do livre-arbítrio. Inevitavelmente, a discussão também resvala no problema da moralidade frente à necessidade fatal. Sobre isso, na *Carta* LVII, após ampla argumentação cartesiana em defesa da liberdade de escolha, Tschirnhaus indaga Espinosa:

> Se também fôssemos coagidos pelas coisas externas, a quem seria possível adquirir o hábito da virtude? Mais ainda, posto isso, toda maldade seria escusável. Mas de quantos modos não ocorre que, se somos determinados a algo pelas coisas externas, resistamos, todavia, com ânimo firme e constante?

---

[94] Espinosa nunca recebeu de Oldenburg a carta que lhe era de direito, conforme confessado pelo próprio Leibniz, em carta de novembro de 1676, escrita de Amsterdã: "Cuidei de todas as cartas que me deras, exceto uma. [...] Tive graves motivos, os quais posso expor mais corretamente pessoalmente, porque não entreguei uma, ainda que eu tenha localizado aquele homem para quem as redigiste. Não penso que hajam de ser advertidas certas opiniões dele, todavia não assinto a algumas em especial, já que reconheço suficientemente a fonte delas" (MALCOLM, 2003, p. 233). Esse é um vestígio importantíssimo, porque mostra que, apesar das divergências religiosas, a troca de cartas entre os missivistas não foi abalada nem interrompida na *Carta* LXXIX(28), e que tentaram comunicar-se até poucos meses antes da morte de Espinosa.

Na resposta, dada indiretamente a Schuller (*Carta* LVIII), Espinosa defende-se dos questionamentos de Tschirnhaus:

> O que, ademais, ele [Tschirnhaus] afirma, *que, se fôssemos coagidos pelas causas externas, ninguém poderia adquirir o hábito da virtude*, não sei quem disse a ele que não pode ocorrer de sermos de ânimo firme e constante a partir da necessidade fatal, mas tão somente a partir do livre decreto da mente. E o que, por fim, acrescenta, *que posto isso, toda maldade seria escusável*. E daí? Pois os homens maus não hão de ser menos temidos nem são menos perniciosos quando são maus necessariamente. Mas sobre essas coisas, se te apraz, vê o capítulo VIII, p. II, do meu apêndice aos livros I e II dos Princípios de Descartes demonstrados em ordem geométrica.

Com efeito, resta-nos perguntar: por que e como, imbricados em uma necessidade fatal, os homens são advertidos e punidos por Deus? No aduzido capítulo VIII do apêndice aos *PPC*, isto é, os *Pensamentos metafísicos*, Espinosa (2015b, p. 243) alega que Deus adverte os homens porque "decretou desde toda a eternidade advertir os homens naquele tempo a fim de que se convertessem os que ele quis salvos". Quanto aos ímpios, comenta que assim o são não por livre-arbítrio, mas porque agem "por sua natureza e segundo o decreto divino"; mais ainda, que são punidos também por um decreto divino. Por fim, sustenta uma provocação: "se fossem puníveis apenas aqueles que supomos não pecar senão por liberdade, por que os homens esforçam-se para exterminar as serpentes venenosas, já que elas pecam apenas por sua própria natureza e não podem fazer diferente?".[95] Sobre isso, Delbos (2016, pp. 101-102) fornece-nos um ótimo esclarecimento:

> A doutrina da necessidade [de Espinosa], pelo contrário, une no mesmo estado o ato e a sanção; ela mostra, melhor do que qualquer outra, que, se não existe mal absoluto na natureza, o mal relativo resulta de nossa impotência individual e contém nele próprio o seu castigo. Nesse sentido, o mal chama o mal como o erro chama o erro. O ato mau se reconhece a si próprio e a seus frutos, que são

---

[95] Como vemos, Espinosa lança mão de argumento semelhante ao da pessoa doente com raiva que, por profilaxia, merece ser morta.

sempre amargos. Na vida individual, ele provoca o sofrimento, na vida social, a repressão jurídica.

Finalmente, não resistimos a notar também a interessante correspondência entre Einstein (1879-1955), defensor ferrenho do determinismo e declarado sequaz de Espinosa, e seu amigo psiquiatra alemão Otto Juliusburger (1867-1952). Em carta de 11 de abril de 1946, o físico escreve:

> Você toma uma posição definitiva sobre a responsabilidade de Hitler. Eu mesmo nunca acreditei nas distinções mais sutis que os advogados empurram nos médicos. Objetivamente, afinal, não há livre-arbítrio. Acho que temos que nos proteger contra as pessoas que são uma ameaça para os outros, independentemente do que pode ter motivado seus atos. Que necessidade existe para um critério de responsabilidade? (EINSTEIN, 1979, pp. 81-82).

A menção de Einstein à responsabilidade de Hitler contribui enfaticamente à questão. Para o físico, os critérios de imputabilidade pelos quais a lei dos homens faz distinção entre um louco que não discerne certo de errado e alguém que, como Hitler, age mal e tem ciência de sua maldade, são irrelevantes, visto que um e outro agem necessariamente. E não há que se concluir, como o faz Oldenburg, que por ser necessária a ação deve ser escusável perante Deus. "Que necessidade existe para um critério de responsabilidade?" Como asseverado por Espinosa, somos todos moralmente inescusáveis perante Deus, porque, complementamos, somos necessariamente responsáveis por nossos atos, agindo mal ou bem. Só nos podemos dizer moralmente escusáveis perante os homens, e mesmo assim a escusa não tem em conta as causas de nossas ações, mas as próprias ações que delas resultam. Retomando Espinosa na *Carta* LVIII, a Schuller: "os homens maus não hão de ser menos temidos nem são menos perniciosos quando são maus necessariamente".

Conclusão: *Quid erat demonstrandum?*

Quando justificamos este estudo na APRESENTAÇÃO, apoiando-nos na autoridade de Goethe, que elevou a correspondência de Espinosa ao estatuto de livro mais interessante que se pode ler no mundo de sinceridade e filantropia, referíamo-nos à relevância que o conjunto de cartas ora traduzido e estudado tem, sobretudo para os interessados na filosofia de Espinosa. De fato, o conjunto de cartas trocadas com Oldenburg é, entre todos os outros do filósofo, o que mais transparece os dois aspectos citados pelo escritor romântico. Também, é o mais extenso e o único que acompanha a transformação do "Espinosa do *Breve tratado*" no "Espinosa da *Ética*". Consequentemente, não poderia deixar de conter uma grande variedade de assuntos e questões; pois não foram poucos os que aqui levantamos e tentamos investigar.

Nessa direção, pequenas teses encontram-se imiscuídas por toda a parte nos três capítulos precedentes. Enfrentar o desafio de descrever e compreender as linhas, as entrelinhas e os contextos em que eram escritas, para tentar coligir o que um correspondente queria do outro em cada um dos períodos, não pode ser outra coisa senão empreender uma tese. Acerca do primeiro período, por exemplo, apresentamos longamente como Oldenburg teria-se aproximado de Espinosa, e, ao

final, por que aquele teria interrompido a correspondência. Já sobre o segundo, conjecturamos por que e com que interesses, após dois anos de silêncio, o Secretário volta a se comunicar com o filósofo; além disso, certamente por ser o período menos explorado, é preciso frisar que percorremos vários caminhos sozinhos, donde pudemos apresentar algumas discussões inéditas. Por fim, quanto ao terceiro período, construímos, de início, uma longa argumentação contra a tese de Proietti de que a ordem cronológica das *Cartas* LXI(19) e LXII(20) deveria ser invertida; ademais, investigamos os prováveis motivos do segundo afastamento de Oldenburg em 1665, bem como aqueles que, talvez dez anos depois, trouxeram-no de volta ao comércio epistolar com Espinosa.

Entretanto, todas essas coisas foram escritas seguindo uma ordem temática e cronológica, e, de certo modo, ainda que não estejam desatadas, carecem de uma síntese interpretativa. Assim, é preciso perguntar: existe, de fato, um fio condutor, expositivo e crítico, que perpassa o conjunto de cartas trazidas neste livro? Seria isso possível, considerando uma troca que dura quinze anos, atravessa várias mudanças históricas, políticas e pessoais de cada missivista, e ainda é rompida duas vezes, sendo o segundo intervalo, talvez, de uma década? Ora, se já mostramos como, quando e onde Oldenburg encontra Espinosa, nosso caminho só pode estar no que nos falta, isto é, explicar por que começaram a se corresponder e por que, apesar das mudanças e divergências, perseveraram correspondendo-se.

★

No início do período moderno, aquele que desejasse aproximar-se de alguma pessoa ilustre, com o intuito de participar de um círculo ou grupo seleto, adotaria uma escrita muito elegante e lisonjeira, prodigando elogios ao seu destinatário (GOTTI, 2014, p. 162). Por exemplo, é assim que Leibniz, pretendendo sua admissão na Royal Society, escreve para Oldenburg em 13 de julho de 1670:

> Perdão pelo fato de eu, uma pessoa desconhecida, escrever para alguém que não o é; pois para qual homem que ouviu falar da

Sociedade Real poderias ser desconhecido? E que pessoa não ouviu falar sobre a Sociedade, se ela é levada, de qualquer forma, por um interesse no aprendizado verdadeiro? (*Ibidem.*)

Todavia, no caso de Espinosa, é Oldenburg quem se aproxima do filósofo, ou seja, é o representante de um círculo exclusivo de homens doutos e nobres que busca a aproximação de certo indivíduo, e não o contrário. Além da inversão do interessado, notamos também a diferença no primeiro contato: não por meio de cartas, mas com um encontro pessoal, em que o próprio representante, Oldenburg, procura e visita o indivíduo, Espinosa, em seu retiro. Dificilmente cremos que a passagem por Rijnsburg tenha sido motivada por ordens do colégio filosófico[96] que viria a ser a Royal Society, mas sim por interesses particulares de Oldenburg; primeiro porque Espinosa não parecia ser do perfil dos aspirantes àquele colégio; segundo porque tudo indica que aquele só tenha sabido de Espinosa, pela primeira vez, pouco antes da visita. Mas que interesses seriam esses de Oldenburg?

De fato, 1661 é, para quem acompanha a cronologia espinosana, um ano de inflexão para Espinosa. É quando, depois do herem – isto é, sua exclusão da comunidade judaica –, começam a reaparecer registros mais exatos sobre sua vida; ano em que o filósofo troca a intensa Amsterdã pelo cômodo vilarejo de Rijnsburg (tranquilo e ao mesmo tempo próximo ao núcleo intelectual da Universidade de Leiden), e dá início a seus primeiros escritos, esboçando textos que resultariam no *Breve tratado* e no *Tratado da emenda do intelecto*. Notemos o quão interessante é que a visita de Oldenburg tenha concorrido com tão significativas mudanças na vida de Espinosa.

Naquele momento, o filósofo tinha menos de trinta anos, enquanto seu visitante já ultrapassava os quarenta. Perguntemo-nos, então: o que um senhor bem mais velho, responsável pela maior, mais ilustre e eminente rede de contatos da Europa ocidental, teria visto de especial naquele jovem filósofo holandês, sem publicação alguma, que havia pouco recebia o anátema judeu e era por muitos atacado? De fato, o "famigerado" Espinosa também gozava do sentido

---

[96] Ver nota de tradução 13.

positivo do adjetivo, já despertando interesse intelectual na Holanda, tanto por suas habilidades na filosofia cartesiana e no polimento de lentes, quanto por suas próprias ideias, que se espalhavam com seus textos entre amigos e admiradores de Amsterdã e Leiden. Sobre isso, deve-se notar o importante testemunho de Ole Borch[97] (1626-1690), eminente anatomista dinamarquês, que, ao passar pela região de Leiden, na mesma época em que Oldenburg visita Espinosa, escreve em seu diário de viagem:

> Aqui na vizinhança, em Rijnsburg, está um cristão ex-judeu,[98] e que agora é quase um ateu, que não valoriza o Antigo Testamento, e estima o Novo Testamento e o Alcorão com pesos iguais às fábulas de Esopo. Aquele homem, aliás, vive de maneira muito sincera e irrepreensível, e se ocupa de confeccionar telescópios e microscópios. (Citado por CZELINSKI-UESBECK, 2007, p. 41.)

Ainda, em outra passagem do mesmo diário, encontramos: "O cristão Espinosa, ex-judeu e agora quase ateu, vive em Rijnsburg, sobressai-se na filosofia cartesiana, e, mais ainda, ele próprio supera Descartes em muitas coisas, a saber, em conceitos distintos e prováveis" (*ibidem*).

A figura do homem que desafiava a metafísica e a teologia tradicionais, e que já era afamado não só pelos conhecimentos de filosofia cartesiana, mas, ainda mais, por já ter superado, com menos de trinta anos de idade, o próprio Descartes, certamente era muito instigante a quem quer que dele soubesse. Por isso, tendo ouvido boatos semelhantes aos de Borch, como é muito provável, seria difícílimo que Oldenburg deixasse de aproveitar o itinerário holandês para conhecer Espinosa. Não admira que durante o encontro em Rijnsburg, a conversa entre ambos tenha sido guiada pelos temas que naquele momento estampavam a reputação de Espinosa, isto é, "sobre Deus, sobre a extensão e o pensamento infinitos, sobre a discrepância e a conveniência desses atributos, sobre a maneira da

---

[97] Nome alatinado: "Olaus Borrichius" ou "Olaus Borrichus".

[98] Espinosa jamais foi cristão. Pode ser que a impressão de Borch estivesse ligada ao fato de que Espinosa, após o *herem*, tenha-se aproximado dos círculos de "cristãos sem igreja", sobretudo de colegiantes, um grupo protestante com convicções batistas, que possuía uma vasta comunidade instalada em Rijnsburg.

união da alma humana com o corpo; além disso, sobre os princípios da filosofia cartesiana e da baconiana".

Foi esse o estopim para o início da maior e mais duradoura troca de cartas entre Espinosa e um de seus vários correspondentes. Naquele primeiro encontro, Oldenburg certamente percebeu que havia no jovem filósofo ideias metafísicas radicais, que rompiam com as doutrinas dominantes, especialmente com a religiosa. O choque, contudo, não diminuiu o interesse, e, ao contrário, o engenho do interlocutor causou tão boas impressões em Oldenburg que este não mediu esforços em inclui-lo em sua rede de contatos eminentes; e, assim, poucas semanas após a visita, recém-regressado a Londres, tratou de escrever a Espinosa para reivindicar que continuassem a se comunicar por cartas.

A despeito das duas peculiaridades notadas anteriormente, isto é, a inversão do interessado e do contato inicial, a primeira carta de Oldenburg, escrita em 16 de agosto de 1661, não foi menos formal e cortês do que seria se ele se apresentasse a Espinosa pela primeira vez. Vejamos, pois, sua abertura:

> *Claríssimo senhor, estimado amigo,*
> Quando recém estive contigo em teu retiro em Rijnsburg, separei-me do teu lado com tanta dificuldade que, tão logo retornado à Inglaterra, esforço-me o quanto possível por unir-me contigo novamente ao menos por comércio epistolar. A ciência das coisas sólidas, junto à humanidade e à elegância dos modos (com todas as quais a natureza e a indústria te enriqueceram amplamente), têm em si mesmas encantos que arrebatam de apreço quaisquer homens puros e liberalmente educados. Eia, pois, prestantíssimo senhor, unamo-nos com uma amizade não fugaz e cultivemo-la cuidadosamente com todo gênero de estudos e serviços. Julga teu o que pode provir de minha fraqueza. Permitas reivindicar para mim, já que se pode fazê-lo sem prejuízo teu, parte daqueles dotes do engenho que possuis.

A começar pelo uso dos vocativos "claríssimo senhor" (*clarissime domine*) e "estimado amigo" (*amice colende*), a elevada estima de Oldenburg por Espinosa é apoiada em recursos formais no lugar de uma intimidade espontânea. O estilo adotado na abertura da *Carta* I(1),

além de muito obsequioso, recorre ao elogio exacerbado às qualidades pessoais do destinatário, colocando, em simultâneo, o escritor em uma posição de humildade ("Julga teu o que pode provir de minha fraqueza"). Oldenburg, na sequência, apresenta as questões iniciais, que ainda o "atormentavam".

A resposta de Espinosa é reciprocamente cortês e favorável ao estabelecimento da troca epistolar, mas transparece certo receio quanto à recepção de suas ideias pelo novo correspondente: "tentarei explicar o que penso acerca daquelas coisas de que falávamos, ainda que eu não pense que isso há de ser um meio para que te vincules mais estreitamente a mim, a não ser que tua benignidade discorde". Não obstante, como prova de adesão, o filósofo envia a Oldenburg um pequeno anexo contendo algumas "demonstrações geométricas" – talvez até contando que este não as entendesse, como ocorreu –, que serviriam de amparo às explicações cobradas na primeira carta e outras que poderiam ser suscitadas.

O primeiro período transcorre muito linearmente,[99] com uma sequência coesa de perguntas e respostas envolvendo principalmente os pensamentos metafísicos de Espinosa. Porém, é notável que aquele confesso receio – às vezes misturado à impaciência – expressou-se continuamente nas respostas do filósofo, ora trazendo conceitos muito que de passagem e sem o amparo de outros, ora até propositalmente omitidas. É o que ocorre em relação à resposta, proposta e aguardada por Oldenburg e Boyle, sobre "qual é a origem e a produção das substâncias, e a dependência das coisas umas das outras e sua mútua subordinação". Também não faltou a Oldenburg encorajar, com todo empenho e reiteradas vezes, que Espinosa publicasse o que tivesse escrito e escrevia. As petições demonstravam claramente o profundo interesse, do Secretário e de Boyle, nos pensamentos do singular correspondente da Holanda.

Mostramos até aqui por que Oldenburg se aproximou e solicitou a instauração de uma correspondência. Por outro lado, é preciso

---

[99] Desconsiderando o subconjunto que se refere aos experimentos químicos e que, como já dissemos, deve ser visto como uma correspondência entre Espinosa e Boyle, e não entre Espinosa e Oldenburg.

saber também por que o cauteloso Espinosa, certamente atento ao ideário de seu aspirante a interlocutor, teria consentido com ele o comércio epistolar.

Ainda que a Royal Society não estivesse formalmente fundada, não deve ter faltado ao filósofo discernimento para reconhecer naquele visitante uma importante, senão única, oportunidade de ficar a par do que se passava na República das Letras em outras partes da Europa, e até de saber com antecedência das novidades que os livros registrariam apenas por completo e, geralmente, com a demora de alguns anos até a publicação. Notemos isso nas recorrentes solicitações do filósofo por notícias sobre as atividades com que, inicialmente, o Invisible College e, mais tarde, a fundada Royal Society ocupavam-se. Oldenburg estava bem ciente da devida moeda de troca, não para Espinosa exclusivamente, mas porque era parte de sua estratégia geral de divulgação e levantamento de informações com seus correspondentes. No primeiro período, por exemplo, dá notícia de vários livros publicados e no prelo, e chega a enviar os *Certain Physiological Essays* de autoria de Boyle – cuja análise crítica feita por Espinosa gerou, nas últimas cartas antes do primeiro hiato, uma verdadeira disputa conceitual. Já no segundo período, dado o conteúdo reduzido de arguição teórica das cartas, mas marcado pela busca de certas informações úteis ao Secretário, a fortuna literária e os acontecimentos da Sociedade divulgados por ele são muito maiores que antes. Dissemos "reduzido", e não "nulo", porque uma antiga questão não respondida ressurge ao final do período: "qual é a origem e a produção das substâncias, e a dependência das coisas umas das outras e sua mútua subordinação?".

Dessa vez, Espinosa não foge do problema. Aliás, pode ser que a deixa do assunto tenha sido plantada por ele mesmo, por sentir que suas ideias sobre o assunto já estavam maduras o suficiente, ou porque então se importava menos com as reações do Secretário e de Boyle. De todo modo, a explicação dada, longa e inegavelmente peculiar pelo exemplo do vermezinho no sangue, não agradou a Oldenburg, tanto que este nem quis repassá-la a Boyle. Mas talvez a analogia do sangue tenha sido a menor das estranhezas para o Secretário; pois, ao falar da conveniência das partes da natureza com

seu todo e da coerência delas com as demais, Espinosa corroborou sua posição determinista e imanentista da natureza, já transparecida no primeiro período. E, tendo percebido que o debate com Espinosa levava a conclusões filosóficas incompatíveis com a religião, é possível que Oldenburg tenha julgado inadvertido que Boyle soubesse que ele recebia explicações daquele tipo.

O segundo período acaba nisso: uma insatisfação do Secretário, ou melhor, um desacordo alarmante do que mais poderia vir de ameaçador nos pensamentos do nosso filósofo. Como dito no capítulo anterior, não sabemos se o silêncio entre os correspondentes foi mesmo de uma década, mas é certo que foi duradouro, tanto pela prisão de Oldenburg e atribulações políticas na Holanda e Inglaterra, quanto pela publicação do *TTP* em 1670, livro que o Secretário e Boyle não devem ter demorado a ler e, por conseguinte, a condenar profundamente. Ao que parece, não fosse a defesa de Espinosa empreendida por Tschirnhaus em Londres, Oldenburg jamais teria-se reaproximado do autor do *TTP*.

O retorno da correspondência, em 1675, envolveu, como mostramos, um duplo interesse de Oldenburg. O primeiro era conseguir uma ou mais cópias da *Ética*, recém-terminada. Quanto a isso, é interessante notar como as circunstâncias, os preconceitos e o passar dos anos mudaram a postura de Oldenburg em relação a Espinosa. Aquele fautor e declarado amigo, que no começo encorajava o jovem holandês a publicar qualquer coisa que meditasse e compusesse, retornou sem abandonar a polidez e a cortesia, mas abertamente prudente, a ponto de não omitir de Espinosa o desejo de não aparecer associado a ele, se lhe fosse mesmo enviar cópias da *Ética*. Já o segundo interesse de Oldenburg era tirar algumas opiniões de Espinosa a limpo, isto é, averiguar, com o próprio, se este, de fato, não estava "contra a verdadeira religião ou a sólida filosofia", e se trabalhava "por recomendar e estabelecer o genuíno fim cristão da religião, e também a sublimidade e a excelência da frutuosa filosofia".

Ao filósofo o Secretário apresentou, então, quatro pontos que atormentavam os leitores, sobretudo ele e Boyle, os "cristãos sensatos e fortes de razão"; eram estes: a confusão entre Deus e a natureza, a negação do valor dos milagres, a encarnação de Deus e a ressurreição

de Cristo, e, por fim, a destruição da prática da virtude religiosa com a admissão da necessidade fatal. Notemos que todos esses quatro pontos têm como fundamento justamente a antiga questão que perpassa os dois primeiros períodos. Se se pode dizer, então, que há um fio condutor da correspondência, ele só pode ser o problema ontológico da origem das coisas e da causalidade, isto é, da conveniência das partes com o todo e da coerência entre si. Assim, podemos afirmar que, no primeiro período, a questão foi posta; no segundo, foi aridamente explicada; e no terceiro, apareceu como pano de fundo de problemas religiosos que dela se seguem. Com o aprofundamento das explicações de Espinosa, a discussão com Oldenburg passa assim de um diálogo (primeiro período), para um debate (segundo período), e, enfim, para uma diatribe (terceiro período).

Claro, se o tempo transformou Oldenburg, não poderia ter sido diferente com Espinosa. O jovem filósofo daqueles primeiros anos, que ainda rascunhava seus pensamentos, no terceiro período da correspondência havia ultrapassado os quarenta anos e contava com uma importante produção intelectual: entre outros escritos, já tinha no *TTP* uma fundada análise da Sagrada Escritura, e na *Ética* acabava de consolidar não só sua metafísica, como também toda sua doutrina filosófica. O Espinosa de 1675, de receoso agora não foge à polêmica, encarando abertamente as questões e os argumentos de Oldenburg. Com essa postura, sobre a acusação de que confundia Deus e a natureza, alega que são sim a mesma coisa, embora não entenda a natureza como uma massa corpórea, e afirma que Deus é causa imanente de todas as coisas. Sobre a equivalência entre milagres e ignorância, confirma-a, pois o milagre não passa de algo que ainda não se conseguiu explicar por causas naturais. Sobre a encarnação de Deus, sustenta-a como sendo a manifestação máxima do intelecto divino em Jesus Cristo. Sobre a ressurreição deste, afirma que deve ser tomada no sentido alegórico, não no literal. Por fim, sobre a necessidade fatal de todas as coisas e ações, não hesita em dizê-la verdadeira; e sobre a acusação de que, admitida, seríamos todos escusáveis perante Deus e que isso abalaria a prática da virtude religiosa, nega-a, pois, segundo ele, ainda que ajamos por necessidade, somos sempre inescusáveis.

A discussão toda, resumida aqui, não mostra em Espinosa outra coisa senão a manifestação do desejo de liberdade de pensamento, tão defendida no *TTP*. É como se ao fim de cada argumento dissesse: "é isso mesmo, doa a quem doer". Não pensemos, entretanto, que em algum momento tenha faltado respeito por parte dele ou de Oldenburg, mesmo no calor da impaciência ou da indignação. (É claro, no seio da rivalidade, ironias e argumentos retóricos não deixaram de aparecer.) Notemos também que, entre eles, um jamais tentou converter o outro a seguir seu pensamento e suas convicções; o embate argumentativo era um afrontamento em si, não um meio para a conversão. Mas como, então, duas pessoas tão distantes – geográfica, política e filosoficamente – conseguiram manter uma relação tão longa e moderadamente rivalizada?

Quanto a Oldenburg, lembremos que se tratava de um ex-diplomata e também de um escritor profissional de cartas, muito habilidoso na arte de obter informações e modular seus discursos, comedindo as palavras e evitando trair-se frente aos desagrados. Quanto a Espinosa, apesar de seus interesses mencionados, podemos aduzir como justificativa algo dito por ele mesmo em carta a outro correspondente, Blijenbergh, de 5 de janeiro de 1665 (*Carta* XIX):

> Com efeito, no que me atina, de todas as coisas que não estão em meu poder, nenhuma prefiro mais do que iniciar um laço de amizade com homens que amam sinceramente a verdade; porque creio que, no mundo, nada que não esteja em nosso poder podemos amar mais tranquilamente do que homens desse tipo; porquanto é tão impossível dissolver o amor que eles têm um pelo outro, pois funda-se no amor que cada um tem pelo conhecimento da verdade, quanto o é não abraçar essa verdade uma vez percebida. É, ainda por cima, o sumo e mais grato que pode dar-se nas coisas que não são do nosso arbítrio, visto que nada além da verdade é capaz de unir tão profundamente os sentidos e ânimos.

Ou seja, a perseverança do filósofo no diálogo estava na estima pelo amor que seu correspondente demonstrava pelo conhecimento da verdade, ainda que nela divergissem duramente, sobretudo no terreno religioso. Na definição dos afetos 27 da *Ética* III, Espinosa afirma que "o costume e a Religião não são os mesmos para

todos, mas, ao contrário, o que é sagrado para uns é profano para outros, o que é honesto para uns é torpe para outros". A partir de tal constatação, aliada ao adágio do autor na *Carta* XXX(15), podemos dizer que, para ele, em relação aos desacordos com Oldenburg, não cabia rir ou lamentar, mas sim filosofar e observar melhor a natureza humana. Naquela mesma carta, Espinosa conclui: "deixo cada um viver segundo seu engenho, e os que querem, que morram seguramente por seu bem, contanto me seja lícito viver para a verdade". Morreram, o filósofo e o Secretário, no mesmo ano, em 1677, tentando corresponder-se até o fim de suas vidas.[100]

Finis.

---

[100] Espinosa morreu em 23 de fevereiro de 1677, provavelmente de tuberculose, agravada pela inalação do pó de sílica resultante do polimento de lentes. Oldenburg, por sua vez, morreu repentinamente, em 5 de setembro de 1677, dois dias após o início de uma enfermidade.

O texto e a tradução

A primeira publicação da correspondência de Espinosa ocorreu no fim de 1677, mesmo ano da sua morte, como parte das *Opera Posthuma* e dos *Nagelate Schriften*, que traziam a obra completa em latim e holandês, respectivamente.[101] Quanto à primeira, Steenbakkers (1994, p. 16) afirma que ao menos quatro pessoas se envolveram, de algum modo, nos trabalhos de preparação do texto: Lodewijk Meyer (1629-1681), Johannes Bouwmeester (1634-1680), Georg Hermann Schuller (1651-1679) e Pieter van Gent (1640-1695). Da edição holandesa, por sua vez, podem-se citar três responsáveis: Jarig Jelles (ca.1620-1683), Jan Rieuwertsz (ca.1617-ca.1685) e Jan Hendriksz Glazemaker (ca.1619-1682). Todos os citados pertenceram ao círculo de amigos e conhecidos próximos de Espinosa. Em ambas as edições, as cartas foram separadas primeiramente por correspondentes e depois, para cada um deles, organizadas em sequência cronológica. Em relação ao comércio epistolar entre Espinosa

---

[101] Após a morte de Espinosa, em 1677, seus amigos puseram-se, rapidamente, a editar o conjunto dos escritos dele. Então, no mesmo ano, publicou-se sua obra em duas edições, uma latina, intitulada *Opera Posthuma*, e outra holandesa, intitulada *Nagelate Schriften* (esta não incluiu o *Compêndio de gramática da língua hebraica*). Em relação à correspondência Espinosa-Oldenburg, permaneceu idêntica, em ambas, a quantidade de vinte e cinco cartas apresentadas.

e Oldenburg, foram apresentadas vinte e cinco cartas selecionadas, todas em latim, com numeração contínua até a última carta do conjunto, isto é, de I a XXV.

Quase dois séculos depois, em 1862, Johannes van Vloten (1818-1883) publicou, em *Ad Benedicti de Spinoza opera quae supersunt omnia supplementum*, duas cartas inéditas de Oldenburg a Espinosa, sendo uma de 1665 (pp. 300-302),[102] sem data específica, e outra de 11 de fevereiro de 1676 (pp. 309-310). Ambas foram novamente publicadas, em 1883, no segundo volume da edição *Benedicti de Spinoza opera, quotquot reperta sunt*, de Van Vloten e Jan Pieter Nicolaas Land (1834-1897). Dessa vez, os dois editores conceberam a numeração das cartas sob o critério apenas cronológico, sem separação prévia por correspondentes; em consequência, com exceção das sete primeiras cartas – em relação às quais, no conjunto total, não há outras mais antigas –, foram alterados todos os números de identificação.

Posteriormente, em 1870, Robert Willis (ca.1799–ca.1878) publicou, no livro *Benedict de Spinoza: his life, correspondence, and Ethics* (pp. 244-246), parte de uma carta desconhecida de Espinosa, colhida de uma outra carta, escrita por Oldenburg a Boyle em 10 de outubro de 1665, esta já publicada muito antes, em 1744, por Thomas Birch (1705-1766), em *The works of the honorable Robert Boyle* (V, p. 339). Todavia, no contexto da correspondência de Espinosa, o excerto só apareceu em 1883, na citada edição de Van Vloten & Land, em que foi identificado como *Carta* XXX(15). Não bastasse a descoberta de um fragmento, em 1929 reconheceu-se um outro da mesma carta, publicado por Abraham Wolf (1876-1948) em 1935, no artigo "An addition to the correspondence of Spinoza". O trecho foi identificado em uma transcrição inserida em outra carta, escrita por Oldenburg a Robert Moray em 7 de outubro 1665, cujo manuscrito está preservado na biblioteca da Royal Society. Foi, então, a última descoberta envolvendo a correspondência entre Espinosa e Oldenburg, encerrando o número de vinte e oito cartas conhecidas. Até onde sabemos, embora já figurem juntas nas traduções mais recentes,

---

[102] O original desta carta, não incluído nas *Opera Posthuma*, é propriedade da Weeshuis der Doopsgezinde Collegianten, em Amsterdã.

ainda não há publicação do texto latino da *Carta* XXX contendo ambos os fragmentos.

Ao longo das edições subsequentes às *Opera Posthuma*, gralhas e outros erros foram apontados e emendados em relação aos textos da correspondência espinosana, sobretudo pelos editores das obras completas de Espinosa. Como a última edição crítica, atualmente canônica, é aquela do alemão Carl Gebhardt (1881-1934) (*Spinoza Opera*), publicada em 1925,[103] optamos por nos servir dela, especificamente do seu quarto volume, como obra básica para nossa tradução. Nesse sentido, com exceção de um dos citados fragmentos da *Carta* XXX(15), para o qual nos valemos do predito artigo de Wolf (1935), o texto latino do qual partimos não poderia ser outro senão aquele editado por Gebhardt, cuja paginação, inclusive, damos à margem do nosso. Mais ainda, quisemos que ele fosse referência também em seus aspectos gráficos, levando-nos a reproduzir, por exemplo, tanto no texto latino quanto na tradução, a mesma paragrafação e os mesmos cabeçalhos das cartas, com seus versaletes, itálicos, caixas-altas e algarismos romanos.

Embora, como afirmado, o texto básico tenha sido o da edição crítica de Gebhardt, seguimos de perto as linhas de outros dois importantes já mencionados, a saber, o das *Opera Posthuma* e o de Van Vloten & Land, a fim de verificarmos discrepâncias, correções e informações apontadas sucessivamente pelos editores. O texto latino que oferecemos é, portanto, resultado dessa laboriosa inspeção, e não muito difere daquele apresentado por Gebhardt. Quanto às alterações, que foram todas indicadas por nós em notas de tradução, vale notar a correção de uma ou duas gralhas encontradas; o acréscimo de algumas incisões ao texto, tal como Gebhardt, por meio de chevrons "< >", já o fizera em relação a fragmentos extraídos de versões holandesas dos *Nagelate Schriften*; e, por fim, a mudança na apresentação do texto latino de cinco cartas, a saber, as *Cartas* VI(6), XXXII(17), LXXIII(23), LXXV(25) e LXXVIII(27). Para cada uma delas, Gebhardt trouxe em simultâneo – dividindo as páginas em duas metades separadas verticalmente – duas *versiones* existentes. Em relação às *Cartas* VI(6) e XXXII(17), que contam com as redações publicadas nas *Opera Phostuma*

---

[103] Em 1972, tal edição crítica foi reeditada.

e a original,[104] as diferenças encontradas são muito sutis e não alteram o conteúdo, donde optamos por apresentar a versão mais revisada, isto é, aquela preparada pelos editores das *editiones principes*; pesou também, quanto à *Carta* VI(6), o fato de que o texto das *Opera Posthuma* teria sido cuidado pelo próprio Espinosa, a fim de levá-lo à publicação (ESPINOSA, 1925, p. 382). Já para as *Cartas* LXXIII(23), LXXV(25) e LXXVIII(27), além das redações oriundas das *Opera Posthuma*, Gebhardt apresentou as respectivas cópias de Leibniz, publicadas por Carl Immanuel Gerhardt, em 1875, na coletânea *Die philosophischen Schriften von Gottfried Wilhelm Leibniz*. Nesses casos, novamente, na ausência de divergências relevantes, demos preferência ao texto com os cuidados editoriais das *Opera Posthuma*.

Enquanto outras línguas do ocidente contam com várias traduções e reedições da correspondência de Espinosa, a relação dela com a língua portuguesa é, lamentavelmente, bastante desvantajosa. Quanto ao conjunto Espinosa-Oldenburg, o que havia até pouco tempo era a tradução, feita por Marilena Chaui, de apenas duas cartas inteiras de Espinosa (*Cartas* IV(4) e XXXII(17)), que compõem a correspondência selecionada e apresentada no volume 17 da coleção Os Pensadores. Em 2014, porém, foi apresentada, por Jacó Guinsburg e Newton Cunha, a inédita tradução para o português de toda a correspondência espinosana, parte do projeto de publicação da *Obra Completa I e II* do filósofo pela Editora Perspectiva. Embora o trabalho tenha sido meritório, a tradução resultante mostrou-se muito mais livre que aquela pretendida por nós. Aqui, afirmamos que os originais das cartas são latinos, primeiro, porque os manuscritos preservados estão em latim, e, segundo, porque, em relação às cópias restantes, se fossem traduções latinas, restaria para Espinosa apenas o holandês, idioma do qual não há vestígio de que Oldenburg dominasse, mesmo tendo ele vivido algum tempo em Utrecht.[105]

---

[104] As cartas originais estão sob posse da Royal Society. O fac-símile da *Carta* VI(6) foi publicado por Willem Meijer, em 1903, na edição intitulada *Nachbildung der im Jahre 1902 noch erhaltenen eigenhändigen Briefe des Benedictus Despinoza*.

[105] É de notar, também, que Espinosa possuía certa insegurança em relação à língua holandesa, razão pela qual seus escritos holandeses sofreram uma "drástica reelaboração" de estilo antes da publicação em 1677 (ESPINOSA, 1988, p. 14).

Mas por que uma outra tradução portuguesa? De fato, aquela apresentada pela Perspectiva certamente não obstou a possibilidade de uma outra que fosse mais acurada e que respeitasse mais o repertório terminológico inerente aos correspondentes, ao período histórico e aos temas tratados. Nós, cientes desde o início de que uma tradução desse tipo é tarefa bastante árdua, estivemos convictos de que ela não só era possível, como também necessária. Inegavelmente, por sua complexidade, essa correspondência exige que o estudioso vá ao original; por isso, não por escolha, mas por obrigação, foi preciso apresentar um texto mais rigoroso, para não dizer quase latinizante, que o das outras traduções disponíveis. E sendo o original escrito em pleno século XVII, em latim, língua que à época restringia-se quase que ao mundo acadêmico (e já perdia fôlego), traduzi-lo foi com frequência um exercício filológico, complicado pelo gênero epistolar e pela diversidade de assuntos tratados.

Não obstante as dificuldades impostas pelo texto, em língua, forma e conteúdo, houve a facilidade de se ter à mão muitos vocábulos semelhantes no português. O emprego do semelhante mais imediato foi um dos critérios reguladores para que nossa tradução não se sobrepusesse, em interpretação, ao original. Traduzir é fazer com que um mesmo sentido aflore de forma correspondente em um idioma diferente e, por isso, o trabalho de tradução é inexoravelmente interpretativo, porque às vezes o rigor do sentido estrito do termo não basta, mas a intenção do pensamento que subjaz a palavra.

Todavia, a objetividade, imperativa em nosso método, começou pela vantagem da proximidade terminológica da qual somente as línguas românicas poderiam servir-se. Nesse sentido, procuramos não nos entregar à tentação de deliberar sobre significados mais específicos, sempre que fossem dispensáveis, evitando vieses e tentando deixar ao leitor um terreno semântico tão amplo quanto aquele do texto latino. Em contrapartida, houve a preocupação de se evitar que o consequente rebuscamento prejudicasse o entendimento. Como escapatória, além de moderar a literalidade de termos que, embora existentes no vernáculo, são estranhíssimos e desagradáveis, esforçamo-nos para que as soluções morfológicas e sintáticas adotadas – surgidas da intrincada passagem de uma língua sintética para

outra analítica – refletissem na tradução um texto que se mostrasse ao leitor o mais próximo possível de como o original soava aos dois correspondentes. Assim, foi constante o esforço para que o resultado transparecesse, de um lado, a simplicidade quase geométrica com que o próprio Espinosa, tendo aprendido tardiamente o latim, escrevia, e de outro, a clareza e a fluência com que Oldenburg se comunicava nas línguas modernas em que era versado.

Em relação aos termos técnicos e ao modo de construção frasal de Espinosa, buscamos, quanto possível, não reinventar a roda. Assim, seguimos as mesmas práticas de tradução e terminologias utilizadas em três recém-publicadas versões lusófonas de obras do filósofo: a tradução da *Ética*, empreendida pelo Grupo de Estudos Espinosanos, publicada pela EDUSP (São Paulo, 2015); a tradução dos *Princípios da filosofia cartesiana e pensamentos metafísicos*, de Homero Santiago e Luís César Oliva, publicada pela Editora Autêntica (Belo Horizonte, 2015); e a tradução do *Tratado da emenda do intelecto*, de Cristiano Novaes de Rezende, publicado pela Editora Unicamp (Campinas, 2015). Em todas as três, colhemos muitas e valiosas considerações filológicas. Além disso, para as últimas dez cartas da correspondência, cuja temática se voltou ao *Tratado teológico-político*, foi imprescindível a consulta, com ênfase terminológica, à tradução da mesma obra, realizada por Diogo Pires Aurélio e publicada pela Editora Martins Fontes (São Paulo, 2008) e mais recentemente, em sua 4ª edição, pela Imprensa Nacional (Lisboa, 2019).

Com efeito, o esforço de seguir de perto os vocábulos e as construções do original latino, além dos modos de expressão dos correspondentes, exigia mais que apenas percorrer solitário o texto básico com dicionários à mão. Foi, então, imprescindível o apoio de outras traduções da correspondência para que a nossa se sustentasse sobre os próprios pés. Por meio do cotejo, encontramos valorosas indicações para admitir, acolher, integrar ou mesmo afastar soluções utilizadas por outros tradutores frente ao texto original; é, pois, uma vantagem de ser a mais recente tradução realizada.

Ainda que as traduções usadas como instrumentos secundários estejam indicadas na bibliografia deste trabalho, fazemos questão de notar quatro delas. A primeira é a tradução espanhola de Atilano

Domínguez (*Correspondencia*, 1988), meritória pelo rigor e, claro, utilíssima pela semelhança do espanhol com o português. A segunda é a inglesa de Samuel Shirley (*The letters*, 1995), que, apesar da distância entre o inglês e o latim, é direta, correta e elegante, tendo inspirado boas soluções em várias passagens que consideramos difíceis. A terceira, aqui já citada, é a italiana assinada por Omero Proietti (*Agnostos theos*, 2006), que, embora ofereça apenas as dez últimas cartas do conjunto, também possui a vantagem da proximidade do italiano com o português. Por fim, a quarta e mais importante tradução cotejada foi aquela da própria edição holandesa, os *Nagelate Schriften*. Dizemos isso pois há nela a vantagem de ser uma versão cuidada por pessoas do círculo de Espinosa, que tiveram condições de aproximá-la, mais que qualquer outro tradutor, da experiência filológica, filosófica e histórica do original latino.

Ainda quanto às fontes de cotejo, é preciso confessar que, no geral, pusemos um pouco de lado as traduções francesas, tendo-as explorado apenas pontualmente, quando aquelas já citadas e mais amplamente usadas não nos satisfaziam. De fato, os textos franceses de que dispusemos, a saber, contidos nas *Œuvres de Spinoza* de Émile Saisset (1842, revisão em 1861) e Charles Appuhn (1966), pareceram-nos resultar de traduções muito mais livres do que a que pretendemos oferecer, motivo pelo qual acabamos não recorrendo muito a eles. Ao contrário, conferimos amiúde a última e recente tradução francesa, intitulada *Correspondance de Spinoza*, realizada por Maxime Rovere (Flammarion, 2010).

A condução de uma tradução que se pretendeu a mais correta e objetiva possível não implicou, contudo, que ela se apresentasse totalmente despida ao leitor. Para que fosse legível, deveria resultar não só de uma operação apenas linguística, mas também de uma operação sobre a própria filosofia de Espinosa e sobre fatos associados ao cenário no qual ele e Oldenburg estavam inseridos. Em consequência, no itinerário da tradução, saímos à cata do máximo de informações, explorando os mais diversos assuntos, com a finalidade primeira de compreendê-los para, só então, poder suprir cada carta com um número satisfatório de comentários. Neste ponto, não podemos deixar de enaltecer o enorme valor das notas de Gebhardt, das quais, assim como nós, muitos tradutores se serviram.

Quanto à disposição do texto bilíngue, fizemos o espelhamento, página a página, entre latim e português, que é o mais cômodo ao leitor. Em relação às notas, não as quisemos no rodapé da página: primeiro, porque ele já é lugar das notas do próprio Espinosa, e não seria conveniente entressachá-las com outras; e segundo, porque quisemos que a disposição gráfica da tradução se mantivesse tão limpa quanto a do texto latino.

O grande número de notas de tradução produzidas serviu para assinalar todo tipo de informação considerada relevante ao texto. Por meio delas, mais do que fazer referências bibliográficas e comentários biográficos e filológicos, interessou-nos, sempre que oportuno, situar o leitor nas controvérsias e no contexto histórico próprio dos correspondentes; quando das abordagens científicas, aproximá-lo superficialmente de assuntos com os quais, pela especificidade técnica, pouca ou nenhuma afinidade possui; e, quando das teológicas, mostrar-lhe a localização exata e o conteúdo das passagens e exemplos bíblicos aludidos. Vale ressaltar que, inevitavelmente, as notas também foram lugar para discussões e críticas não assentadas em nossas análises dos períodos.

Por fim, complementa o texto e a tradução um conjunto extra de cartas. Como já dito, não são inéditas, mas versões, levemente diferentes, das *Cartas* LXXV, LXXVIII e LXXIII, obtidas e comentadas por Leibniz. Em relação a elas e aos comentários do filósofo alemão, sobrestamos, por ora, os pormenores, para dedicarmos no momento oportuno uma pequena explicação que apresenta os textos à parte.

Bibliografia

TEXTOS ORIGINAIS (ordem cronológica de publicação)

EPISTOLAE Doctorum Quorundam Virorum Ad B. D. S. Cum Auctoris Responsionibus. In: *Opera Posthuma. Quorum series post Phaefationem exhibetur.* Amsterdã: J. Rieuwertsz, 1677.

BRUDER, C. H. (Ed). Epistolae Doctorum Quorundam Virorum Ad B. D. S. Cum Auctoris Responsionibus Ad Aliorum Ejus Operum Elucidationem Non Parum Faciendes. In: *Benedicti de Spinoza Opera quae supersunt omnia.* Leipzig: Bernh. Tauchnitz Jun, 1844, v. II.

VLOTEN, J. van (Ed.). *Ad Benedicti de Spinoza opera quae supersunt omnia: continens tractatum hucusque ineditum de Deo et homine, tractatulum de iride, epistolas nommullas ineditas, et ad eas vitamque philosophi collectanea.* Amsterdã: F. Muller, 1862.

LEIBNIZ, G. W.; GERHARDT, C. I. (Eds.). *Die philosophischen Schriften von Gottfried Wilhelm Leibniz.* Berlim: Weidmann, 1875, v. I.

VLOTEN, J. van; LAND, J. P. N. (Eds.). *Benedicti de Spinoza Opera quotquot reperta sunt.* Haia: M. Nijhoff, 1883, v. II.

ESPINOSA, B. Spinoza Opera. Ed. Carl Gebhardt. 4 v. Heidelberg: Carl Winter, 1925.

GEBHARDT, C. (Ed.). *Spinoza Opera.* Im Auftrag der Heidelberger Akademie der Wissenschaften. Heildelberg: Carl Winter, 1925, v. IV.

WOLF, A. An addition to the correspondence of Spinoza. *Philosophy,* Cambridge, v. 38, pp. 200-204, 1935.

ESPINOSA, B. (1925.) Spinoza Opera. Ed. Carl Gebhardt. 4 v. Heidelberg: Carl Winter, 1972.

Traduções completas (ordem cronológica de publicação)

ESPINOSA, B. *De Nagelate Schriften van B. D. S. Als Zedekunst, Staatkunde, Verbetering van't Verstant, Brieven en Antwoorden.* 1677.

ESPINOSA, B. Lettres. In: *Œuvres de Spinoza.* Tradução: Émile Saisset. Paris: Charpentier, Libraire-Éditeur, 1861, v. III.

ESPINOSA, B. *The Correspondence of Spinoza.* Tradução, introdução e notas: A. Wolf. Nova Iorque: Lincoln Mac Veagh, The Dial Press, 1927.

ESPINOSA, B. *Epistolario.* Introdução: Carl Gebhardt. Tradução e prólogo: Oscar Cohan. Buenos Aires: Sociedade Hebraica Argentina, 1950.

ESPINOSA, B. Lettres. In: *Œuvres de Spinoza.* Tradução e notas: Charles Appuhn. Paris: GF Flammarion, 1966, v. IV.

ESPINOSA, B. *Briefwechsel.* Tradução e notas: Carl Gebhardt. Edição com introdução, apêndice e bibliografia ampliada: Manfred Walther. Hamburgo: Felix Meiner, 1986.

OLDENBURG. H. *The Correspondence of Henry Oldenburg.* Edição e tradução: A. Rupert Hall e Marie Boas Hall. Londres & Filadélfia: Taylor & Francis, 1986. 13 v.

ESPINOSA, B. *Spinoza: correspondencia.* Tradução, introdução, notas e índice: Atilano Domínguez. Madri: Alianza, 1988.

ESPINOSA, B. *The Letters.* Tradução: Samuel Shirley. Introdução e notas: Steven Barbone, Lee Rice and Jacob Adler. Indianapolis: Hackett Publishing, 1995.

ESPINOSA, B. *Correspondance.* Tradução, apresentação, notas, dossiê, bibliografia e cronologia: Maxime Rovere. Paris: Flammarion, 2010.

ESPINOSA, B. Correspondência completa e vida. Tradução: J. Guinsburg e N. Cunha. In: *Obra completa.* Organização: J. Guinsburg, N. Cunha e R. Romano. São Paulo: Perspectiva, 2014, v. II.

Traduções parciais (ordem cronológica de publicação)

WOLF, A. An addition to the correspondence of Spinoza. *Philosophy,* Cambridge, n. 38, abr. 1935, pp. 200-204.

ESPINOSA, B. Correspondência. Tradução: Marilena Chaui. In: ESPINOSA, B. *Pensamentos metafísicos, Tratado da correção do intelecto, Ética, Tratado político, Correspondência.* Seleção de textos de Marilena Chaui. Vários tradutores. São Paulo: Abril Cultural, 1973. (Coleção Os Pensadores.)

ESPINOSA, B. Letters. In: *The Collected Works of Spinoza.* Edição e tradução: Edwin Curley. Princeton: Princeton University Press, 1985 (v. I) e 2016 (v. II).

PROIETTI, O. *Agnostos Theos. Il carteggio Spinoza-Oldenburg (1675-1676).* Roma: Quodlibet, 2006.

Outras referências

ANSTEY, P. *The Philosophy of Robert Boyle.* Londres & Nova Iorque: Routledge, 2000.

BACH, A. (Org.). *Goethes Rheinreise, mit Lavater und Basedow, im Sommer 1774.* Zurique: Seldwyla, 1923.

BACON, F. *De sapientia veterum.* Amsterdã: Henricum Wetstenium, 1696.

BACON, F. *Novum organum scientiarum.* Veneza: Typis G. Giradi, 1762.

BAMBERGER, F. The Early Editions of Spinoza's Tractatus Theologico-Politicus: A bibliohistorical Reexamination. *Studies in Bibliography and Booklore,* Cincinnati, n. 5, pp. 9-33, 1961.

BIRCH, T. *The History of the Royal Society of London for Improving of Natural Knowledge from its First Rise, in which the Most Considerable of Those Papers Communicated to the Society, which Have Hitherto not been Published, are Inserted as a Supplement to the Philosophical Transactions.* Londres: A. Millar in the Strand, 1744. v. I.

BOYLE, R.; BIRCH, T. (Ed.). *The works of the Honourable Robert Boyle. In six volumes. To which is prefixed the life of the author.* Londres: A. Millar, 1772. v. VI.

CHAUI, M. *A nervura do real:* imanência e liberdade em Espinosa. São Paulo: Companhia das Letras, 1999.

CHAUI, M. *Convite à filosofia.* 3. ed. São Paulo: Ática, 1995.

CLEVE, J. *Henry Oldenburg*. 1688. 1 original de arte, óleo sobre tela, 83,8 cm x 63,5 cm. The Royal Society.

CZELINSKI-UESBECK, M. *Der tugendhafte Atheist*. Studien zur Vorgeschichte der Spinoza-Renaissance in Deutschland. Würzburg: Königshausen & Neumann, 2007.

DEISSMANN, A.; STRACHAN, L. R. M. *Light from the Ancient East:* The New Testament Illustrated by Recently Discovered Texts of the Graeco-Roman World. Londres: Hodder & Stoughton, 1910.

DELBOS, V. *O problema moral na filosofia de Spinoza e na história do spinozismo*. Tradução: Martha Aratanha. Rio de Janeiro: Editora FGV, 2016.

DESCARTES, R. *Discurso do método*. Tradução: Maria Ermantina de Almeida Prado Galvão. São Paulo: WMF Martins Fontes, 2009.

DESCARTES, R. *Meditações Metafísicas*. 3. ed. São Paulo: Martins Fontes, 2011.

DESCARTES, R. *Meditationes de Prima Philosophia*. S.l.: Gustav Bethge, 1842.

DOMÍNGUEZ, A. A correspondência entre Espinosa e Oldenburg, ou os equívocos de duas ideologias. *Discurso*, São Paulo, n. 31, pp. 285-322, 2000.

EATON, W. *Boyle on Fire:* The Mechanical Revolution in Scientific Explanation. Londres: Continuum, 2005.

EINSTEIN, A. *Albert Einstein:* The Human Side, New Glimpses from his Archives. Princeton: Princeton University Press, 1979.

ESOPO. *Fábulas completas*. Tradução direta do grego, introdução e notas: Neide Smolka. São Paulo: Moderna, 1994.

ESPINOSA, B. *Breve tradado de Deus, do homem e do seu bem-estar*. Tradução: Emanuel Angelo da Rocha Fragoso e Luís César Guimarães Oliva. Belo Horizonte: Autêntica, 2012.

ESPINOSA, B. *Ética*. Tradução: Grupo de Estudos Espinosanos. São Paulo: EDUSP, 2015a.

ESPINOSA, B. *Ética*. Tradução: Tomaz Tadeu. Belo Horizonte: Autêntica, 2009.

ESPINOSA, B. *Princípios da filosofia cartesiana e pensamentos metafísicos.* Tradução: Homero Santiago e Luís César Guimarães Oliva. Belo Horizonte: Autêntica, 2015b.

ESPINOSA, B. *Tratado da emenda do intelecto.* Tradução e nota introdutória: Cristiano Novaes de Rezende. Campinas: Editora da Unicamp, 2015c.

ESPINOSA, B. *Tratado teológico-político.* Tradução, introdução e notas: Diogo Pires Aurélio. 2. ed. São Paulo: Martins Fontes, 2008.

ESPINOSA, B. *Tratado teológico-político.* Tradução, introdução e notas: Diogo Pires Aurélio. 4. ed. Lisboa: Imprensa Nacional, 2019.

ESPINOSA, B. (1925.) *Spinoza Opera.* Ed. Carl Gebhardt. 4 v. Heidelberg: Carl Winter, 1972.

FERREIRA, S. T. Oldenburg: o mais prolífico correspondente de Espinosa. *Cadernos Espinosanos*, São Paulo, v. 41, 2019, pp. 279-296.

FREUDENTHAL, J. *Die Lebensgeschichte Spinoza's.* Leipzig: Veit & Comp., 1899.

FREUDENTHAL, J. *Spinoza*: Sein Leben und Seine Lehre. Stuttgart: Fr. Frommanns Verlag, 1904.

FRIEDMANN, G. *Leibniz & Spinoza.* Paris: Gallimard, 1962.

GASSENDI, P. *Opera omnia in sex tomos divisa.* Lyon: L. Anisson & J. B. Devenet, 1658. v. I.

GOTTI, M. Scientific Interaction Within Henry Oldenburg's Letter Network. *Journal of Early Modern Studies*, n. 3, pp. 151-171, 2014.

HALL, M. B. Oldenburg and the art of scientific communication. *British Journal for the History of Science*, n. 2, pp. 277-290, 1965.

HEIDARZADEH, T. *A History of Physical Theories of Comets*: From Aristotle to Whipple. Heidelberg: Springer, 2008.

HETHERINGTON, N. S. The Hevelius-Auzout Controversy. *Notes and Records of the Royal Society*, Londres, v. 27, n. 1, pp. 103-106, 1972.

HOFTIJZER, P. G. Dutch printing and bookselling in the Golden Age. In: BOOT, W. J.; SHIRAHATA, Y. (Eds.). *Two faces of the early modern world.* The Netherlands and Japan in the 17th and 18th centuries. Kyoto: International Research Center for Japanese Studies, 2001. pp. 59-67.

BIBLIOGRAFIA

HUYGENS, C. *Œuvres complètes de Christiaan Huygens*. Haia: M. Nijhoff, 1888. v. VI.

HYSLOP, S. J. Algebraic Collisions. Challenging Descartes with Cartesian Tools. *Foundations of Science*, v. 19, n. 1, pp. 35-51, 2014.

JOHNS, A. *The Nature of the Book*: Print and Knowledge in the Making. Chicago: University of Chicago Press, 1998.

KIENZLE, T. E. *Rabies*. Nova Iorque: Chelsea House, 2007.

JOHNS, A. *The Nature of the Book*: Print and Knowledge in the Making. Chicago: University of Chicago Press, 1998.

LEIBNIZ, G. W. CAREIL, A. F. (Ed.). *Lettres et opuscules inédits de Leibniz*. Paris: Ladrange, 1854.

LEIBNIZ, G. W. Communicata ex literis D. Schull. In: GERHARDT, C. I. (Ed.). *Die philosophischen Schriften von Gottfried Wilhelm Leibniz*. Berlim: Weidmann, 1875. v. I.

LYONS, H. G. *The Royal Society, 1640-1940*: A History of its Administration. Cambridge: Cambridge University Press, 1944.

MALCOLM, N. Leibniz, Oldenburg, and Spinoza, in the Light of Leibniz's Letter to Oldenburg of 18/28 November 1676. *Studia Leibnitiana*, v. 35, n. 2, pp. 225-243, 2003.

MARSHALL, A. *Intelligence and Espionage in the Reign of Charles II, 1660-1685*. Cambridge: Cambridge University Press, 1994.

McKIE, D. The Arrest and Imprisonment of Henry Oldenburg. *Notes and Records of the Royal Society of London*, Londres, v. 6, n. 1, pp. 28-47, 1948.

MEINSMA, K. O. *Spinoza en zijn kring*: historisch-kritische studiën over Hollandsche vrijgeesten. Haia: M. Nijhoff, 1896.

MIERT, D. What was the Republic of Letters? A brief introduction to a long history (1417-2008). *Briefgeschiedenis*, Groningen, n. 204, pp. 269-287, fev./mar. 2016.

MIGNINI, F. *Introduzione a Spinoza*. Roma & Bari: Laterza, 1983.

MOREAU, P-F. Princípios de leitura das Sagradas Escrituras no *Tratado teológico-político*. Tradução: Cristiano Novaes de Rezende. *Cadernos Espinosanos*, São Paulo, v. 4, pp. 75-89, 1998.

NADLER, S. *Spinoza: a life*. Cambridge: Cambridge University Press, 1999.

OLIVEIRA, F. B. *Coerência e comunidade em Espinosa*. Tese (Doutorado em Filosofia) – Faculdade de Filosofia, Letras e Ciências Humanas. Departamento de Filosofia, Universidade de São Paulo. São Paulo, 2015.

PATTERSON, L. R. *Copyright in Historical Perspective*. Nashville: Vanderbilt University Press, 1968.

POPKIN, R. H. *Spinoza*. Londres: Oneworld Publications, 2004

POPKIN, R. H. Three English Tellings of the Sabatai Zevi story. *Jewish History*, v. 8, n. 1, pp. 43-54, 1994.

REZENDE, C. N. Ideia verdadeira e História. *Cadernos Espinosanos*, São Paulo, v. 2, n. 2, pp. 103-133, 1997.

ROTTERDAM, E. *Adagi*. Tradução: Emanuele Lelli. Milão: Bompiani, 2013.

SANTIAGO, H. S. *Geometria do instituído*. Estudo sobre a gramática hebraica espinosana. Fortaleza: EdUECE, 2014.

SHAPIN, S.; SCHAFFER, S. *Leviathan and the Air Pump*: Hobbes, Boyle and the Experimental Life, Including a Translation of Thomas Hobbes, Dialogus Physicus de Natura Aeris. Princeton: Princeton University Press, 2011.

SINGER, C. The Dawn of Microscopical Discovery. *Journal of Royal Microscopical Society*, n. 35, pp. 317-340, 1915.

STEENBAKKERS, P. *Spinoza's Ethica from manuscript to print*: Studies on text, form and related topics. Assen & Utrecht: Van Gorcum & Universiteit Utrecht, 1994.

STEENBAKKERS, P. The text of Spinoza's Tractatus Theologico-Politicus. In: MELAMED, Y. Y.; ROSENTHAL, M. A. (Eds.). *Spinoza's Theological-Political Treatise:* A Critical Guide. Cambridge: Cambridge University Press, 2010. pp. 29-40.

THOMSON, T. *History of the Royal Society, from its institution to the end of the eighteenth century*. Londres: Robert Baldwin, 1812.

VLEESCHAUWER, H. J. de. De briefwisseling van Ehrenfried Walther von Tschirnhaus met Benedictus de Spinoza. In: *Tijdschrift voor Philosophie, 4de Jaarg*. Leuven: Peeters Publishers & Tijdschrift voor Filosofie, n. 2, 1942. pp. 345-396.

WALL, E. G. van der. Petrus Serrarius and Menasseh Ben Israel. In: YOSEF, K.; MÉCHOULAN, H.; POPKIN, R. H. (Eds.). *Menasseh Ben Israel and His World*. Leiden: E. J. Brill, 1989. pp. 164-190.

WALL, E. G. The Amsterdam Millenarian Petrus Serrarius (1600-1619) and the Anglo-Dutch Circle of Philo-Judaists. In: BERG, J. van den; WALL, E. G. van der. (Eds.). *Jewish-Christian Relations in the Seventeenth Century*: Studies and Documents. Dordrecht: Kluwer Academic Publishers, 1988. pp. 73-94.

WHEATLEY, H. B. *London, past and present; its history, associations, and traditions*. Londres: John Murray, 1891.

ZATERKA, L. *A filosofia experimental na Inglaterra do século XVII*: Francis Bacon e Robert Boyle. São Paulo: FAPESP/Humanitas, 2004.

Retrato de Henry Oldenburg, por Jan van Cleve (1668).

[5]

Epistola I.

Clarissimo Viro
B. D. S.
HENR. OLDENBURGIUS.

Clarissime Domine, Amice colende.

Tam aegrè nuper, cùm tibi in secessu tuo Rhenoburgi, adessem, à latere tuo divellebar, ut quamprimùm in Angliam factus sum redux, tecum rursus uniri, quantum fieri potest, commercio saltem epistolico annitar. Rerum solidarum scientia, conjuncta cum humanitate, et morum elegantiâ, (quibus omnibus Natura, et Industria amplissimè te locupletârunt) eas habent in semetipsis illecebras, ut viros quosvis ingenuos, et liberaliter educatos, in sui amorem rapiant. Age itaque, Vir Praestantissime, amicitiae non fucatae dextras jungamus, eamque omni studiorum, et officiorum genere sedulò colamus. Quod quidem à tenuitate meâ proficisci potest, tuum judica. Quas tu possides ingenii dotes, earum partem, cùm sine tuo id fieri detrimento possit, me mihi vendicare sinas. Habebamus Rhenoburgi sermonem de Deo, de Extensione, et Cogitatione infinitâ, de horum [6] attributorum discrimine, et convenientiâ, de ratione unionis animae humanae cum corpore; porrò de Principiis Philosophiae Cartesianae, et Baconianae. Verùm cùm quasi per transennam, et in transcursu duntaxat de tanti momenti argumentis tunc loqueremur, atque interim ista omnia menti meae crucem figant, ex amicitiae inter nos initae jure tecum agere nunc aggrediar, ac peramanter rogare, ut circa subjecta praememorata tuos conceptûs nonnihil fusiùs mihi exponere; imprimis verò in hisce duobus me edocere non graveris, videlicet, primò, quâ in re Extensionis, et Cogitationis verum discrimen ponas; secundò, quos in Cartesii, et Baconis Philosophiâ defectûs observes, quâque ratione eos è medio tolli, ac solidiora substitui posse judices. Quò liberaliùs de hisce, et similibus ad me scripseris, eò arctiùs me tibi devincies, et ad paria, si modò possim,

Carta I

[5]

Ao claríssimo senhor[1]
B. D. S.
HENR. OLDENBURG

Claríssimo senhor, estimado amigo,
Quando recém estive contigo em teu retiro em Rijnsburg,[2] separei-me do teu lado com tanta dificuldade que, tão logo retornei à Inglaterra, esforço-me o quanto possível por unir-me contigo novamente ao menos por comércio epistolar. O conhecimento das coisas sólidas, junto à humanidade e à elegância dos modos (com todas as quais a natureza e a indústria te enriqueceram amplamente) têm em si mesmas encantos que arrebatam de apreço quaisquer homens puros e liberalmente educados. Eia, pois, prestantíssimo senhor, unamo-nos com uma amizade não fugaz e cultivemo-la diligentemente com todo gênero de estudos e serviços. Julga teu o que pode provir de minha fraqueza. Permitas reivindicar para mim, já que se pode fazê-lo sem prejuízo teu, parte daqueles dotes do engenho que possuis. Em Rijnsburg, tivemos uma conversa sobre Deus, sobre a extensão e o pensamento infinitos, sobre a discrepância e a conveniência desses atributos, sobre [6] a maneira[3] da união da alma humana com o corpo; além disso, sobre os princípios da filosofia cartesiana e da baconiana. Porém, já que naquele momento falamos de argumentos tão importantes como que somente de relance e passagem, e nesse ínterim todos eles atormentam minha mente, começarei agora, com o direito da amizade iniciada entre nós, a tratar contigo e a rogar muito encarecidamente que me exponhas um pouco mais amplamente teus conceitos acerca dos assuntos mencionados antes; em primeiro lugar, porém, não te acanhes em bem instruir-me nestas duas questões: primeiro, em que pões a verdadeira discrepância entre a extensão e o pensamento; segundo, que defeitos observas na filosofia de Descartes e na de Bacon, e de que maneira julgas que eles podem ser suprimidos e substituídos por coisas mais sólidas. Quanto mais liberalmente escreveres sobre essas questões e outras semelhantes, mais estreitamente me vincularás a ti

praestanda vehementer obstringes. Sub praelo hîc jam sudant Exercitationes quaedam Physiologicae à Nobili quodam Anglo, egregiae eruditionis viro, perscriptae. Tractant illae de aëris indole, et proprietate Elasticâ, quadraginta tribus experimentis comprobatâ: de Fluiditate item, et Firmitudine, et similibus. Quamprimùm excusae fuerint, curabo, ut per Amicum, mare fortassis trajicientem, tibi exhibeantur. Tu interim longùm vale, et amici tui memor vive, qui est

Tuus omni affectu, et studio
Henricus Oldenburg.
Londini 16/26 August. 1661

e me obrigarás veementemente, desde que eu possa, a prestar iguais deveres. Aqui já estão no prelo *Certos ensaios fisiológicos*[4] escritos por um nobre inglês, homem de notável erudição. Tratam eles da índole e da propriedade elástica do ar, comprovada por quarenta e três experimentos, bem como da fluidez e da firmeza, e coisas semelhantes.[5] Tão logo estiverem impressos, cuidarei para que te sejam mostrados por algum amigo que talvez atravesse o mar.[6] Nesse ínterim, passa muito bem e vive lembrando-te de teu amigo, que é

Teu, com todo afeto e devoção,
HENRY OLDENBURG.
Londres, 16/26[7] de agosto de 1661.

[7]

Epistola II.

Viro Nobilissimo ac Doctissimo,
H. OLDENBURGIO
B. D. S.
Responsio ad praecedentem.

Vir clarissime,

Quàm grata sit mihi tua amicitia, ipse judicare poteris, modò simul à tuâ humanitate impetrare possis, ut tibi ad virtutes, quibus abundas, reflectere liceat; et quamvis, quamdiu ipsas contemplor, non parùm mihi videar superbire, nempe quòd eam tecum inire audeam, praesertim dum cogito amicorum omnia, praecipuè spiritualia, debere esse communia, tamen hoc tuae humanitati potiùs, simul et benevolentiae, quàm mihi erit tribuendum. Summitate enim illius te deprimere, et copiâ hujus adeò me locupletare voluisti, ut arctam amicitiam, quam mihi constanter polliceris, et à me reciprocam dignatus es petere, inire non verear, eaque ut sedulò colatur, enixè sim curaturus. Ingenii mei dotes quod attinet, si quas possiderem, eas te tibi vindicare libentissimè sinerem, quanquam scirem, id non sine meo magno detrimento futurum. Sed, ne videar hoc modo tibi, quod à me jure amicitiae petis, velle denegare, quid circa illa, de quibus loquebamur, sentiam, conabor explicare; quanquam non putem, nisi tua benignitas intersit, hoc medium futurum, ut mihi arctiùs devinciaris. De Deo itaque incipiam breviter dicere; quem definio esse Ens, constans infinitis attributis, quorum unumquodque est infinitum, sive summè perfectum in suo genere. Ubi notandum, me per attributum intelligere omne id, quod concipitur per se, et in se; adeò ut ipsius conceptus non involvat conceptum alterius rei. Ut ex. gr. Extensio per se, et

[8] in se concipitur; at motus non item. Nam concipitur in alio, et ipsius conceptus involvit Extensionem. Verùm, quòd haec sit vera Dei definitio, constat ex hoc, quòd per Deum intelligamus Ens summè perfectum, et absolutè infinitum. Quòd autem tale

Carta II

[7]

Ao nobilíssimo e doutíssimo senhor
H. OLDENBURG
B. D. S.
Resposta à precedente

Claríssimo senhor,

Tu mesmo poderás julgar quão grata é para mim tua amizade, desde que possas, em simultâneo, conseguir de tua humanidade ser-te lícito refletir sobre as virtudes que tens em abundância; e embora eu pareça, enquanto as contemplo, não pouco assoberbar por ousar iniciá-la contigo – sobretudo enquanto penso que todas as coisas dos amigos devem ser comuns, principalmente as espirituais –, isso haverá de ser atribuído antes à tua humanidade e à tua benevolência do que a mim. De fato, pela grandeza daquela, quiseste depreciar-te, e pela abundância desta, enriquecer-me a tal ponto que não temo iniciar a estreita amizade que constantemente me ofereces e que te dignas a me pedir a recíproca, e que cuidarei com todas as forças para que seja cultivada com diligência. No que atina aos dotes do meu engenho, se eu os possuísse, deixaria de muito boa vontade que os reivindicasses para ti, mesmo que eu soubesse que não haveria de ser sem grande detrimento meu. Mas, para que eu não pareça, desse modo, querer negar o que pelo direito da amizade me pedes, tentarei explicar o que penso acerca daquelas coisas de que falávamos, ainda que eu não pense que isso haja de ser um meio de te vinculares mais estreitamente a mim, a não ser que tua bondade intervenha. Começarei, pois, a falar brevemente sobre Deus, o qual defino ser um ente que consiste de infinitos atributos, dos quais cada um é infinito, ou seja, sumamente perfeito em seu gênero. Aqui, é de notar que entendo por atributo tudo aquilo que é concebido por si e em si, de tal maneira que o próprio conceito não envolve o conceito de outra coisa. Como, p. ex., a extensão é concebida por si e em si; mas não o movimento; pois este é concebido [8] em outro e seu conceito envolve a extensão. Porém, consta que essa seja a verdadeira definição de Deus a partir do fato de que entendemos

ens existat, facile est ex hac definitione demonstrare; sed, quia non est hujus loci, demonstratione supersedebo. Sed quod hîc demonstrare debeo, ut primae quaestioni V. Clar. satisfaciam, sunt haec sequentia. Primò, quòd in rerum natura non possunt existere duae substantiae, quin totâ essentiâ differant. Secundò, substantiam non posse produci; sed quòd sit de ipsius essentiâ existere. Tertiò, quòd omnis substantia debeat esse infinita, sive summè perfecta in suo genere; quibus demonstratis facilè poterit videre Vir. Clar. quò tendam, modò simul attendat ad definitionem Dei, adeò ut non sit opus apertiùs de his loqui. Ut autem haec clarè, et breviter demonstrarem, nihil meliùs potui excogitare, nisi ut ea more Geometrico probata examini tui ingenii subjicerem; ea* itaque hic separatim mitto, tuumque circa ipsa judicium exspectabo. Petis à me secundò, quosnam errores in Cartesii, et Baconis Philosophiâ observem. Quâ in re, quamvis meus mos non sit aliorum errores detegere, volo etiam tibi morem gerere. Primus itaque et maximus est, quòd tam longè à cognitione primae causae, et originis omnium rerum aberrârint. Secundus, quòd veram naturam humanae Mentis non cognoverint. Tertius, quòd veram causam erroris nunquam assecuti sint; quorum trium quàm maximè necessaria sit vera cognitio, tantùm ab iis ignoratur, qui omni studio, et disciplinâ prorsùs destituti sunt. Quòd autem à cognitione primae causae, et humanae Mentis aberraverint, facilè colligitur ex veritate trium propositionum suprà memoratarum: quare ad solum tertium errorem ostendendum me converto. De Bacone parùm dicam, qui de hâc re admodùm confusè loquitur, et ferè nihil probat; sed tantùm narrat. Nam primò supponit, quòd intellectus humanus praeter fallaciam sensuum suâ solâ naturâ fallitur, omniaque fingit ex analogiâ suae naturae, et non ex analogiâ universi, adeò ut sit instar speculi inaequalis ad radios rerum, qui suam naturam naturae rerum immiscet, etc. Secundò, quòd intellectus humanus fertur ad abstracta propter naturam propriam, atque ea, quae fluida sunt, fingit esse constantia etc.

[9]

---

* *Vide* Ethices *partem* 1. *ab initio usque ad Prop.* 4.

por Deus o ente sumamente perfeito e absolutamente infinito. E a partir dessa definição se demonstra facilmente que tal ente existe; mas porque não é o lugar disso, passarei por cima da demonstração. O que aqui devo demonstrar para satisfazer à primeira pergunta do claríssimo senhor são as seguintes coisas. Primeiro, que na natureza das coisas não podem existir duas substâncias que não difiram na essência toda. Segundo, que uma substância não pode ser produzida, mas que é de sua própria essência existir. Terceiro, que toda substância deve ser infinita, ou seja, sumamente perfeita em seu gênero. Demonstradas essas coisas, o claríssimo senhor poderá ver facilmente a que tendo, desde que, em simultâneo, atente à definição de Deus, de tal maneira que não seja preciso falar mais abertamente sobre isso. Todavia, para demonstrar essas coisas com clareza e brevidade, não pude excogitar nada melhor a não ser submetê-las ao exame do teu engenho provados à maneira geométrica; assim, ponho-as em separado aqui, e aguardarei teu juízo acerca delas.* Em segundo lugar, perguntas-me quais erros observo na filosofia de Descartes e de Bacon. Nisso, embora não seja costume meu detectar os erros dos outros, quero também fazer-te a vontade. Assim, o primeiro e maior é que se afastaram muito do conhecimento da causa primeira e da origem de todas as coisas. O segundo é que não conheceram a verdadeira natureza da mente humana. O terceiro é que nunca alcançaram a verdadeira causa do erro. Só aqueles que são destituídos por completo de todo estudo e disciplina ignoram ser maximamente necessário o conhecimento verdadeiro dessas três coisas. Todavia, que eles se afastaram do conhecimento da causa primeira e da mente humana colige-se facilmente da verdade das três proposições mencionadas acima, e por isso dedico-me a mostrar só o terceiro erro. Pouco direi sobre Bacon, que fala sobre isso de maneira bastante confusa e quase nada prova, mas somente narra. Primeiro, pois ele supõe que o intelecto humano, além do engano dos sentidos, engana-se por sua só natureza e forja todas as coisas por analogia à sua natureza, e não por analogia ao universo, tal como se fosse um espelho desigual aos raios das coisas, que mistura sua natureza à natureza das coisas etc.[8] Segundo, que o intelecto humano, por sua própria natureza, é levado [9]

---

* *Vê a parte 1 da* Ética, *do início até a* Prop. 4.

Tertiò, quòd intellectus humanus gliscat, neque consistere, aut acquiescere possit; et quas adhuc alias causas adsignat, facilè omnes ad unicam Cartesii reduci possunt; scilicet quia voluntas humana est libera, et latior intellectu, sive ut ipse Verulamius (Aph. 49.) magis confusè loquitur, quia intellectus[*] luminis sicci non est; sed recipit infusionem à voluntate. (Notandum hîc, quòd Verulamius saepe capiat intellectum pro Mente, in quo à Cartesio differt.) Hanc ergo causam, caeteras ut nullius momenti parùm curando, ostendam esse falsam, quòd et ipsi facilè vidissent, modò attendissent ad hoc, quòd scilicet voluntas differt ab hâc, et illâ volitione, eodem modo ac albedo ab hoc, et illo albo, sive humanitas ab hoc, et illo homine; adeò ut aequè impossibile sit concipere, voluntatem causam esse hujus, ac illius volitionis, atque humanitatem esse causam Petri, et Pauli. Cùm igitur voluntas non sit, nisi ens rationis, et nequaquam dicenda causa hujus, et illius volitionis; et particulares volitones, quia, ut existant, egent causâ, non possint dici liberae; sed necessariò sint tales, quales à suis causis determinantur; et denique secundum Cartesium, ipsissimi errores sint particulares volitiones, inde necessariò sequitur, errores, id est, particulares volitiones, non esse liberas, sed determinari à causis externis, et nullo modo à voluntate, quod demonstrare promisi. Etc.

---

[*] *Vide Verulamii* Novum Organum *lib.* I. *Aphorismo* 49.

a coisas abstratas e forja serem constantes aquelas que são fluidas etc.[9] Terceiro, que o intelecto humano incha-se e não pode firmar-se ou repousar.[10] Essas e ainda outras causas que ele assinala podem todas ser facilmente reduzidas a uma única de Descartes, a saber, porque a vontade humana é livre e mais ampla que o intelecto, ou, como mais confusamente fala o próprio Verulâmio[11] (Af. 49), porque o intelecto não é de uma luz seca,[12] mas recebe infusão da vontade.* (Há de se notar aqui que Verulâmio frequentemente toma intelecto por mente, no que difere de Descartes.) Logo, pouco me preocupando com as demais, que nenhuma importância têm, mostrarei que esta causa é falsa, o que eles mesmos teriam visto facilmente, contanto tivessem atentado ao fato de que a vontade difere desta e daquela volição, do mesmo modo que a brancura difere deste e daquele branco, ou a humanidade, deste e daquele homem; de tal maneira que é tão impossível conceber que a vontade é causa desta e daquela volição quanto o é conceber que a humanidade é causa de Pedro e de Paulo. Assim, porque a vontade não é senão um ente de razão e de jeito nenhum há de ser dita causa dessa e daquela volição, e porque as volições particulares, por carecerem de uma causa para existirem, não podem ser ditas livres, mas necessariamente são assim como são determinadas por suas causas, e enfim porque, segundo Descartes, os próprios erros são volições particulares, daí se segue necessariamente que os erros, isto é, as volições particulares, não são livres, mas são determinadas por causas externas e de modo nenhum pela vontade; o que prometi demonstrar. Etc.

---

* *Vê o* Novum Organum *de Verulâmio, livro* I, *aforismo 49.*

[10]

Epistola III.

Clarissimo Viro
B. D. S.
HENRIUS OLDENBURGIUS.

Vir praestantissime, et Amicissime.

Redditae mihi sunt perdoctae tuae literae, et magnâ cum voluptate perlectae. Geometricum tuum probandi morem valdè probo; sed meam simul hebetudinem incuso, quòd, quae tam accuratè doces, ego haud itâ promptè assequar. Patiaris igitur, oro, ut documenta istius meae tarditatis tibi prodam, dum sequentes Quaestiones moveo, earumque solutiones à te peto. Prima est, an clarè, et indubitanter intelligas ex solâ illâ definitione, quam de Deo tradis, demonstrari, tale Ens existere? Ego sanè, cùm mecum perpendo, definitiones non nisi conceptûs Mentis nostrae continere; Mentem autem nostram multa concipere, quae non existunt, et foecundissimum esse in rerum semel conceptarum multiplicatione, et augmentatione, necdum video, quomodò ex eo conceptu, quem de Deo habeo, inferre possim Dei existentiam. Possum quippe ex mentali congerie omnium perfectionum, quas in hominibus, animalibus, vegetalibus, mineralibus etc. deprehendo, concipere, et formare substantiam aliquam unam, quae omnes illas virtutes solide possideat, quin imò Mens mea valet easdem in infinitum multiplicare, et augere; adeóque Ens quoddam perfectissimum, et excellentissimum apud sese effigiare, cùm tamen nullatenus inde concludi possit hujusmodi Entis existentia. Secunda Quaestio est, an tibi sit indubitatum, Corpus non terminari Cogitatione, nec Cogitationem Corpore? cùm adhuc sub judice lis sit, quid sit Cogitatio, sitne motus corporeus, an actus quidam spiritualis, corporeo planè contradistinctus? Tertia est, an axiomata illa, quae mihi communicâsti, habeas pro Principiis idemonstrabilibus, et Naturae luce cognitis, nullâque

[11] probatione egentibus? Fortasse primum Axioma tale est; sed

Carta III

[10]

Ao claríssimo senhor
B. d. S.
HENRY OLDENBURG

Prestantíssimo e amicíssimo senhor,

Tua mui douta carta me foi entregue e lida toda com grande prazer. Aprovo fortemente tua maneira geométrica de provar, mas, em simultâneo, acuso minha hebetação por não alcançar assim prontamente o que com tanto cuidado ensinas. Peço, pois, que me permitas dar-te mostras dessa minha lentidão enquanto movo as seguintes questões e delas peço-te as soluções. A primeira é se entendes clara e indubitavelmente que a partir daquela só definição dada de Deus se demonstra que tal ente existe. Eu, na verdade, quando pondero comigo que as definições não contêm senão conceitos de nossa mente, e que, além disso, nossa mente concebe muitas coisas que não existem e é fecundíssima na multiplicação e no aumento de coisas uma vez concebidas, ainda não vejo como posso inferir a existência de Deus a partir desse conceito que tenho de Deus. Com efeito, a partir do acúmulo mental de todas as perfeições que depreendo nos homens, nos animais, nos vegetais, nos minerais etc., posso conceber e formar uma substância única que possua de maneira sólida todas aquelas virtudes, que, ainda mais, minha mente é capaz de multiplicar e aumentar ao infinito, e de tal forma efigiar para si um ente perfeitíssimo e excelentíssimo, sem que daí, todavia, de modo algum se possa concluir a existência de um ente desse tipo. A segunda questão é se te é indubitado que o corpo não seja limitado pelo pensamento, nem o pensamento pelo corpo; visto que ainda está *sub judice* o que é o pensamento, se é um movimento corpóreo ou um ato espiritual completamente contradistinto do corpóreo. A terceira é se tens aqueles axiomas que me comunicaste como princípios indemonstráveis, conhecidos pela luz natural e que não precisam de prova alguma. Talvez seja assim o primeiro, mas não vejo como [11] os três restantes possam ser enumerados como tais. Pois o segundo

non video, quomodò tria reliqua in talium numerum referri queant. Secundum quippe supponit, nihil existere in rerum Naturâ praeter Substantias, et Accidentia, cùm tamen multi statuant, tempus, et locum rationem habere neutrius. Tertium tuum Axioma, *Res* nempe, *quae diversa habent attributa, nihil habere inter se commune*, tantùm abest, ut clarè à me concipiatur, ut potiùs contrarium ejus tota Rerum universitas videatur evincere; Res enim omnes nobis cognitae, tum in nonnullis inter se differunt, tum in quibusdam conveniunt. Quartum denique, *Res* scilicet, *quae nihil commune habent inter se, unam alterius causam esse non posse*, non ità perspicuum est intellectui meo caliginoso, quin luce aliquâ perfundi egeat. Deus quippe nihil formaliter commune habet cum rebus creatis, earum tamen causa à nobis ferè omnibus habetur. Haec igitur Axiomata, cùm apud me non videantur extra omnem dubitationis aleam posita, facilè conjicis Propositiones tuas iis superstructas non posse non vacillare. et quò magis eas considero, eò pluribus super eas dubitationes obruor. Ad primam quippe expendo; duos homines esse duas Substantias, et ejusdem attributi, cùm et unus, et alter ratione valeant; inde concludo, dari duas Substantias ejusdem attributi. Circa secundam considero, cùm nihil possit esse causa sui ipsius, vix cadere sub captum nostrum, quomodò verum esse possit, *Substantiam non posse produci, neque ab aliâ quâcunque Substantiâ.* Haec enim Propositio omnes Substantias causas sui statuit, easdemque omnes, et singulas à se invicem independentes, totidemque Deos facit, et hâc ratione primam omnium Rerum causam negat: quod ipsum lubens fateor me non capere, nisi hanc mihi gratiam facias, ut Sententiam tuam de sublimi hoc argumento nonnihil enucleatiùs, et pleniùs mihi aperias, doceasque, quaenam sit Substantiarum origo, et productio, rerumque à se invicem dependentia, et mutua subordinatio. Ut hâc in re liberè, et fidenter mecum agas, per eam, quam inivimus, amicitiam te conjuro, rogoque enixissimè, ut persuasum tibi habeas quàm maximè, omnia ista, quae mihi impertiri dignaberis, integra, et salva fore, meque nullatenus commissurum, ut eorum quippiam in tui noxam, aut fraudem à [12] me evulgetur. In Collegio nostro Philosophico experimentis, et

supõe que nada existe na natureza das coisas além de substâncias e acidentes, embora muitos sustentem que tempo e lugar não têm em conta nenhum deles. Teu terceiro axioma, a saber, que *as coisas que têm atributos diversos nada têm em comum entre si*, está tão longe de ser claramente concebido por mim que o universo das coisas parece antes convencer do contrário disso; pois todas as coisas conhecidas por nós ora diferem entre si em alguns pontos, ora convêm em alguns outros. Por fim, o quarto, a saber, *as coisas que nada têm em comum entre si não podem ser causa uma da outra*, não é tão perspícuo a meu nebuloso intelecto a ponto de não precisar verter-se com alguma luz. Ora, formalmente Deus nada tem em comum com as coisas criadas, e é tido por quase todos nós como causa delas. Portanto, visto que para mim esses axiomas não parecem fora de todo risco de dúvida, conjecturarás facilmente que tuas proposições construídas sobre eles não podem não vacilar. E quanto mais as considero, mais sou coberto de dúvidas sobre elas. Pois, quanto à primeira, pondero que dois homens são duas substâncias e são do mesmo atributo, já que um e outro valem-se da razão; daí concluo que se dão duas substâncias de mesmo atributo. Acerca da segunda, visto que nada pode ser causa de si mesmo, considero difícil cair sob nossa compreensão como pode ser verdade que *uma substância não pode ser produzida nem mesmo por outra substância qualquer*. Com efeito, essa proposição estabelece todas as substâncias como causas de si e as faz, todas e cada uma, independentes umas das outras, e tão Deuses quanto; e por essa razão ela nega a causa primeira de todas as coisas; o que propriamente confesso de bom grado não compreender, a não ser que me faças a graça de mostrar de maneira um pouco mais elucidativa e plena tua posição sobre esse sublime argumento e de ensinar qual é a origem e a produção das substâncias, e a dependência das coisas umas das outras e sua mútua subordinação. Por esta amizade que iniciamos, conjuro-te que trates comigo desse assunto com liberdade e confiança, e rogo com todas as forças que te tenhas persuadido o máximo possível de que todas essas coisas que te dignares a partilhar comigo estarão íntegras e salvas, e de jeito nenhum cometerei a falta de que algo delas seja por mim divulgado para teu prejuízo ou dano. Em nosso Colégio Filosófico,[13] ocupamo-nos com ardor, o quanto é lícito por nossas [12]

observationibus faciendis gnaviter, quantum per facultates licet, indulgemus, et concinnandae Artium Mechanicarum Historiae immoramur, ratum habentes ex Principiis Mechanicis formas, et qualitates rerum optimè posse explicari, et per motum, figuram, atque texturam, et varias eorum complicationes omnia Naturae effecta produci, nec opus esse, ut ad formas inexplicabiles, et qualitates occultas, ceu ignorantiae asylum, recurramus. Librum, quem promisi, tibi transmittam, quàm primùm Legati vestri Belgici, qui hic agunt, nuncium aliquem, (ut saepe facere solent) Hagam Comitis expedient, aut quamprimùm Amicus quidam alius, cui tutò eum committere possim, ad vos excurret. Veniam peto meae prolixitati, et libertati, atque unicè rogo, ut quae sine ullis involucris, et elegantiis aulicis liberè ad tuas reposui, in bonam partem, ut amici solent, accipias, meque credas sine fuco, et arte

Tibi Addictissimum

HENR. OLDENBURG.

Londini, Die 27. Septemb. 1661.

faculdades, de fazer experimentos e observações e demoramo-nos em compor[14] uma história[15] das artes mecânicas, tendo ratificado que, a partir dos princípios da mecânica, as formas e qualidades das coisas podem ser muito bem explicadas, e que todos os efeitos da natureza são produzidos pelo movimento, pela figura e textura, e por várias complicações[16] destes; e não é preciso recorrermos às formas inexplicáveis e às qualidades ocultas, como a um asilo da ignorância. Transmitir-te-ei o livro que prometi tão logo os vossos[17] legados holandeses que aqui atuam enviem (como com frequência costumam fazer) algum mensageiro a Haia, ou logo que parta até vós algum outro amigo a quem eu possa confiar com segurança. Peço desculpa por minha prolixidez e liberdade, e rogo unicamente que leves no bom sentido, como estão acostumados os amigos, o que livremente respondi à tua [carta], sem quaisquer invólucros e elegâncias cortesãs, e que creias que sou, sem disfarce e artifício,

Teu devotadíssimo

HENR. OLDENBURG.

Londres, 27 de setembro de 1661.

Epistola IV.

Viro Nobilissimo ac Doctissimo,
HENRICO OLDENBURGIO
B. d. S.
Responsio ad praecedentem.

Vir Clarissime,

Cum paro ire Amstelaedamum, ut ibi hebdomadam, unam ac alteram commorer, tuam perquàm gratam epistolam accepi, tuasque objectiones in tres, quas misi, Propositiones vidi; quibus solis, caeteris propter temporis brevitatem, omissis conabor satisfacere. Ad primam itaque dico, quòd non ex definitione cujuscunque rei sequitur existentia rei definitae: sed tantummodò (ut in Scholio, quod tribus Propositionibus adjunxi, demonstravi) sequitur ex definitione, sive ideâ alicujus attributi, id est, (uti apertè circa definitionem Dei explicui) rei, quae per se, et in se concipitur. Rationem verò hujus differentiae etiam in memorato Scholio satis clarè, ni fallor, proposui, praecipuè Philosopho. Supponitur enim non ignorare differentiam, quae est inter fictionem, et inter clarum, et distinctum conceptum; neque etiam veritatem hujus Axiomatis, scilicet, quòd omnis definitio, sive clara, et distincta idea sit vera. Quibus notatis non video, quid ad primae quaestionis solutionem ultrà desideretur. Quare ad solutionem secundae pergo. Ubi videris concedere, quod si Cogitatio non pertineat ad Extensionis naturam, quòd tum Extensio non terminaretur Cogitatione, nimirum cùm de exemplo tantùm dubites. Sed nota, amabo, si quis dicat Extensionem non Extensione terminari, sed Cogitatione, annon idem dicet, Extensionem non esse absolutè infinitam, sed tantum quoad Extensionem? Hoc est, non absolutè mihi concedit Extensionem, sed quoad Extensionem, id est, in suo genere esse infinitam? At ais, forte Cogitatio est actus corporeus. Sit, quamvis nullus concedam; sed hoc unum non negabis, Extensionem, quoad Extensionem, non esse Cogitationem, quod ad meam definitionem explicandam, et

Carta IV

[12]

Ao nobilíssimo e doutíssimo senhor
HENRY OLDENBURG
B. D. S.
Resposta à precedente

Claríssimo senhor,

Enquanto me preparava para ir a Amsterdã, para lá demorar-me uma semana ou duas, recebi tua extremamente grata carta e vi tuas objeções às três proposições que enviei. A essas somente, deixadas de [13] lado as demais por causa da brevidade do tempo, esforçar-me-ei em satisfazer. Assim, quanto à primeira, digo que a existência da coisa definida não se segue da definição de uma coisa qualquer, mas tão somente (como demonstrei no escólio que ajuntei às três proposições) se segue da definição ou ideia de algum atributo, isto é (como abertamente expliquei acerca da definição de Deus), de uma coisa que é concebida por si e em si. Mas, se não me engano, também no escólio mencionado propus a razão dessa diferença de maneira bastante clara, principalmente para um filósofo; pois se supõe que este não ignore a diferença que há entre uma ficção e um conceito claro e distinto, nem mesmo a verdade deste axioma, a saber, que toda definição ou ideia clara e distinta é verdadeira. Notadas essas coisas, não vejo o que mais se desejaria para a solução da primeira questão. Por isso, passo à solução da segunda. Nela, já que duvidas somente do exemplo, pareces conceder que, se o pensamento não pertence à natureza da extensão, então a extensão não seria limitada pelo pensamento. Mas nota, por favor, que, se alguém diz que a extensão não é limitada pela extensão, mas pelo pensamento, acaso não é o mesmo que dizer que a extensão não é absolutamente infinita, mas só quanto à extensão? Isto é, concede-me que a extensão é infinita não absolutamente, mas quanto à extensão, isto é, em seu gênero? Mas afirmas que o pensamento talvez seja um ato corpóreo. Que o seja, ainda que eu não o conceda, porém não negarás este único ponto, que a extensão, quanto à extensão, não é o pensamento; e isso

ad tertiam Propositionem demonstrandam sufficit. Pergis tertiò in ea, quae proposui, objicere, quòd Axiomata non sunt inter Notiones communes numeranda. Sed de hâc re non disputo. Verùm etiam de ipsorum veritate dubitas, imò quasi videris velle ostendere eorum contrarium magis esse vero simile. Sed attende, quaeso, ad definitionem, quam Substantiae, et Accidentis dedi, ex quâ haec omnia concluduntur. Nam cùm per Substantiam intelligam id, quod per se, et in se concipitur, hoc est, cujus conceptus non involvit conceptum alterius rei: per modificationem autem, sive per Accidens id, quod in alio est, et per id, in quo est, concipitur. Hinc clarè constat [14] Primò, quòd Substantia sit prior naturâ suis Accidentibus. Nam haec sine illâ nec existere, nec concipi possunt. Secundò quòd praeter Substantias, et Accidentia nihil detur realiter, sive extra intellectum. Nam quicquid datur, vel per se, vel per aliud concipitur, et ipsius conceptus vel involvit conceptum alterius rei, vel non involvit. Tertiò, quod res, quae diversa habent attributa, nihil habent inter se commune. Per attributum enim explicui id, cujus conceptus non involvit conceptum alterius rei. Quartò denique, quòd rerum, quae nihil commune habent inter se, una alterius causa esse non potest. Nam cùm nihil sit in effectu commune cum causâ, totum, quod haberet, haberet à nihilo. Quòd autem adfers, quòd Deus nihil formaliter commune habeat cum rebus creatis etc. ego prorsùs contrarium statui in meâ definitione. Dixi enim, Deum esse Ens constans infinitis attributis, quorum unumquodque est infinitum, sive summè perfectum in suo genere. Quòd autem adfers, in primam Propositionem; quaeso, mi amice, ut consideres homines non creari; sed tantùm generari, et quòd eorum corpora jam antea existebant, quamvis alio modo formata. Verùm hoc concluditur, quod libenter etiam fateor, scilicet quòd si una pars materiae annihilaretur, simul etiam tota Extensio evanesceret. Secunda autem Propositio non multos Deos facit; sed tantùm unum, scilicet constantem infinitis attributis etc.

é suficiente para explicar minha definição e demonstrar a terceira proposição. Em terceiro lugar, contra aquelas coisas que propus, passas a objetar que os axiomas não hão de ser numerados entre as noções comuns. Sobre essa questão não discuto. Mas também duvidas da verdade deles, e, mais ainda, pareces como que querer mostrar que é mais verossímil o contrário deles. Mas atenta, por favor, à definição que dei de substância e de acidente, da qual se concluem todas essas coisas. Pois enquanto por substância entendo aquilo que é concebido por si e em si, isto é, aquilo cujo conceito não envolve o conceito de outra coisa, por modificação ou acidente, todavia, entendo aquilo que é em outro e que é concebido por aquilo em que é. Daí consta claramente, em primeiro lugar, que a substância é por natureza an- [14] terior aos seus acidentes. Pois estes não podem existir nem ser concebidos sem ela. Segundo, que além das substâncias e dos acidentes nada se dá realmente, ou seja, fora do intelecto. Pois o que quer que se dê é concebido ou por si ou por outro, e seu conceito ou envolve o conceito de outra coisa ou não o envolve. Terceiro, que as coisas que possuem atributos diversos nada têm em comum entre si. Pois por atributo expliquei aquilo cujo conceito não envolve o conceito de outra coisa. Enfim, em quarto lugar, que de coisas que nada têm em comum entre si, uma não pode ser causa de outra. Pois, se no efeito nada há em comum com a causa, tudo que ele tivesse o teria do nada. Quanto ao que alegas depois, que Deus formalmente nada tem em comum com as coisas criadas etc., afirmei inteiramente o contrário em minha definição. De fato, disse que Deus é um ente que consiste de infinitos atributos, cada um dos quais é infinito, ou seja, sumamente perfeito em seu gênero. Quanto ao que alegas contra a primeira proposição, peço, meu amigo, que consideres que os homens não são criados, mas somente gerados, e que seus corpos já existiam antes, embora formados doutro modo. Porém, conclui-se, o que confesso de bom grado, que se uma parte da matéria se aniquilasse, desvanecer-se-ia simultaneamente a extensão toda. A segunda proposição, ademais, não faz muitos Deuses, mas somente um, a saber, que consiste de infinitos atributos etc.

[14]

Epistola V.

Clarissimo Viro
B. D. S.
HENR. OLDENBURGIUS.

Amice plurimùm colende,

Libellum, quem promiseram, en accipe, mihique tuum de eo judicium, imprimis circa ea, quae de Nitro, deque Fluiditate, [15] ac Firmitudine inserit Specimina, rescribe. Gratias tibi maximas ago pro eruditis tuis literis secundis, quas heri accepi. Doleo tamen magnopere, quòd iter tuum Amstelaedamense obfuerit, quò minùs ad omnia mea dubia responderis. Quod tum praetermissum quamprimùm per otium licuerit, expedias, oro. Multum quidem mihi lucis in posteriori hâc epistolâ affudisti, non tamen tantum, ut omnem caliginem dispulerit; quod tum, credo, fiet feliciter, quando distinctè, et clarè de verâ, et primâ rerum origine me instruxeris. Quamdiu enim perspicuum mihi non est, à quâ causâ, et quomodò res coeperint esse, et quo nexu à primâ causâ, si qua talis sit, dependeant; omnia, quae audio, quaeque lego, scopae mihi dissolutae videntur. Tu igitur, Doctissime Domine, ut facem hâc in re mihi praebeas, deque meâ fide, et gratitudine non dubites, enixè rogo, qui sum

Tibi addictissimus

HENR. OLDENBURG.

Londini 11/21 Octob. 1661.

Carta V

[14]

Ao claríssimo senhor
B. d. S.
HENR. OLDENBURG

Muito estimado amigo,

Eis o livrinho que eu prometera; recebe-o e escreve-me teu juízo sobre ele, sobretudo acerca daqueles ensaios que ele insere sobre o nitro, e sobre a fluidez e a firmeza. Dou-te os maiores agradeci- [15] mentos por tua segunda erudita carta, que ontem recebi. Todavia, lamento enormemente que tua viagem a Amsterdã te tenha obstado de responder a todas as minhas dúvidas. Peço que envies, assim que o ócio permitir, o que foi então deixado de lado. Certamente, na última carta, verteste muita luz sobre mim, mas não tanta a ponto de dissipar toda nebulosidade; creio que isso se fará com felicidade quando me tiveres instruído, de maneira distinta e clara, sobre a verdadeira e primeira origem das coisas. Com efeito, enquanto não me é perspícuo por que motivo e como as coisas começaram a ser e com que nexo elas dependem da causa primeira, se houver uma tal, todas as coisas que ouço e leio parecem-me vassouras soltas.[18] Assim, rogo com todas as forças que tu, doutíssimo senhor, mostres-me o caminho nesse assunto e não duvides de minha boa-fé e gratidão, eu que sou

Teu devotadíssimo
HENR. OLDENBURG.

Londres, 11/21 de outubro de 1661.

Epistola VI.

Continens Annotationes in librum
Nobilissimi Viri ROBERTI BOYLE,
De Nitro, Fluiditate, et Firmitate.

Viro Nobilissimo, ac Doctissimo
HENR. OLDENBURGIO
B. D. S.
Responsio ad Praecedentem.

Vir Clarissime,

Librum ingeniosissimi Boylii accepi, eumque, quantum per otium licuit, evolvi. Maximas tibi ago gratias pro munere hoc. Video me non malam antehac, cùm primum hunc mihi librum promiseras, fecisse conjecturam, nempe, te non nisi de re magni momenti sollicitum fore. Vis interim, Doctissime Domine, ut tibi meum tenue de iis, quae scripsit, judicium mittam, quod, ut mea fert tenuitas, faciam notando scilicet quaedam, quae mihi obscura, sive minùs demonstrata videntur, neque adhuc omnia propter occupationes, percurrere, multò minùs examinare potui. Quae igitur circa Nitrum etc. notanda reperio, sequentibus accipe.

DE NITRO.

Primò colligit ex suo experimento de redintegratione Nitri, Nitrum esse qui heterogeneum, constans ex partibus fixis, et volatilibus, cujus tamen natura (saltem quoad Phaenomena) valdè differt à naturâ partium, ex quibus componitur, quamvis ex solâ merâ mixturâ harum partium oriatur. Haec, inquam, conclusio, ut diceretur bona, videtur mihi adhuc requiri aliquod experimentum, quo ostendatur Spiritum Nitri non esse reverâ Nitrum, neque absque ope salis lixiviosi posse ad consistentiam reduci, neque crystallisari; vel ad minimum requirebatur inquirere, an salis fixi, quae in crucibulo manet quantitas,

Carta VI[19]

[15]

Contendo anotações sobre o livro
do nobilíssimo senhor ROBERT BOYLE,
Sobre o nitro, a fluidez e a firmeza[20]

Ao nobilíssimo e doutíssimo
HENR. OLDENBURG
B. D. S.
Resposta à precedente

Claríssimo senhor,
Recebi o livro do engenhosíssimo Boyle e o folheei tanto quanto
o ócio permitiu. Dou-te os maiores agradecimentos por esse presente.
Vejo que não fiz uma má conjectura antes, quando me prometeras [16]
pela primeira vez o livro, de que não estarias inquieto senão com um
assunto de grande importância. Nesse ínterim, doutíssimo senhor,
queres que eu envie meu fraco juízo sobre aquelas coisas que ele escreveu; eu o farei como permite minha fraqueza, notando algumas
coisas que me parecem obscuras ou menos demonstradas, e ainda
não pude, por causa de minhas ocupações, percorrer, muito menos
examinar todas. Assim, recebe na sequência as coisas que constato a
serem notadas acerca do nitro etc.

DO NITRO[21]

Em primeiro lugar, ele colige de seu experimento sobre a reintegração do nitro[22] que o nitro é algo heterogêneo, que consiste de
partes fixas e voláteis, cuja natureza, porém, (ao menos quanto aos
fenômenos) difere bastante da natureza das partes de que é composta,
ainda que se origine somente da mera mistura dessas partes. Para que
essa conclusão se dissesse boa, digo, parece-me ainda requerer algum
experimento pelo qual se mostre que o espírito de nitro[23] não é nitro [17]
realmente e que sem o auxílio do sal lixivioso[24] não pode ser reduzido
à consistência nem ser cristalizado; ou no mínimo requerer-se-ia
investigar se a quantidade de sal fixo que permanece no cadinho se

semper eadem ex eâdem quantitate Nitri, et ex majore secundum proportionem reperiatur. et quod ad id attinet, quòd Clarissimus Vir ait Sect. 9. se ope libellae deprehendisse, et etiam quòd Phaenomena spiritûs Nitri adeò sint diversa, imò quaedam contraria Phaenomenis ipsius Nitri, nihil, meo quidem judicio, faciunt ad confirmandam ejus conclusionem. Quod ut apparet, id, quod simplicissimum occurrit ad hoc de redindegratione Nitri explicandum, paucis exponam; simulque duo, aut tria experimenta admodùm facilia adjungam, quibus haec explicatio aliquo modo confirmatur. Ut itaque hoc Phaenomenon quàm simplicissimè explicem, nullam aliam differentiam inter spiritum Nitri, et ipsum Nitrum ponam, praeterquam eam, quae satis est manifesta; hanc scilicet, quòd particulae hujus quiescant, illius verò non parùm concitatae inter sese agitentur. et fixum sal quod attinet, id nihil facere ad constituendam essentiam Nitri supponam; sed ipsum, ut foeces Nitri, considerabo, à quibus

[18] neque ipse spiritus Nitri (ut reperio) liberatur; sed ipsi, quamvis confrictae, satis copiosè innatant. Hoc sal, sive hae faeces poros, sive meatûs habent excavatos ad mensuram particularum Nitri. Sed vi ignis, dum particulae nitrosae ex ipsis expellebantur, quidam angustiores evaserunt, et per consequens alii dilatari cogebantur, et ipsa substantia, sive parietes horum meatuum rigidae, et simul admodùm fragiles reddebantur; ideóque cum spiritus Nitri ipsi instillaretur, quaedam ipsius particulae per angustiores illos meatûs impetu se insinuare inceperunt, et cùm ipsarum crassities (ut à Cartesio non malè demonstratur) sit inaequalis, eorum rigidos parietes priùs flectebant, instar arcûs, antequam eos frangerent; cùm autem ipsos frangerent, illa fragmenta resilire cogebant, et suum, quem habebant motum, retinendo aequè ac antea ineptae manebant ad consistendum, atque crystallisandum; partes verò Nitri per latiores meatûs se insinuantes, quoniam ipsorum parietes non tangebant, necessariò ab aliquâ materiâ subtilissimâ cingebantur, et ab eâdem eodem modo, ac à flamma, vel calore partes ligni, sursum expellebantur et in fumum avolabant; at si satis copiosae erant,

encontra sempre a mesma a partir da mesma quantidade de nitro, e segundo uma proporção a partir de uma maior. E no que atina àquilo que, no parágrafo 9, o claríssimo senhor diz ter depreendido com o auxílio de uma pequena balança, e também ao fato de que os fenômenos do espírito de nitro são tão diversos dos fenômenos do próprio nitro e alguns até contrários a eles, a meu juízo nada oferecem para se confirmar a conclusão dele. Para que isso transpareça, exporei em poucas palavras o mais simples que me ocorre para explicar esse fenômeno da reintegração do nitro; e simultaneamente ajuntarei dois ou três experimentos bastante fáceis, com os quais essa explicação se confirma de algum modo. Assim, para explicar esse fenômeno com a maior simplicidade possível, nenhuma outra diferença entre o espírito de nitro e o próprio nitro porei além daquela que é suficientemente manifesta, a saber, que as partículas deste repousam, ao passo que as daquele agitam-se entre si não pouco excitadas. No que atina ao sal fixo, suporei que ele nada oferece para constituir a essência do nitro; considerá-lo-ei, porém, como as impurezas do nitro, das quais nem o próprio espírito de nitro (como encontro) está livre, mas, ainda que [18] friccionadas, sobrenadam-no com bastante abundância. Esse sal ou essas impurezas têm poros ou canais escavados à medida das partículas do nitro. Mas, quando as partículas de nitro eram deles expelidas pela força do fogo, alguns saíam mais estreitos, e, por conseguinte, outros eram forçados a se dilatar, e a própria substância ou as paredes desses canais se tornavam ao mesmo tempo rígidas e bastante frágeis; e, por isso, quando se instilava espírito de nitro nele, algumas de suas partículas começavam a se insinuar com ímpeto por aqueles canais mais estreitos; e visto que a espessura deles é desigual (como não é mal demonstrado por Descartes[25]), suas rígidas paredes primeiro fletiam, à guisa de arco, antes que quebrassem; mas quando quebravam, forçavam aqueles fragmentos a resilir e, retendo o movimento que tinham, permaneciam tão ineptos como antes a adquirir consistência e cristalizar; mas as partes do nitro que se insinuavam pelos canais mais largos, porquanto não tocavam as paredes deles, estavam necessariamente rodeadas por uma matéria sutilíssima, e por ela eram expelidas para cima e voavam através da fumaça do mesmo modo que as partes da madeira através da chama ou do calor; mas se eram suficientemente abundantes ou

[19] sive quòd cum fragmentis parietum, et cum particulis per angustiores meatûs ingredientibus congregarentur, guttulas componebant sursum volitantes. Sed si sal fixum ope[a*] aquae, vel aëris laxetur, languidiusque reddatur, tum satis aptum fit ad cohibendum impetum particularum Nitri, et eas cogendum, ut, quem habebant, motum amittant, atque iterum consistant, eodem modo, ac globus tormentarius, cùm arenae, aut luto impingit. In solâ hâc consistentiâ particularum Spiritûs Nitri, Nitri redintegratio consistit, ad quam efficiendum sal fixum, ut ex hac explicatione apparet, tanquam instrumentum adhibetur. Huc usque de redintegratione.

Videamus jam, si placet, primò, cur spiritus Nitri, et ipsum Nitrum sapore adeò inter se differant; secundò, cur Nitrum sit inflammabile, spiritus verò Nitri nullo modo. Ut primum intelligamus, advertendum est, quòd corpora, quae sunt in motu, nunquam aliis corporibus occurrant latissimis suis superficiebus; [20] quiescentia verò aliis incumbunt latissimis suis superficiebus: particulae itaque Nitri, si, cum quiescunt, linguae imponantur, ei incumbent latissimis suis superficiebus, et hoc modo ipsius poros obstruent, quae causa est frigoris; adde quòd salivâ non potest Nitrum dissolvi in particulas adeò minutas. Sed si, cùm hae particulae concitatè moventur, linguae imponantur, occurrent ipsi acutioribus superficiebus, et per ejus poros se insinuabunt, et quò concitatiùs moveantur, eò acriùs linguam pungent; eo modo ac acus, quae si linguae occurrat cuspide, aut sua longitudine ipsi incumbat, diversas oriri faciet sensationes.

Causa verò, cur Nitrum sit inflammabile, spiritus autem non item, est, quia, cùm particulae Nitri quiescunt, difficiliùs ab igne sursum ferri possunt, quàm cùm proprium versùs omnes partes habeant motum, ideóque, cùm quiescunt, tamdiu igni resistunt, donec ignis eas ab invicem separet, atque undequaque cingat; cùm verò ipsas cingit, huc illuc ipsas secum rapit, donec

---

[a*] *Si quaeris cur ex instillatione spiritûs Nitri in sal fixum dissòlutum ebullitio oriretur, lege notam in. §. 24.*

se se agregavam a fragmentos das paredes e a partículas que entravam [19] pelos canais mais estreitos, compunham gotículas que voavam para cima. Mas, se o sal fixo, com o auxílio da água ou do ar,[a*] relaxa e se torna mais mole, então é suficientemente apto a coibir o ímpeto das partículas de nitro e forçá-las a perder o movimento que tinham e adquirir consistência novamente, do mesmo modo que uma bala de canhão quando impinge à areia ou à lama. A reintegração do nitro consiste nessa só consistência das partículas do espírito de nitro, e, para que ela ocorra, emprega-se o sal fixo como instrumento, como transparece a partir dessa explicação. Até aqui, sobre a reintegração.

Vejamos agora, se te apraz, primeiro, por que o espírito de nitro e o próprio nitro diferem tanto entre si em sabor; segundo, por que o nitro é inflamável, e o espírito de nitro não o é de modo algum. Para entendermos o primeiro, há de se advertir que os corpos que estão em movimento nunca se chocam contra outros corpos com suas superfícies mais largas, mas os que repousam jazem sobre os outros com [20] suas superfícies mais largas; assim, se as partículas do nitro são postas na língua enquanto repousam, jazerão sobre ela com suas superfícies mais largas, e, desse modo, obstruirão seus poros, o que é a causa do frio; acrescenta-se que o nitro não pode ser dissolvido pela saliva em partículas tão diminutas. Mas, se essas partículas são postas na língua enquanto se movem excitadamente, chocar-se-ão contra ela com suas superfícies mais agudas e se insinuarão pelos poros dela; e quanto mais excitadamente se movem, mais agudamente pungirão a língua, ao modo de uma agulha que fará originarem-se sensações diversas se se choca contra ela de ponta ou jaz sobre ela seu comprimento.[26]

Mas o motivo pelo qual o nitro é inflamável, e não o é igualmente o espírito de nitro, é que, quando as partículas do nitro repousam, podem ser levadas para cima pelo fogo com mais dificuldade do que quando têm um movimento próprio para todas as partes; e por isso, quando repousam, resistem ao fogo até que ele as separe umas das outras e as rodeie de toda a parte; porém, quando as rodeia, arrasta-as consigo para cá e para lá até adquirirem um movimento próprio e saírem

---

[a*] *Se perguntas por que se originaria uma ebulição a partir da instilação de espírito de nitro em sal fixo dissoluto, lê nota no §24.*

proprium acquirant motum, et sursum in fumum abeant. Sed particulae spiritûs Nitri, cùm jam sint in motu, et ab invicem [21] separatae, à parvo calore ignis in majori spherae undequaque dilatantur, et hoc modo quaedam in fumum abeant, aliae per materiam, ignem suppeditantem, se insinuant, antequam flamma undiquaque cingantur; ideóque ignem potiùs extinguunt, quàm alunt.

Pergam jam ad experimenta, quae hanc explicationem comprobare videntur. Primum est, quòd reperi particulas Nitri, quae inter detonandum in fumum abeant, merum esse nitrum: nam, cùm semel atque iterum Nitrum liquefacerem, donec crucibulum satis incanduerit, atque prunâ micante incenderem, ejus fumum calice vitreo frigido excepi, donec ab ipso irroraretur, et postea halitu oris calicem etiam multa madefici, et tandem[b*] aëri eum frigido exposui, ut siccaretur. Quo facto hîc illic in calice stiriolae Nitri apparuerunt, et ut minus [22] suspicarer; id non ex solis particulis volatilibus fieri; sed quòd fortè flamma partes integras Nitri secum raperet, (ut secundùm Clarissimi Viri sententiam loquar) et fixas simul cum volatilibus, antequam dissolventur, ex se expelleret: hoc, inquam, ut minùs suspicarer, fumum per tubum ultra pedem longum, ut A, quasi per caminum adscendere feci, ut partes ponderosiores tubo adhaererent, et solas volatiliores, per angustius foraminulum B transeuntes, exciperem; et res, uti dixi, successit. Verùm neque hic subsistere volui; sed, ut rem ulterius examinerem, majorem quantitatem Nitri accepi, liquefeci, et prunâ micante incendi; atque, uti antea, tubum A crucibulo imposui, et juxta foramen B, quamdiu flamma duravit, frustulum speculi tenebam, cui materia quaedam adhaesit, quae aëri exposita liquescebat, et, quamvis aliquot dies exspectaverim, nullum Nitri effectum observare potui; sed, postquam spiritum Nitri affundebam, in Nitrum mutabatur. Ex quo videor posse concludere, primò quòd partes fixae inter liquandum à

[b*] *Cum haec experiebar, aër erat serenissimus.*

através da fumaça. Mas as partículas do espírito de nitro, quando já estão em movimento e separadas umas das outras, com pouco calor do fogo dilatam-se por toda a parte em uma esfera maior; e, desse modo, [21] algumas saem através da fumaça e outras se insinuam pela matéria que fornece o fogo, antes de serem rodeadas de toda a parte pela chama; e por isso extinguem o fogo melhor do que o alimentam.

Passarei agora aos experimentos que parecem comprovar essa explicação. O primeiro é que constatei que as partículas do nitro que saem através da fumaça ao serem detonadas são mero nitro; pois ao liquefazer o nitro uma e repetidas vezes até que o cadinho incandescesse suficientemente, e o acendia com um carvão incandescente, extraí sua fumaça com um cálice de vidro frio até que ele fosse irrorado por ela, e depois molhei mais ainda o cálice de vidro com o hálito da boca, e por fim o expus ao ar frio para que se secasse.[b*] Feito isso, pequenos sincelos de nitro apareceram aqui e ali no cálice; e para suspeitar menos que isso não ocorre a partir das partículas voláteis sozinhas, mas que talvez a chama arrastasse consigo partes inteiras do [22] nitro (para falar segundo a opinião do claríssimo senhor) e expelisse de si juntamente as fixas e as voláteis antes que fossem dissolvidas; repito, para suspeitar menos disso, fiz a fumaça ascender, como que por uma chaminé, por um tubo com mais de um pé de comprimento, como A, para que as partes mais pesadas aderissem ao tubo e eu retirasse sozinhas as mais voláteis, que passavam por um orifício mais estreito B; e a coisa sucedeu como eu disse. Porém, eu não quis parar por aqui; para examinar o assunto mais a fundo, tomei uma quantidade maior de nitro, liquefi-lo e o acendi com um carvão incandescente; e pus como antes o tubo A sobre o cadinho e, enquanto durou a chama, mantive junto ao orifício B um pedacinho de espelho, ao qual aderiu certa matéria que exposta ao ar liquefazia-se; e embora eu tenha esperado alguns dias, nenhum efeito do nitro pude observar; porém, depois que eu infundia espírito de nitro, ela transformava-se em nitro. A partir disso, vejo que se pode concluir, primeiro, que as partes fixas se separam das voláteis ao liquefazerem-se, e que a chama

---

[b*] *Quando eu experimentava essas coisas, o ar estava muito sereno.*

volatilibus separantur, et quòd flamma ipsas ab invicem
[23] dissociatas sursum pellit. Secundò quòd, postquam partes fixae
à volatilibus inter detonandum dissociantur, iterum consociari
non possunt: ex quo concluditur tertiò, quòd partes, quae calici
adhaeserunt, et in stiriolas coäluerunt, non fixae; sed tantùm
volatiles fuerunt.

Secundum experimentum, et quod ostendere
videtur partes fixas, non nisi faeces Nitri esse,
est; quod Nitrum, quò magis est defaecatum, eò
volatilius, et magis aptum ad crystallisandum reperio.
Nam cùm crystallos Nitri defaecati, sive filtrati,
poculo vitreo, qualis est A imponerem, et parum
aquae frigidae infunderem, simul cum aquâ illâ frigidâ partim
infunderem, simul cum aqua illa frigida partim evaporabat, et
sursum circa vitri labra particulae illae fugitivae haerebant, et
in stiriolas coälescebant.

Tertium experimentum, quod indicare videtur particulas
spiritûs Nitri, ubi suum motum amittant, inflammabiles reddi,
est. Guttulas spiritûs Nitri involucro chartaceo humido instillavi,
ac deinde arenam injeci, per cujus meatus spiritus Nitri continuò
se insinuabat, et postquam arena totum, aut ferè totum spiritum
[24] Nitri imbiberat, eam in eodem involucro super ignem probè
exsiccavi; quo facto arenam deposui, et chartam prunae micanti
apposui, quae statim, atque ignem apprehendebat, eodem modo
scintillabat, ac facere solet, cùm ipsum Nitrum imbiberit. Alia,
si mihi fuisset commoditas ulteriùs experiundi, his adjunxissem,
quae fortassis rem prorsùs indicarent; sed quia aliis rebus prorsùs
sum distractus in aliam occasionem, tuâ veniâ, differam, et ad
alia notanda pergam.

§. 5. Ubi Vir Clarissimus de figurâ particularum Nitri
obiter agit, culpat Modernos Scriptores, quòd ipsam perperam
exhibuerint, inter quos nescio, an etiam Cartesium intelligat: Eum
si intelligit, fortè ex aliorum dictis ipsum culpat. Nam Cartesius
non loquitur de talibus particulis, quae oculis conscipi queunt.
Neque puto Clarissimum Virum intelligere, quòd si stiriolae Nitri
abraderentur, donec in parallelepipeda, aut in aliam quamcunque

as impele para cima dissociadas umas das outras. Segundo, que depois que as partes fixas se dissociam das voláteis ao detonarem, não se podem [23] associar de novo; do que se conclui, em terceiro lugar, que as partes que aderiram ao cálice e coalesceram em pequenos sincelos não foram as fixas, mas somente as voláteis.

O segundo experimento, e que parece mostrar que as partes fixas não são senão impurezas do nitro, é que, quanto mais depurado está o nitro, constato-o mais volátil e mais apto a cristalizar. Pois, quando punha cristais de nitro depurado ou filtrado em um copo de vidro, como A, e lhe infundia um pouco de água fria, uma parte se evaporava junto com aquela água fria; e  aquelas partículas que fugiam para cima aderiam ao redor da borda de vidro e coalesciam em pequenos sincelos.

O terceiro experimento, que parece indicar que as partículas do espírito de nitro se tornam inflamáveis quando perdem seu movimento, é o seguinte. Instilei gotículas de espírito de nitro em um invólucro de papel úmido e em seguida joguei areia, por cujos canais o espírito de nitro se insinuava continuamente; e depois que a areia embebera o espírito de nitro todo ou quase todo, sequei-a bem sobre o fogo no mesmo invólucro; feito isso, tirei a areia e apus o papel a um carvão incandescente, que, tão logo pegou fogo, cintilou do [24] mesmo modo como costuma fazer quando está embebido do próprio nitro. Se me tivesse havido a comodidade de experimentar mais, teria ajuntado a estes experimentos outros que talvez indicassem o assunto por completo; mas porque estou inteiramente distraído com outros assuntos, eu os prorrogarei, com tua licença, para outra ocasião, e passarei a notar outras coisas.

§5. Quando o claríssimo senhor trata de passagem da figura das partículas do nitro, ele culpa de a terem exibido mal os escritores modernos, entre os quais não sei se ele também entende Descartes; se o entende, talvez o culpe a partir dos ditos de outros. Pois Descartes não fala de tais partículas que podem ser vistas com os olhos. E não penso que o claríssimo senhor entenda que os pequenos sincelos de nitro deixariam de ser nitro se os abradássemos até que se transformassem em paralelepípedos ou em outra figura que seja; mas talvez

figuram mutarentur, Nitrum esse desinerent; sed fortè Chymicos aliquos notat, qui nihil aliud admittunt, nisi quod oculis videre et manibus palpare possunt.

[25] §. 9. Si hoc experimentum accuratè potuisset fieri, prorsùs confirmaret id, quod concludere volebam ex primo suprà memorato experimento.

§. 13. Usque ad 18. conatur Vir Clarissimus ostendere, omnes tactiles qualitates pendêre à solo motu, figurâ, et caeteris mechanicis affectionibus, quas demonstrationes, quandoquidem à Clarissimo viro non tanquam Mathematicae proferuntur, non opus est examinare, an prorsùs convincant. Sed interim nescio, cur Clarissimus Vir hoc adeò sollicitè conetur colligere ex hoc suo experimento; cùm jam hoc à Verulamio, et postea à Cartesio satis superque demonstratum sit. Neque video, hoc experimentum luculentiora nobis praebere indicia, quàm alia satis obvia experimenta. Nam quod calorem attinet; an idem non aequè clarè apparet ex eo, quòd si duo ligna, quamvis frigida contra se invicem confricentur, flammam ex solo illo motu concipiant? quòd calx inspersâ aquâ incalescat? Ad sonum quod attinet, non video, quid in hoc experimento magis notabile reperiatur, quàm reperitur in aquae communis ebullitione, et in aliis multis. De Colore autem, ut tantùm probabilia adferam, nihil aliud dicam, nisi quòd videmus omnia virentia in tot, tamque diversos colores mutari. Porrò corpora, tetrum odorem spirantia, si agitentur, tetriorem spargunt odorem, et praecipuè si modicè incalescant. Denique vinum dulce in acetum mutatur, [26] et sic in multa alia. Quare haec omnia (^c*si libertate Philosophicâ uti liceat) supervacanea judicarem? *Hoc dico, quia verero, ne alii, qui Clarissimum Virum minùs, quàm par est, amant, perperam de ipso judicent.*

§. 24. De hujus Phaenomeni causâ jam locutus sum: hîc tantùm addo, me etiam experientiâ invenisse, guttulis illis salinis particulas salis fixi innatare. Nam cùm ipsae sursum volitabant, vitro plano, quod paratum ad id habeam, occurrebant, quod

---

^c* *in Epistolâ à me missâ haec consultò omisi.*

ele note alguns químicos que nada outro admitem a não ser o que podem ver com os olhos e apalpar com as mãos.

§9. Se esse experimento tivesse podido ser feito cuidadosamente, [25] confirmaria por inteiro aquilo que eu queria concluir do primeiro experimento acima recordado.

§13 até o §18. O claríssimo senhor se esforça em mostrar que todas as qualidades táteis dependem só do movimento, da figura e das demais afecções mecânicas; não é preciso examinar se essas demonstrações convencem por completo, visto que não são proferidas pelo claríssimo senhor como as matemáticas. Mas, nesse ínterim, não sei por que o claríssimo senhor se esforça em coligir isso tão inquietamente a partir de seu próprio experimento, quando isso já foi mais que suficientemente demonstrado por Verulâmio e depois por Descartes. E não vejo esse experimento nos apresentar indícios mais luzentes que outros bastante óbvios. Pois, no que atina ao calor, o mesmo não aparece com igual clareza a partir do fato de que duas madeiras, ainda que frias, se são friccionadas uma contra a outra, produzem uma chama a partir daquele só movimento? Que a cal aspergida com água se aquece? No que atina ao som, não vejo o que nesse experimento se encontre de mais notável do que na ebulição da água comum e em outras muitas coisas. Porém, sobre a cor, a fim de alegar somente coisas prováveis, nada outro direi a não ser que vemos todas as vegetações mudarem-se em tantas e tão diversas cores. Ademais, os corpos que exalam odor tétrico, se são agitados, espargem odor ainda mais tétrico, e principalmente se modicamente aquecidos. Finalmente, o vinho doce muda-se em vinagre, e assim outras muitas coisas. Por isso (se é lícito usar de liberdade filosófica [c*]), [26] eu julgaria supérfluas todas estas coisas. *Digo isso porque temo que outros, que apreciam o claríssimo senhor menos do que é justo, julguem mal sobre ele.*

§24. Já falei sobre a causa desse fenômeno; aqui somente acrescento que também descobri por experiência que as partículas de sal fixo sobrenadam aquelas gotículas salinas. Pois, quando estas voavam para cima, chocavam-se contra um vidro plano que eu havia preparado para isso, que aqueci de uma maneira qualquer para que

---

[c*] *Na carta enviada por mim, deixei de lado estas coisas propositadamente.*

utcunque calefeci, ut, quod volatile vitro adhaerebat, evolaret; quo facto materiam crassam albicantem vitro hic illic adhaerentem conspiciebam.

§. 25. In hâc §. videtur Clarissimus Vir velle demonstrare, partes alcalisatas, per impulsum particularum salinarum, huc illuc ferri; particulas verò salinas proprio impulsu se ipsas in aërem tollere. et ego in explicatione Phaenomeni dixi, quòd particulae Spiritûs Nitri concitatiorem motum acquirunt, eò [27] quòd, cùm latiores meatus ingrediuntur, necessariò à materiâ aliquâ subtilissimâ cingi debent, et ab eâdem, ut ab igne particulae ligni, sursum pelli; particulae verò alcalisatae suum motum acceperunt ab impulsu particularum Spiritûs Nitri per angustiores meatus se insinuantium. Hîc addo, aquam puram non adeò facilè solvere, atque laxare posse partes fixas: Quare non mirum est, quòd ex affusione Spiritûs Nitri in solutionem salis istius fixi in aquâ dissoluti talis ebullitio, qualem Vir Clarissimus §. 24. recitat, oriatur; imò puto hanc ebullitionem fervidiorem fore, quàm si Spiritus Nitri sali fixo adhuc intacto instillaretur. Nam in aquâ in minutissimas moleculas dissolvitur, quae faciliùs dirimi, atque liberiùs moveri possunt, quàm cùm omnes partes salis sibi invicem incumbunt, atque firmiter adhaerent.

§. 26. De sapore Spiritûs acidi jam locutus sum; quare de solo alcali dicendum restat. Id, cùm imponerem linguae, calorem, quem punctio sequebatur, sentiebam. Quod mihi indicat, quoddam genus calcis esse: eodem enim modo atque calx ope aquae, ità hoc sal ope salivae, sudoris, Spiritûs Nitri, et fortè etiam aëris humidi incalescit.

[28]   §. 27. Non statim sequitur, particulam aliquam materiae ex eo, quòd alii jungitur, novam acquirere figuram; sed tantùm sequitur ipsam majorem fieri, et id sufficit ad efficiendum id, quod in hac §. ab Clar. Viro quaeritur.

§. 33. Quid de ratione Philosophandi Clarissimi Viri sentiam, dicam, postquam videro eam Dissertationem, de quâ hîc, et in Commentatione Proaemiali pag. 23. mentio sit.

o volátil aderido ao vidro voasse; feito isso, eu avistava uma matéria espessa e esbranquiçada aderente aqui e ali no vidro.

§25. Nesse §, parece que o claríssimo senhor quer demonstrar que as partes alcalizadas são levadas aqui e ali pelo impulso das partículas salinas; já as partículas salinas, que se elevam elas mesmas no ar por impulso próprio. E eu disse na explicação do fenômeno que as partículas de espírito de nitro adquirem um movimento mais excitado, isso porque, quando entram em canais mais largos, devem ser necessariamente circundadas por alguma matéria sutilíssima e [27] por esta impelidas para cima, como as partículas de madeira o são pelo fogo; porém, as partículas alcalizadas receberam seu movimento do impulso das partículas de espírito de nitro que se insinuam pelos canais mais estreitos. Aqui acrescento que a água pura não dissolve nem relaxa tão facilmente as partes fixas; por isso, não é admirável que, a partir da aspersão de espírito de nitro na solução desse sal fixo dissolvido em água, origine-se uma ebulição tal qual o claríssimo senhor cita no §24; mais ainda, penso que essa ebulição será mais férvida do que se o espírito de nitro for instilado no sal fixo ainda intacto. Pois na água esse sal se dissolve em moléculas muito diminutas, que podem ser mais facilmente separadas e movidas com mais liberdade do que quando todas as suas partes jazem umas sobre as outras e se aderem com firmeza.

§26. Já falei do sabor do espírito ácido; por isso, resta dizer só sobre o do álcali. Quando eu o punha na língua, sentia um calor que se seguia a uma picada. O que me indica que é um certo gênero de cal; com efeito, do mesmo modo que a cal se aquece com o auxílio da água, esse sal se aquece com o auxílio da saliva, do suor, do espírito de nitro e talvez também do ar úmido.

§27. Não se segue de imediato que uma partícula da matéria, [28] do fato de se juntar a outra, adquire uma nova figura; mas somente se segue que ela se faz maior, e isso é suficiente para fazer o que é desejado pelo claríssimo senhor nesse §.

§33. O que penso sobre a maneira de filosofar do claríssimo senhor direi depois que eu tiver visto essa dissertação sobre a qual se faz menção aqui e na pág. 23 de "Um ensaio proemial".[27]

De FLUIDITATE.

§. 1. *Satis constat, annumerandas esse maxime generalibus affectionibus*, etc. Notiones ex vulgi usu factas, vel quae Naturam explicant, non ut in se est, sed prout ad sensum humanum refertur, nullo modo inter summa genera numerandas censerem, neque miscendas, (ne dicam confundendas) cum notionibus castis, et quae Naturam, ut in se est, explicant. Hujus generis sunt motus, quies, et eorum leges; illius verò visibile, invisibile, calidum, frigidum, et ut statim dicam, fluidum etiam, et consistens, etc.

[29] §. 5. *Prima est corporum componentium parvitas, in grandioribus quippe* etc. Quamvis corpora sint parva, superficies tamen habent (aut habere possunt) inaequales, asperitasque. Quare si corpora magna tali proportione moveantur, ut eorum motus ad eorum molem sit, ut motus minutorum corporum ad eorundem molem, fluida etiam essent dicenda, si nomen fluidi quid extrinsecum no significaret, et non ex vulgi usu tantùm usurparetur ad significanda ea corpora mota, quorum minutiae, atque interstitia humanum sensum effugiunt. Quare idem erit corpora dividere in fluida, et consistentia, ac in visibilia, et invisibilia.

Ibidem. *Nisi Chymicis experimentis id comprobare possemus.* Nunquam Chymicis, neque aliis experimentis, nisi demonstratione, et computatione, aliquis id comprobare poterit. Ratione enim, et calculo corpora in infinitum dividimus; et per consequens etiam Vires, quae ad eadem movendum requiruntur; sed experimentis nunquam id comprobare poterimus.

[30] §. 6. *Grandia corpora inepta nimis esse constituendis fluidis*, etc. Sive per fluidum intelligatur id, quòd modò dixi, sive non, res tamen per se est manifesta. Sed non video, quomodò Vir Clar. experimentis in hâc §. allatis id comprobet. Nam (quando de re certa dubitare volumus) quamvis ossa ad componendum Chylum, et similia fluida, sint inepta, fortè satis erunt apta ad novum quoddam genus fluidi componendum.

§. 10. *Idque dum eas minùs, quàm antea reddit flexiles, etc.* Sine ullâ partium mutatione, sed ex eo tantùm, quòd partes

Da FLUIDEZ

§1. *Consta suficientemente claro que hão de ser enumeradas entre as afecções mais gerais* etc. Considero que as noções feitas a partir do uso vulgar ou que explicam a natureza não como é em si, mas como se refere aos sentidos humanos, de nenhum modo haviam de ser enumeradas entre os sumos gêneros, nem misturadas (para não dizer confundidas) com as noções puras e que explicam a natureza como é em si. Deste gênero são o movimento, o repouso e suas leis; já as daquele são o visível, o invisível, o quente, o frio e, como logo direi, também o fluido e o consistente etc.

§5. *A primeira é a pequenez dos corpos componentes, pois nas maiores* [29] etc. Embora sejam pequenos, os corpos têm (ou podem ter) superfícies desiguais e asperezas. Por isso, se os corpos grandes se movem em uma tal proporção que o movimento deles está para a massa deles assim como o movimento dos corpos diminutos está para a massa destes, também haveriam de ser ditos fluidos, se o nome fluido não significasse algo extrínseco e não fosse tirado do uso vulgar somente para significar os corpos movidos, cujas minúcias e interstícios fogem aos sentidos humanos. Por isso, dividir os corpos em fluidos e consistentes será o mesmo que dividi-los em visíveis e invisíveis.

Mesmo lugar. *Se não pudéssemos comprová-lo com experimentos químicos.* Nunca alguém poderá comprová-lo com experimentos químicos, nem com outros, a não ser por demonstração e cálculo. Pois pela razão e pelo cálculo dividimos os corpos ao infinito e, por conseguinte, também as forças que são requeridas para que eles se movam; mas com experimentos nunca poderemos comprová-lo.

§6. *Os corpos grandes são demasiado ineptos para constituírem fluidos* [30] etc. Quer se entenda por fluido aquilo que eu disse há pouco, quer não, a coisa é contudo manifesta por si. Mas não vejo como o claríssimo senhor a comprove com os experimentos aduzidos nesse §. Pois (uma vez que queremos duvidar de uma coisa certa[28]), embora os ossos sejam ineptos para compor o quilo e fluidos similares, talvez sejam suficientemente aptos a compor algum novo gênero de fluido.

§10. *E isso enquanto os torna menos flexíveis que antes* etc. Sem mudança alguma das partes, mas somente a partir do fato de que as partes propulsadas no recipiente, que se separavam das demais, puderam

[31] in Recipiens propulsae à reliquis separabantur, in aliud corpus oleo solidius coagulari potuerant. Corpora enim vel leviora, vel ponderosiora sunt pro ratione fluidorum, quibus immerguntur. Sic particulae butyri, dum lacti innatant, partem liquoris componunt; sed postquam lac novum motum propter agitationem acquirit, cui omnes partes lac componentes non aequè se accommodare possunt, hoc solum facit, ut quaedam ponderosiores evadant, quae partes leviores sursum pellunt. Sed, quia hae leviores aëre ponderosiores sunt, ut cum ipso liquorem componant, ab ipso deorsum pelluntur, et quia ad motum ineptae sunt, ideo etiam solae liquorem componere non possunt, sed sibi invicem incumbunt, et adhaerent. Vapores etiam, cùm ab aëre separantur, in aquam mutantur, quae respectu aëris consistens potest dici.

§. 13. *Atque exemplum potiùs peto à Vesicâ, per aquam distentâ, quam à vesicâ aëre plenâ,* etc. Cùm aquae particulae semper quaquaversum indefinenter moveantur, perspicuum est, si à corporibus circumjacentibus non cohibentur, eam quaquaversum dilatatam iri; porrò quid vesicae aquâ plenae distentio juvet ad sententiam de spatiolis confirmandam,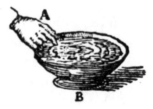
[32] fateor me nondum posse percipere: ratio enim, cur particulae aquae lateribus vesicae digito pressis non cedant, quod aliàs, si liberae essent, facerent, est; quia non datur aequilibrium, sive circulatio, uti datur, cùm corpus aliquod, putà digitus noster à fluido, sive aquâ cingitur. Sed quantumvis aqua à vesicâ prematur, ejus tamen particulae lapidi, vesicae etiam incluso, cedent eodem modo, ac extra vesicam facere solent.

§. Eâdem. *Daturne aliqua materiae portio?* Affirmativa statuenda, nisi malumus progressum in infinitum quaerere, aut (quo nîl absurdius) concedere dari vacuum.

§. 19. *Ut liquoris particulae ingressum in poros illos reperiant, ibique detineantur (quâ ratione,* etc.) Hoc non est absolutè affirmandum de omnibus liquoribus

coagular-se em outro corpo mais sólido que o óleo. Com efeito, os corpos são mais leves ou mais pesados em razão do fluido em que estão imersos. Assim, as partículas de manteiga, enquanto sobrenadam o leite, compõem parte do liquor; mas, por causa da agitação, o leite adquire um novo movimento, ao qual não se podem acomodar por igual todas as partes componentes; isto sozinho faz com que algumas fiquem mais pesadas e impilam as partes mais leves para cima. Mas porque essas mais leves são mais pesadas do que o ar para comporem [31] com ele um liquor, são por ele impelidas para baixo; e porque são ineptas para o movimento, também não podem compor sozinhas um liquor, mas jazem e se aderem umas às outras. Os vapores também, quando se separam do ar, mudam-se em água, a qual, a respeito do ar, pode ser dita consistente.

§13. *E tomo o exemplo de uma bexiga distendida com água, de preferência ao de uma bexiga cheia de ar etc.* Como as partículas da água sempre se movem incessantemente para todos os lados, é perspícuo, se não são coibidas por corpos circunjacentes, que ela se dilatará[29] 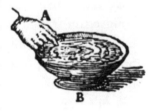 para todos os lados; além disso, confesso ainda não poder perceber em que a distensão de uma bexiga cheia d'água ajuda a confirmar a posição sobre os pequenos espaços; com efeito, a razão por que as partículas de água, pressionadas com o dedo, não cedem para os lados da bexiga, o que diferentemente fariam [32] se fossem livres, é que não se dá um equilíbrio ou uma circulação como se dá quando algum corpo, nosso dedo por exemplo, é circundado por um fluido ou pela água. Mas, por mais que a água seja pressionada pela bexiga, suas partículas cederão a uma pedra também inclusa na bexiga do mesmo modo como costumam fazer fora da bexiga.

Mesmo §. *Dá-se alguma porção de matéria?* Há de se sustentar a afirmativa, a não ser que prefiramos procurar um progresso ao infinito, ou (para que nada seja mais absurdo) conceder que se dá o vácuo.

§19. *Para que as partículas do liquor encontrem entrada naqueles poros e ali se detenham (de que maneira etc.).* Isso não há de ser afirmado absolutamente sobre todos os liquores que encontram entrada nos poros

ingressum in poros aliorum invenientibus. Particulae enim Spiritûs Nitri, si poros albae chartae ingrediantur, eam rigidam, ac friabilem reddunt; quod experiri licebit, si capsulae ferrae candenti, ut A, guttulae aliquot infundantur, et fumus per involucrum chartaceum, ut B propellatur. Porrò ipse Spiritus Nitri corium madefacit, non verò humectat; sed contrà ipsum, sicuti etiam ignis, contrahit.

§. Eâdem. *Quas cum natura et volatui, et natatui, etc.* Causam à fine petit.

§. 23. *Quamvis eorundem motus rarò à nobis concipiatur. Cape*
[33] *igitur,* etc. Sine hoc experimento, et sine ullo dispendio res satis apparet ex eo, quòd halitus oris, qui tempore hyemali satis conspicitur moveri, tempore tamen aestatis, aut in hypocaustis conspici à nobis non potest. Porrò si tempo aestatis aura subito frigescat, vapores ex aquâ adscendentes, cùm propter novam densitatem aëris non possint, uti antequam frigesceret, per ipsum adeò facilè dispergi, denuò super aquae superficiem tantâ copiâ congregantur, ut à nobis satis conspici queant. Porrò motus saepe tardior est, ut à nobis conspiciatur, ut ex gnomone, et umbrâ Solis colligere possumus, et saepissimè celerior est, quàm ut à nobis conspiciatur, ut videre est in fomento ignito, dum aliquâ celeritate circulariter movetur; ibi nempe imaginamur, partem ignitam in omnibus locis peripheriae, quam motu suo describit, quiescere: quorum causas hîc redderem, nisi id supervacaneum judicarem. Denique, ut hoc obiter dicam, sufficit, ad naturam fluidi in genere intelligendum, scire, quòd possumus manum nostram motu fluido proportionato versùs omnes partes sine ullâ resistentiâ movere, ut satis manifestum est iis, qui ad Notiones illas, quae Naturam, ut in se est, non verò ut ad
[34] sensum humanum relatam, explicant, satis attendunt. Neque ideò hanc historiam tanquam inutilem despicio; sed contrà si de unoquoque liquore quàm accuratissimè, et summâ cum fide fieret, ipsam utilissimam judicarem ad eorum peculiares differentias intelligendum, quae res, ut summè necessaria, omnibus Philosophis maximè desideranda.

de outros. Com efeito, se as partículas do espírito de nitro entram nos poros do papel branco, elas o tornam rígido e quebradiço; o que será lícito experimentar se algumas gotículas são infundidas em uma cápsula de ferro incandescente, como A, e a fumaça é propelida por um invólucro de papel, como B. Além disso, o próprio espírito de nitro molha o couro, e não o umedece; mas, ao contrário, contrai-o assim como o fogo.

Mesmo §. *As quais, visto que a natureza destinou*[30] *tanto ao voo quanto ao nado etc.* Ele tira a causa a partir do fim.

§23. Ainda que o movimento deles raramente seja visto por nós. Toma então etc. Sem esse experimento e sem nenhum dispêndio, a coisa [33] transparece suficientemente a partir do fato de que o hálito da boca, que no inverno se vê suficientemente mover-se, todavia no verão ou em hipocaustos não pode ser visto por nós. Ademais, se no verão a brisa se esfria subitamente, os vapores que ascendem da água – já que por causa da nova densidade do ar não se podem dispersar por ele tão facilmente como antes que ele se esfriasse – agregam-se de novo sobre a superfície da água com tanta abundância que podem ser suficientemente vistos por nós. Além disso, o movimento é frequentemente muito lento para ser visto por nós, como podemos coligir a partir do gnômon e da sombra do sol; e é frequentissimamente muito rápido para ser visto por nós, como se vê em uma tocha acesa enquanto é movida circularmente com certa velocidade; ali certamente imaginamos que a parte acesa repousa em todos os pontos da periferia que descreve seu movimento; dessas coisas eu daria aqui as causas se não o julgasse supérfluo. Por fim, para dizê-lo de passagem, é suficiente saber, a fim de entender a natureza dos fluidos em geral, que podemos mover nossa mão, com um movimento proporcionado ao fluido para todas as partes, sem resistência alguma, como é bastante manifesto para aqueles que atentam às noções que explicam a natureza como é em si, e não como relacionada aos sentidos [34] humanos. E por isso não desprezo essa história como inútil; mas se, ao contrário, fosse feita sobre cada liquor o mais cuidadosamente possível e com suma confiabilidade, eu a julgaria utilíssima para entender as diferenças peculiares deles, assunto que há de ser maximamente desejado como sumamente necessário por todos os filósofos.

De FIRMITATE.

§. 7. *Catholicis Naturae legibus* <overëen te konnen>. Est demonstratio Cartesii; nec video Cl. Virum aliquam genuinam demonstrationem ab experimentis, vel observationibus desumptam in medium adferre.

Multa hîc, et in sequentibus notaveram; sed postea vidi Cl. Virum se ipsum corrigere.

§. 16. et *semel quadringentas et triginta duas* <onçen>. Si cum pondere argenti vivi tubo inclusi conferatur, proximè ad verum pondus accedit. Verum haec examinare, ut simul habeatur, quoad fieri potest, ratio inter impulsionem aëris ad latera, sive secundùm lineam Horizonti parallelam, et inter illam, quae sit secundùm lineam Horizonti perpendicularem, operae pretium ducerem, et puto hoc modo posse fieri.

[35] Sit in Fig. 1. CD speculum planum probissimè levigatum. A B duo marmora se immediatè tangentia; marmor A alligatum sit denti E, B verò chordae N alligatum, T est trochlea, G pondus, quod ostendet vim, quae requiritur ad divellendum marmor B à marmore A secundùm lineam Horizonti parallelam.

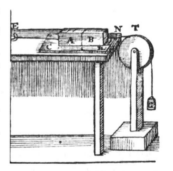

[36] In Fig. 2. F sit filum sericum satis robustum, quo marmor B pavimento alligatur, D trochlea, G pondus, quod ostendet vim, quae requiritur ad divellendum marmor A ab marmore B secundùm lineam horizonti perpendicularem. <nec opus est haec fusius explicare. His habes, amicissime, quae huc usque notanda reperio in specimen Domini Boyli. quod ad primas tuas quaestiones attinet, cum meas ad ipsas responsiones percurro nihil video me omisisse. et si forte (ut soleo propter verborum penuriam) aliquid obscure potui, quaeso ut id mihi indicare digneris. dabo operam ut ipsa clarius exponam quod autem

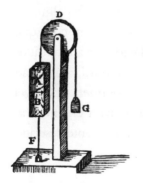

Da FIRMEZA

§7. *<Consonante> às leis católicas*[31] *da natureza.* É a demonstração de Descartes; e não vejo o claríssimo senhor trazer à vista nenhuma demonstração genuína, deduzida de experimentos ou observações.

Aqui e nos seguintes eu notara muitas coisas, mas depois vi que o claríssimo senhor corrige a si mesmo.

§16. *E uma vez quatrocentas e trinta e duas <onças>.* Se se compara o peso do mercúrio incluso no tubo, chega muito próximo do peso verdadeiro. Porém, considero que valeria a pena examinar essas coisas, o quanto possível, para que, ao mesmo tempo, seja obtida a razão entre a impulsão do ar nos lados, ou seja, segundo a linha paralela ao horizonte, e aquela que há segundo a linha perpendicular ao horizonte; e penso que pode ser feito deste modo.

Seja, na fig. 1, CD um espelho plano muito bem polido; A e B dois mármores que se tocam imediatamente. Esteja o mármore A ligado ao dente E, e B ligado à corda N; T é uma roldana, G um peso que mostrará a força que se requer para separar o mármore B do mármore A segundo uma linha paralela ao horizonte.

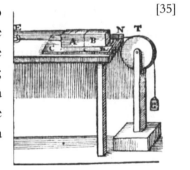

[35]

Na fig. 2, seja F um fio de seda suficientemente robusto, pelo qual o mármore B se liga ao chão, D uma roldana, G um peso que mostrará a força que se requer para separar o mármore B do mármore A segundo uma linha perpendicular ao horizonte.[32] <E não é preciso explicar mais amplamente essas coisas. Com isso, amicíssimo, tens até aqui as coisas que constato serem notadas sobre o ensaio do senhor Boyle. No que atina às tuas primeiras questões, quando percorro minhas respostas a elas, nada vejo que eu tenha deixado de lado. E se acaso pus algo de maneira obscura (como costumo, por causa da penúria de palavras), peço que te dignes a indicá-lo a mim. Dar-me-ei ao trabalho de expô-lo

[36]

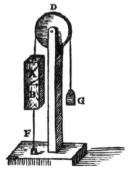

ad novam tuam quaestionem attinet. quomodo scil. res coeperint esse, attinet. quomodo scil. res coeperint esse, et quo nexu a prima causa dependeant: de hac re et etiam de emendatione intellectus integrum opusculum composui, in cujus descriptione, et emendatione occupatus sum. Sed aliquando ab opere desisto. quia nondum ullum certum habeo consilium circa ejus editionem, timeo nimirum ne theologi nostri temporis offendantur, et quo solent odio, in me, qui rixas prorsus horreo, invehantur. tuum invehantur. tuum circa hanc rem consilium spectabo. et, ut scias quid in meo hoc opere contineatur, quod concionatoribus offendiculo esse possit. dico quod multa attributa quae ab iis et ab omnibus mihi saltem notis deo tribuuntur; ego tanquam creaturas considero. et contra alia, propter praejudicia ab iis tanquam creaturas consideratas, ego attributa dei esse et ab ipsis male intellecta fuisse contendo. et etiam quod Deum a natura non ita separem ut omnes, quorum apud me est notitia, fecerunt. tuum itaque consilium specto. te nempe ut fidelissimum amicum aspicio de cujus fide nefas esset dubitare. vale interim et ut cepisti me amare perge qui sum

tuus ex asse

Benedictus Spiñoza.>

mais claramente. No que atina à tua nova questão, a saber, como as coisas começaram a ser e com que nexo dependem da causa primeira, compus sobre esse assunto e também sobre a emenda do intelecto um opúsculo inteiro,[33] em cuja redação e emenda estou ocupado. Mas às vezes desisto da obra, porque ainda não tenho nenhuma decisão certa acerca de sua publicação. De fato, temo que os teólogos de nosso tempo se ofendam e invistam contra mim, eu que tenho completo horror a rixas, o ódio com que estão acostumados. Esperarei teu conselho acerca desse assunto, e para saberes o que está contido nessa minha obra que possa ser um empecilho aos pregadores, direi que considero como criaturas muitos atributos que, por eles e pelo menos por todos os conhecidos por mim, são atribuídos a Deus; e, ao contrário, outros que, por causa de preconceitos, são considerados por eles como criaturas, eu sustento que são atributos de Deus e que foram mal entendidos por eles; e também não separo Deus da natureza, tal como fizeram todos de que tenho notícia. Espero, pois, teu conselho. Decerto, considero-te um fidelíssimo amigo, de cuja boa-fé seria um crime duvidar. Nesse ínterim, passa bem, e tal como começaste, continua a me apreciar, eu que sou

inteiramente teu

Bento de Espinosa.>

Epistola VII.

[37]

Clarissimo Viro
B. D. S.
HENRICUS OLDENBURGIUS.

Ante septimanas sat multas, Vir Clarissime, gratissimam tuam epistolam, in Boylii librum doctè animadvertentem, accepi. Ipse Auctor unà mecum maximas tibi pro meditationibus communicatis gratias agit, idque citiùs significâsset, nisi eum spes tenuisset, se negotiorum, quibus oneratur, mole tam brevi temporis spatio potuisse levari, ut unà cum gratiis etiam responsionem suam eâdem operâ potuisset remittere. Verùm enim verò spe suâ se hactenus frustratum sentit, negotiis tum publicis tum privatis eum ità distrahentibus, ut hâc vice non nisi gratum suum animum tibi testari queat; suam verò de Notis tuis sententiam in aliud tempus differre cogatur. Accedit, quòd duo Adversarii scriptis excusis eum sunt adorti, quibus, ut primo quoque tempore respondeat, obstrictum se arbitratur. Ea verò Scripta non in Commentationem de Nitro, sed in libellum ejus alium, Experimenta Pneumatica, Aërisque Elaterem probantia, continentem, vibrantur. Quàmprimùm laboribus hisce se expediverit, de tuis etiam Exceptionibus mentem suam tibi aperiet; at interea temporis rogat, ne moram hanc sinistrè interpreteris.

Collegium illud Philosophantium, de quo coram apud te mentionem injeceram, jam Regis nostri gratia in Societatem Regiam conversum est, publicoque Diplomate munitum, quo ipsi insignia Privilegia conceduntur, spesque egregia suppeditatur reditibus necessariis id ipsum locupletandi.

Omninò consulerem tibi, ut, quae pro ingenii tui sagacitate doctè, tum in Philosophicis, tum Theologicis concinnasti, Doctis non invideas; sed in publicum prodire sinas, quicquid Theologastri oggannire poterint. Liberrima est Respublica [38] vestra, liberrimè in eâ philosophandum: tua interim ipsius prudentia tibi suggeret, ut conceptûs tuos, tuamque sententiam,

Carta VII

[37]

Ao claríssimo senhor
B. d. S.
HENRY OLDENBURG

Claríssimo senhor, há muitas semanas recebi tua gratíssima carta, trazendo doutamente as observações sobre o livro de Boyle. Junto comigo, o próprio autor te dá os maiores agradecimentos pelas meditações comunicadas, e o teria indicado mais rapidamente se não tivesse tido a esperança de poder, em tão curto intervalo de tempo, aliviar-se da carga de ocupações com que se onera, para poder remeter sua resposta junto com os agradecimentos. Mas, na verdade, ele se sente frustrado em sua esperança até agora, estando tão distraído com ocupações, tanto públicas como privadas, que desta vez não é capaz senão de testemunhar sua gratidão a ti; e é forçado a diferir para outro momento sua opinião sobre tuas notas. Acrescenta-se que dois adversários o atacaram em escritos impressos, aos quais julga-se obrigado a responder na primeira oportunidade. Mas esses escritos não são brandidos contra o ensaio sobre o nitro, mas contra outro livrinho dele, contendo os experimentos pneumáticos que provam a elasticidade do ar.[34] Tão logo ele se tiver livrado desses trabalhos, também exporá a ti seu pensamento sobre tuas reservas; mas, nesse ínterim, roga-te que não interpretes mal essa demora.

Aquele Colégio de Filosofantes, que eu mencionara a ti, foi agora, com a graça de nosso rei, convertido em Sociedade Real e munido de um diploma público, pelo qual lhe são concedidos insignes privilégios e lhe é fornecida a notável esperança de prover-se dos rendimentos necessários.[35]

Eu aconselharia totalmente que não prives os doutos das coisas que, de acordo com a sagacidade do teu engenho, doutamente compuseste, tanto em assuntos filosóficos como em teológicos; mas deixes vir a público tudo contra o que os teologastros poderão rosnar. Vossa República é muito livre para nela filosofar muito livremente; [38] nesse ínterim, tua própria prudência te sugerirá que apresentes o mais

quàm poteris modestissimè, prodas, de reliquo eventum Fato committas. Age igitur, Vir optime, metum omnem expectora nostri temporis homunciones irritandi; satis diu ignorantiae, et nugis litatum; vela pandamus verae scientiae, et Naturae adyta penitiùs, quàm hactenus factum, scrutemur. Innoxiè, putem, meditationes tuae apud vos excudi poterunt, nec ullum earum inter Sapientes offendiculum verendum. Hos igitur si Patronos et Fautores inveneris, (ut omninò te inventurum spondeo) quid Momum ignorantem reformides. Non te missum faciam, Amice honorande, quin te exoravero, nec unquam, quantum quidem in me est, concedam, ut Cogitata tua, quae tanti sunt ponderis, aeterno silentio premantur. Magnopere rogo, ut quid super hâc re consilii capies, mihi significare, quàm primùm commodè potes, non graveris. Occurrent hîc forte talia, quae cognitione tuâ non indigna erunt. Praedicta quippe Societas institutum suum nunc acriùs urgebit, et forsan, dummodo Pax in hisce oris perennet, Rempublicam Literariam non vulgariter ornabit. Vale, Vir eximie, meque crede

Tui Studiosissimum, et Amicissimum
Henr. Oldenburg.

moderadamente que puderes teus conceitos e tua opinião; sobre o restante, confies o resultado ao fado. Eia, pois, boníssimo homem, expulsa todo o medo de irritar os homúnculos do nosso tempo, há bastante tempo aplacado pela ignorância e pelas ninharias; estendamos as velas do verdadeiro conhecimento e perscrutemos os áditos da natureza mais profundamente do que se fez até o momento. Penso que tuas meditações poderão ser publicadas por vós inofensivamente e que não há de temer empecilho algum a elas entre os sábios. Portanto, se encontrares estes como patronos e fautores (como garanto totalmente que encontrarás), que momo ignorante receias? Honrado amigo, não te deixarei sem te implorar e, o quanto está em minhas forças, nunca concederei que teus pensamentos, que são de tanta importância, sejam condenados ao silêncio eterno. Rogo com força que, tão logo comodamente possas, não te acanhes em me indicar que decisão tomarás sobre esse assunto. Ocorrerão talvez aqui coisas que não serão indignas de teu conhecimento. Pois agora a predita Sociedade urgirá mais energicamente seu plano e quiçá, desde que a paz nestas regiões perdure, não ornará de maneira vulgar a República das Letras.[36] Passa bem, exímio senhor, e crê-me

Teu devotadíssimo e amicíssimo
HENR. OLDENBURG.

[48]

Epistola XI.

Clarissimo Viro
B. D. S.
HENRICUS OLDENBURGIUS.
Responsio ad Epistolam VI.

Praestantissime Vir, Amice Charissime,

Multa equidem afferre possem, quae diuturnum meum silentium apud te excusarent; sed ad duo capita causas illius reducam, invaletudinem scilicet Nobilissimi Boylii, et meorum negotiorum turbam. Illa impedimento fuit, quò minòs ad tuas in Nitrum Animadversiones citiùs respondere valuerit Boylius; haec adeò me districtum tenuere per plurimos menses, ut mei vix juris fuerim, proindeque nec officio illo defungi potuerim, ad quod me tibi obstrictum profiteor. Gestit animus, amotum esse (pro tempore saltem) utrumque obstaculum, ut meum cum tanto Amico commercium instaurare liceat. Id equidem nunc facio maximâ cum lubentiâ; statque animus (favente Numine) omni modo cavere, ne deinceps consuetudo nostra litteraria tamdiu interrumpatur.

Caeterùm priusquam de iis tecum agam, quae tibi et mihi privatim intercedunt, expediam illa, quae D. Boylii nomine tibi debentur. Notas, quas in Chymico-Physicum illius Tractatulum concinnaveras, sueta sibi humanitate excepit, tibique maximas pro Examine tuo gratias rependit. Interim moneri te cupit, propositum sibi non tam fuisse ostendere, verè Philosophicam, perfectamque hanc esse Nitri Analysin, quàm explicare vulgarem, et in Scholis receptam de Formis Substantialibus, et Qualitatibus doctrinam infirmo talo niti, specificasque
[49] rerum differentias, quas vocant, ad partium magnitudinem, motum, quietem, et situm posse revocari. Quo praenotato, Auctor porrò ait, Experimentum suum de Nitro satis superque docere, Nitri corpus universum in partes, à se invicem, et ab ipso toto discrepantes, per Analysin Chymicam abiisse; postea verò ità rursum ex iisdem coäluisse, et redintegratas fuisse, ut

Carta XI [48]

Ao claríssimo senhor
B. D. S.
HENRY OLDENBURG
Resposta à carta VI

Prestantíssimo senhor, caríssimo amigo,
Poderia alegar muitas coisas que escusassem meu diuturno silêncio perante ti, mas reduzirei as causas dele a duas principais, a saber, a má saúde do nobilíssimo Boyle e a turba de ocupações minhas. Aquela impediu que Boyle fosse capaz de responder mais rapidamente às tuas observações ao nitro; estas, por vários meses, mantiveram-me tão preso, que mal fui dono de mim, e por conseguinte não pude cumprir com o dever ao qual me professo obrigado a ti. Meu ânimo exulta que ambos os obstáculos tenham sido removidos (ao menos por um tempo), para ser lícito instaurar meu comércio com tão grande amigo. Faço-o agora com o maior prazer, e é firme meu ânimo de cuidar de todo modo (com a ajuda da divindade) para que nosso costume epistolar não seja depois interrompido por tão longo tempo.

Mas, antes de tratar contigo sobre as coisas que interessam a ti e a mim particularmente, exporei aquelas que se devem em nome do Sr. Boyle. Ele recebeu, com sua habitual humanidade, as notas que compuseras para o pequeno tratado químico-físico dele, e retribui a ti os maiores agradecimentos por teu exame. Entrementes, deseja que sejas advertido de que o propósito para si foi não tanto mostrar que a análise do nitro é verdadeiramente filosófica e perfeita, mas explicar que a doutrina comum sobre as formas substanciais e as qualidades, aceita nas Escolas, apoia-se em um frágil caniço, e que as diferenças das coisas que chamam específicas podem ser renomeadas magnitu- [49] de, movimento, repouso e posição das partes. Notado isso antes, o autor diz, ademais, que seu experimento sobre o nitro ensina mais que suficientemente, por análise química, que o corpo geral do nitro separou-se em partes discrepantes umas das outras e do próprio todo, mas que depois coalesceram de volta e foram reintegradas a partir de si mesmas, de maneira que pouco foi perdido do peso primitivo.

parum fuerit de pristino pondere desideratum. Addit verò se ostendisse, rem ipsam ità se habere; de rei autem modo, quem tu conjectari videris, non egisse, nec de eo quicquam, cùm praeter institutum ejus fuerit, determinasse. Quae tu interim de modo supponis, quodque sal Nitri fixum, tanquam faeces ejus, consideras, caeteraque talia, ea à te affertur, has faeces, sive hoc sal fixum meatûs habere ad mensuram particularum Nitri excavatos, circa id notat Auctor noster, salem cinerum clavellatorum, (*Belgicè potasch*) cum spiritu Nitri Nitrum aequè constituere, ac Spiritum Nitri cum proprio suo sale fixo: Unde liquere putat, similes reperiri poros in ejusmodi corporibus, unde Nitrosi Spiritûs non extruduntur. Nec videt Auctor illum materiae subtilissimae, quam adstruis, necessitatem ex ullis Phaenomenis probatam; sed ex solâ vacui impossibilitatis Hypothesi assumptam.

Quae de causis differentiae saporis inter Spiritum Nitri, et Nitrum ipsum disseris, ferire se Auctor negat: quòd verò de Nitri inflammabilitate, et Spiritûs Nitri ἀφλογία tradis, Cartesii de Igne doctrinam supponere ait, quam sibi necdum satisfecisse testatur.

Quod ad Experimenta spectat, quibus tuam Phaenomeni explicationem comprobari putas; respondet Auctor, primò Spiritum Nitri, Nitrum quidem esse materialiter, formaliter nequaquam, cùm qualitatibus, et virtutibus quàm maximè differant, sapore scilicet, odore, volatilitate, potentiâ solvendi metalla, colores vegetabilium mutandi, etc. Secundò, quòd coire ais particulas quasdam sursum latas in Crystallos Nitri, id ex eo fieri statuit, quòd partes nitrosae unà cum Spiritu Nitri per ignem protruduntur, quemadmodum in fuligine contingit. Tertiò, quòd de defaecationis effectu affers, ei respondet Auctor, istâ [50] defaecatione ut plurimùm liberari Nitrum à sale quodam, sal commune referente: ascensum verò in stiriolas communem illi esse cum aliis salibus, et ab aëris pressione, aliisque quibusdam causis, aliàs dicendis, nilque ad praesentem Quaestionem facientibus, dependere. Quartò, quòd dicis de Experimento tuo tertio, idem fieri ait Auctor etiam cum aliis quibusdam salibus; asserens, chartam actu inflammatam particulas rigidas, et solidas, quae

Ele acrescenta que mostrou a própria coisa comportar-se assim, mas que não tratou da questão do modo como tu pareces conjecturar, nem determinou o que quer que seja sobre isso, já que estava além do seu plano. Entrementes, as coisas que supões sobre o modo, e o fato de considerares o sal fixo de nitro como impurezas dele e demais coisas assim, ele julga-as gratuitamente ditas e não provadas por ti; e acerca do que é alegado por ti, que essas impurezas ou esse sal fixo possuem canais escavados à medida das partículas do nitro, nota nosso autor que o sal de cinzas clavelatas[37] (em holandês, *potasch*),[38] com o espírito de nitro, constitui tanto o nitro quanto o espírito de nitro com seu próprio sal fixo. Donde ele pensa ser claro encontrarem-se poros similares em corpos desse tipo, donde espíritos nitrosos não são expulsos. E aquele autor não vê provada com fenômeno nenhum aquela necessidade de uma matéria sutilíssima que asseguras, mas assumida pela só hipótese da impossibilidade do vácuo.

O autor nega ferirem-no as coisas que dizes sobre as causas da diferença de sabor entre o espírito de nitro e o próprio nitro; mas quanto ao que dizes sobre a inflamabilidade do nitro e a $\alpha\varphi\lambda o\gamma\iota\alpha$[39] do espírito de nitro, ele diz que supões a doutrina de Descartes sobre o fogo,[40] a qual atesta que ainda não o satisfez.

No que respeita aos experimentos com os quais pensas que tua explicação do fenômeno se comprova, o autor responde, primeiro, que o espírito de nitro de fato é nitro materialmente, mas, de maneira nenhuma, formalmente, visto que diferem o máximo possível em qualidades e virtudes, a saber, no sabor, no odor, na volatilidade, na potência de dissolver metais, de mudar as cores dos vegetais etc. Segundo, quanto a afirmares que certas partículas levadas para cima se juntam em cristais de nitro, sustenta ele que isso se faz a partir do fato de que as partes nitrosas são empurradas pelo fogo com o espírito de nitro, assim como acontece na fuligem. Terceiro, ao que alegas sobre o efeito da depuração responde o autor que, com essa depuração, [50] grande quantidade de nitro é liberada de um certo sal que lembra o sal comum, mas que a ascensão para pequenos sincelos é comum àquele e a outros sais, e depende da pressão do ar e de algumas outras causas, que são ditas em outro lugar e que nada contribuem à presente questão. Quarto, quanto ao que dizes do teu terceiro experimento, o autor diz que o mesmo também ocorre com alguns outros sais, alegando que o

componebant salem, vibrare, iisdemque hoc pacto scintillationem conciliare.

Quòd porrò putas Sect. 5. Auctorem Nobilem culpare Cartesium, in hoc teipsum culpandum credit; dicitque, se nullatenus indigitâsse Cartesium; sed Gassendum, et alios, qui figuram Cylindricam particulis Nitri tribuunt, cùm reverâ sit prismica; nec de figuris aliis se loqui, quàm visilibus.

Ad ea, quae in Sect. 13-18 animadvertis, hoc tantùm reponit, se haec scripsisse imprimis, ut Chymiae usum ad confirmanda principia Philosophiae Mechanica ostenderet, asseretque; nec se invenisse haec apud alios tam clarè tradita, et tractata. Est noster Boylius ex eorum numero, qui non adeò suae rationi confidant, ut non velint cum ratione convenire Phaenomena. Magnum praeterea discrimen ait intercedere inter obvia experimenta, circa quae quid adferat Natura, quaeque interveniant, ignoramus; et inter ea, de quibus certò constat, quaenam ad ea afferantur. Ligna sunt corpora multò magis composita, quam subjectum, de quo Auctor tractat. et in aquae communis ebullitione ignis externus additur, qui in procreatione soni nostri non adhibetur. Porrò, quòd virentia in tot, tamque diversos colores mutantur, de ejus causâ quaeritur, illud verò ex mutatione partium oriri, hoc experimento declaratur, quo apparet, colorem ex Spiritûs Nitri affusione mutatum fuisse. Denique neque tetrum, neque suavem habere odorem Nitrum ait; sed ex sola dissolutione tetrum acquirere, quem in reconjunctione amittit.

Quae ad Sect. 25. notas (caetera enim se non tangere ait) iis respondet usum se fuisse principiis Epicuraeis, quae volunt, motum particulis inesse connatum; opus enim fuisse aliquâ uti Hypothesi ad Phaenomeni explicationem; quam tamen propterea suam non faciat; sed adhibeat, ad sententiam suam contra Chymicos, et Scholas sustinendum, duntaxat ostendens ex Hypothesi memoratâ rem posse bene explicari. Quòd ibidem subjicis de aquae purae ineptitudine solvendi partes fixas, ei Boylius noster respondet, Chymicos passim observare, et asserere, aquam puram salia alcalizata citiùs, quàm alia solvere.

Quae circa Fluiditatem, et Firmitudinem annotasti, ea necdum vacavit Auctori expendere. Haec quae consignavi, tibi

papel inflamado, em movimento, vibra as partículas rígidas e sólidas que compunham o sal, e, dessa maneira, traz-lhes cintilação.

Além disso, quanto a pensares que o nobre autor, no parágrafo 5, culpa Descartes, crê ele que é a ti mesmo que ali se há de culpar; e disse que de jeito nenhum indigitou Descartes, mas sim Gassendi e outros que atribuem às partículas do nitro uma figura cilíndrica, quando na realidade ela é prismática; e que não fala de outras figuras senão das visíveis.

Às coisas que observas nos parágrafos 13-18 ele replica somente que as escreveu, em primeiro lugar, para mostrar e asserir o uso da química para confirmar os princípios mecânicos da filosofia, e que em outros [autores] não as encontrou transmitidas e tratadas tão claramente. Nosso Boyle é do número daqueles que não confiam tanto em sua razão a ponto de não quererem que os fenômenos convenham com a razão. Além disso, ele diz interpor-se uma grande discrepância entre os experimentos óbvios, acerca dos quais ignoramos o que a natureza aduz e que coisas intervêm, e aqueles sobre os quais consta por certo que coisas são aduzidas a eles. As madeiras são corpos muito mais compostos que o caso de que trata o autor. E na ebulição da água comum se adiciona o fogo externo, que não se aplica à procriação do nosso som. Ademais, questiona-se a causa por que as vegetações mudam-se em tantas e tão diversas cores, mas aquilo que se origina da mutação das partes se declara com esse experimento, pelo qual transparece que a cor foi mudada a partir da aspersão de espírito de nitro. Por fim, ele diz que o nitro não tem odor nem tétrico nem suave, mas que a partir da só dissolução adquire o tétrico, o qual perde quando se junta de novo.

Às coisas que notas no parágrafo 25 (com efeito, diz que não toca nas demais) responde ter-se utilizado dos princípios epicuristas, que querem que haja um movimento congênito nas partículas, pois foi preciso utilizar alguma hipótese para a explicação do fenômeno; contudo, não a faz sua por causa disso, mas a aplica para sustentar [51] sua opinião contra os químicos e as Escolas, somente mostrando que, pela hipótese mencionada, o assunto pode ser bem explicado. Àquilo que submetes, no mesmo local, sobre a ineptidão da água pura para dissolver as partes fixas, responde nosso Boyle que os químicos observam e asserem, por toda parte, que a água pura dissolve sais alcalizados com mais rapidez do que outros.

O autor ainda não teve tempo de ponderar as coisas que anotaste acerca da fluidez e da firmeza. Transmito-te aquelas que assinalei

transmitto, ne diutiùs commercio, et colloquio tuo literario destituerer.

Peto autem enixissimè, ut boni ea consulas, quae adeò subsultim, et mutilatè tibi repono, idque meae potiùs festinationi, quàm illustris Boylii ingenio tribuas. Ea quippe magis ex familiari cum eo circa hoc subjectum sermone collegi, quàm ex praescriptâ, et Methodicâ aliquâ ejus responsione: unde sine dubio factum, ut multa ab ipso dicta me effugerint, fortè et solidoria, et elegantoria, quàm quae hic à me commemorata sunt. Culpam igitur omnem in me rejicio, penitusque ab eâ Auctorem libero.

Jam ad ea progrediar, quae mihi tecum intercedunt: et hîc in ipso limine rogare mihi fas fit, confecerisne illud tanti momenti opusculum tuum, in quo de rerum primordio, earumque dependentiâ à primâ causâ, ut et de intellectûs nostri Emendatione tractas. Certè, Vir Amicissime, nil credo in publicum prodire posse, quod Viris reverâ doctis, et sagacibus futurum sit istiusmodi Tractatu gratius, vel acceptius. Id tui genii et ingenii Vir spectare potiùs debet, quàm quae nostri saeculi, et moris Theologis arrident: non tam illi veritatem, quàm commoditates spectant. Te igitur per amicitiae nostrae foedus, per omnia veritatis augendae, et evulgandae jura contestor, ne tua de argumentis iis scripta nobis invideas, vel neges. Si tamen quid sit majoris momenti, quàm ego praevideo, quo ab operis publicatione te arceat, summopere oro, ut epitomen ejus per litteras mihi impertire ne graveris; et amicum me senties pro hoc officio, et gratum. Alia brevi prodibunt ab Eruditissimo Boylio edenda, quae redhostimenti loco tibi transmittam, ea quoque adjuncturus, quae totum tibi Institutum Regiae nostrae

[52] Societatis, cui sum cum aliis viginti à Consilio, et cum uno altero à Secretis, depingent. Hâc vice temporis angustiâ praecludor, quò minùs evagari ad alia queam. Omnem tibi fidem, quae ab honestâ mente proficisci potest, omnemque ad quaevis officia, quae à tenuitate meâ praestari queunt, promptitudinem tibi spondeo, sumque ex animo,

Vir Optime, tuus ex asse

HENR. OLDENBURG.

Londini die 3. April 1663.

para que eu não seja destituído por mais tempo de teu comércio e colóquio epistolar.

Peço, porém, com toda força, que leves a bem aquelas coisas que replico aos saltos e mutiladamente, e que as atribuas antes à minha pressa do que ao engenho do ilustre Boyle. Pois as coligi mais a partir de uma conversa familiar com ele acerca desse tema do que de alguma resposta prescrita e metódica sua; donde, sem dúvida, fez-se com que me tenham fugido muitas coisas ditas por ele, e talvez mais sólidas e elegantes do que aquelas que aqui são mencionadas juntas por mim. Jogo, pois, toda a culpa em mim e livro completamente o autor.

Avançarei agora às coisas que interessam a mim e a ti, e seja-me permitido perguntar, de entrada, se concluíste aquele teu opúsculo de tanta importância, no qual tratas sobre o primórdio das coisas e a dependência delas da causa primeira, como também sobre a emenda de nosso intelecto. Certamente, amicíssimo senhor, creio que nada possa vir a público que seja mais grato e benquisto aos homens realmente doutos e sagazes do que um tratado desse tipo. Um homem do teu gênio e engenho deve considerar isso de preferência às coisas que agradam aos teólogos do nosso século e costume; estes não consideram tanto a verdade, mas as comodidades. Portanto, contesto-te, pelo laço de nossa amizade, por todos os direitos da verdade de aumentar e divulgar, para que não nos negues ou prives de teus escritos sobre esses argumentos. Todavia, se há algo que te contenha na publicação da obra com importância maior do que prevejo, peço com o maior empenho que não te acanhes em partilhar comigo, por carta, um epítome seu; e por esse favor me reconhecerás amigo e grato. Em breve, aparecerão coisas a serem editadas pelo eruditíssimo Boyle,[41] que te transmitirei como recompensa, e também ajuntarei outras que retratarão para ti o plano todo de nossa Sociedade Real, a cujo [52] Conselho pertenço com outros vinte, e à Secretaria, com um outro.[42] Desta vez, sou impedido pela falta de tempo de poder divagar para outras coisas. Garanto toda boa-fé que pode ser professada por uma mente honesta, e toda prontidão para quaisquer serviços que possam ser prestados por minha fraqueza, e sou de coração,

Boníssimo senhor, inteiramente teu
HENR. OLDENBURG.
Londres, 3 de abril de 1663.

[63]

Epistola XIII.

Viro Nobilissimo, ac Doctissimo
HENR. OLDENBURGIO
B. D. S.
Responsio ad Epistolam XI.

Vir Nobilissime,

Literas tuas, mihi dudum desideratas, tandem accepi, iisque etiam respondere licuit. Verùm, priusquam id aggrediar, ea, quae impediverunt, quò minùs antehac rescribere potuerim, paucis dicam. Cùm mente Aprili meam supellectilem huc transtuli, Amstelaedamum profectus sum. Ibi quidam me Amici rogârunt, ut sibi copiam facerem cujusdam Tractatûs, secundam Partem Principiorum Cartesii, more Geometrico demonstratam, et praecipua, quae in Metaphysicis tractantur, breviter continentis, quem ego cuidam juveni, quem meas opiniones apertè docere nolebam, antehac dictaveram. Deinde rogârunt, ut quàm primùm possem, primam etiam Partem eadem Methodo concinnarem. Ego, ne amicis adversarer, statim me ad eam conficiendam accinxi, eamque intra duas hebdomadas confeci, atque amicis tradidi, qui tandem me rogârunt, ut sibi illa omnia edere liceret, quod facilè impetrare potuerunt, hâc quidem lege, ut eorum aliquis, me praesente, ea stylo elegantiori ornaret, ac Praefatiunculam adderet, in quâ Lectores moneret, me non omnia, quae in eo Tractatu continentur, pro meis agnoscere,<*> *cum non pauca in eo scripserim, quorum contrarium prorsus amplector,* hocque uno, aut altero exemplo ostenderet. Quae omnia amicus quidam, cui editio hujus libelli curae est, pollicitus est facere, et hâc de causâ aliquod tempus Amstelaedami moratus sum. et à quo in hunc pagum, in quo jam habito, reversus fui, vix mei juris esse potui propter amicos, [64] qui me dignati sunt invisere. Jam tandem, Amice suavissime,

---

* <Ik heb dit, met een ander letter uitgedrukt, in de gezonde brief achtergelaten, gelijk ook al 't ander, dat met een andere letter uitgedrukt word.>

Carta XIII

[63]

Ao nobilíssimo e doutíssimo senhor
HENR. OLDENBURG
B. d. S.
Resposta à carta XI

Nobilíssimo senhor,
Finalmente recebi tua carta, há muito tempo desejada, e também foi lícito respondê-la. Mas antes de começá-lo, direi em poucas palavras as coisas que me impediram de poder escrever antes. Quando transferi minha mobília para cá no mês de abril[43], parti para Amsterdã. Lá, alguns amigos rogaram-me que lhes fizesse uma cópia de um tratado contendo brevemente a segunda parte dos *Princípios* de Descartes demonstrada à maneira geométrica e as principais coisas que são tratadas na metafísica, que eu ditara antes a um certo jovem, a quem não queria ensinar abertamente minhas opiniões.[44] Ademais, rogaram que eu compusesse pelo mesmo método, tão logo pudesse, também a primeira parte. Para não contrariar os amigos, eu me dispus imediatamente a acabá-la, fazendo-o dentro de duas semanas, e a entreguei aos amigos, que me rogaram, por fim, que lhes fosse lícito editar todas aquelas coisas, o que puderam facilmente conseguir com a condição de que alguém deles, em minha presença, ornasse-a com um estilo mais elegante e acrescentasse um pequeno prefácio, no qual advertisse os leitores de que não reconheço como minhas todas as coisas que estão contidas nesse tratado, *já que escrevi nele não poucas coisas, das quais abraço*<*>[45] *totalmente o contrário*, e que mostrasse isso com um ou dois exemplos. Certo amigo,[46] aos cuidados de quem está a edição desse livrinho, prometeu fazer todas essas coisas, e por esse motivo demorei-me algum tempo em Amsterdã. E desde que retornei a este vilarejo em que agora resido,[47] mal pude ser dono de mim, por causa de amigos que se dignaram a me visitar. Finalmente, suavíssimo amigo, [64]

---

* <Deixei passar esta parte, expressa com outra letra, na carta enviada, assim como todas as outras que foram expressas com outra letra.>

aliquid superest temporis, quo haec tibi communicare, simulque rationem, cur ego hunc Tractatum in lucem prodire sino, reddere possum. Hâc nempe occasione fortè aliqui, qui in meâ patriâ primas partes tenent, reperientur, qui caetera, quae scripsi, atque pro meis agnosco, desiderabunt videre; adeóque curabunt, ut ea extra omne incommodi periculum communis juris facere possim: hoc verò si contingat, non dubito, quin statim quaedam in publicum edam; sin minùs, silebo potiùs, quàm meas opiniones hominibus invitâ patriâ obtrudam, eosque mihi infensos reddam. Precor igitur, Amice honorande, ut eò usque exspectare non graveris: tum enim aut ipsùm Tractatum impressum, aut ejus compendium, ut à me petis, habebis. et si interim ejus, qui sub praelo jam sudat, unum, aut alterum exemplar habere velis, ubi id rescivero, et simul medium, quo ipsum commodè mittere potero, tuae voluntati obsequar.

Revertor jam ad tuam Epistolam, Magnas tibi, uti debeo, Nobilissimoque Boylio ago gratias pro perspectissimâ tuâ erga me benevolentiâ, proque beneficâ tuâ voluntate: tot enim, tantique momenti, et ponderis negotia, in quibus versaris, non potuerunt efficere, ut tui Amici obliviscereris, quin imò benignè polliceris, te omni modo curare, ne in posterum consuetudo nostra literaria tamdiu interrumpatur. Eruditissimo Domino Boylio magnas etiam ago gratias, quòd ad meas Notas dignatus fuerit respondere, quamvis obiter, et quasi aliud agendo. Equidem fateor, eas non tanti esse momenti, ut Eruditissimus Vir in iis respondendo tempus, quod altioribus cogitationibus impendere potest, consumat. Ego quidem non putavi, immò mihi persuadere non potuissem, quòd Vir Eruditissimus nihil aliud sibi proposuerit in suo Tractatu de Nitro, quàm tantùm ostendere doctrinam illam puerilem, et nugatoriam de Formis Substantialibus, Qualitatibus, etc. infirmo talo niti; sed, cùm mihi persusissem, Clarissimum Virum naturam Nitri nobis explicare voluisse; quòd nempe esset corpus heterogeneum, constans partibus fixis, et volatilibus, volui meâ explicatione ostendere, (quod puto me satis superque ostendisse) nos posse omnia, quae ego saltem novi Nitri Phaenomena facillimè explicare, quamvis non concedamus Nitrum esse corpus heterogeneum;

resta agora algum tempo no qual posso te comunicar estas coisas, e ao mesmo tempo dar a razão por que deixo vir a lume esse tratado. Talvez, com esta ocasião, encontrar-se-ão alguns, que têm funções importantes em meu país, que desejarão ver as demais coisas que escrevi e que reconheço como minhas, e que por isso cuidarão para que eu possa fazê-las fora de todo perigo de incômodo ao direito comum. Caso isso aconteça, não duvido que publicarei imediatamente algumas coisas; caso não, silenciar-me-ei de preferência a impor minhas opiniões aos homens, contra a vontade da pátria, e torná-los nocivos a mim. Assim, honrado amigo, peço que não te acanhes em esperar até isso, pois então terás, como me pedes, ou o próprio tratado impresso ou um compêndio seu. E nesse ínterim, se quiseres um ou dois exemplares daquele que já está no prelo, farei tua vontade tão logo eu vier a saber disso e do meio pelo qual poderei enviá-lo comodamente.

Retorno agora à tua carta. Dou os maiores agradecimentos, como devo, a ti e ao nobilíssimo Boyle, por tua mui perspícua benevolência em relação a mim e por tua benéfica vontade; com efeito, os assuntos tantos, e de tanta importância e peso, aos quais te voltas não puderam fazer com que te esquecesses do teu amigo, e mais ainda, prometes bondosamente cuidar de todo modo para que nossa correspondência não seja interrompida por tanto tempo no futuro. Também dou os maiores agradecimentos ao eruditíssimo senhor Boyle, que se dignou a responder às minhas notas, ainda que de passagem e como que fazendo outra coisa. De fato, confesso que elas não são de tanta importância para que, ao respondê-las, o eruditíssimo senhor consuma tempo que pode despender em pensamentos mais elevados. De fato, não pensei nem sequer me pudera persuadir que o eruditíssimo senhor, em seu tratado sobre o nitro, tivesse proposto para si nada outro senão apenas mostrar que aquela doutrina pueril e insignificante sobre as formas substanciais, as qualidades etc. apoia-se em um frágil caniço; mas como me persuadira de que o claríssimo senhor nos queria explicar a natureza do nitro, a saber, que era um corpo heterogêneo consistindo de partes fixas e voláteis, eu quis mostrar em minha explicação (o que penso ter mostrado mais que suficientemente) que podemos explicar muito facilmente todos os fenômenos do nitro, pelo menos os que eu conheci, [65] ainda que não concedamos que o nitro seja um corpo heterogêneo,

sed homogeneum. Quocirca meum non erat ostendere sal fixum faeces esse Nitri; sed tantùm supponere; ut viderem, quomodò mihi Vir Clarissimus ostendere posset, illud sal non esse faeces; sed prorsùs necessarium ad essentiam Nitri constituendam, sine quo non posset concipi; quia, ut dico, putabam, Virum Clarissimum id ostendere voluisse. Quòd verò dixi, sal fixum meatûs habere ad mensuram particularum Nitri excavatos, eo non egebam ad redintegrationem Nitri explicandam: nam ut ex eo, quod dixi, nempe quòd in solâ consistentiâ spiritûs Nitri ejus redintegratio consistit, clarè apparet omnem calcem, cujus meatûs angustiores sunt, quàm ut particulas Nitri continere queant, quorumque parietes languidi sunt, aptam esse ad motum particularum Nitri sistendum, ac proinde ex meâ Hypothesi ad ipsum Nitrum redintegrandum; adeóque non mirum esse, alia salia, tartari scilicet, et cinerum clavellatorum, reperiri, quorum ope Nitrum redintegrari potest. Sed ideò tantùm dixi, sal Nitri fixum meatûs habere ad mensuram particularum Nitri excavatos, ut causam redderem, cur sal fixum Nitri magis aptum sit ad Nitrum ità redintegrandum, ut parùm absit de pristino suo pondere; immò ex eo, quòd alia salia reperiantur, quibus Nitrum redintegrari potest, putabam ostendere, calcem Nitri ad essentiam Nitri constituendam non requiri, nisi Vir Clarissimus dixisset, nullum sal esse, quod sit (Nitro scilicet) magis catholicum: adeóque id in tartaro, et cineribus clavellatorum latere potuisse. Quòd porrò dixi, particulas Nitri in majoribus meatibus à materiâ subtiliori cingi, id ex vacui impossibilitate, ut Clarissimus Vir notat, conclusi; sed nescio, cur vacui impossibilitatem Hypothesin vocat, cùm clarè sequatur ex eo, quòd nihili nullae sint proprietates. et miror, Virum Clarissimum de hoc dubitare, cùm videatur statuere, nulla dari accidentia realia: an quaeso non daretur accidens reale, si daretur Quantitas absque Substantia?

Quod ad causas differentiae saporis spiritûs Nitri, et Nitri ipsius attinet, eas proponere debui, ut ostenderem, quomodò poteram ex solâ differentiâ, quam inter Spiritum Nitri, et

mas sim homogêneo. Por isso, não me competia mostrar que o sal fixo é as impurezas do nitro, mas apenas supor, a fim de que eu visse como o claríssimo senhor me poderia mostrar que aquele sal não é impurezas, mas que ele é totalmente necessário para constituir a essência do nitro, sem o qual este não poderia ser concebido; porque, como digo, pensava que o claríssimo senhor quisesse mostrar isso. Mas quanto a eu ter dito que o sal fixo tem canais escavados à medida das partículas do nitro, não precisava disso para explicar a reintegração do nitro; pois a partir daquilo que eu disse, a saber, que sua reintegração consiste na só consistência do espírito de nitro, transparece claramente que toda cal cujos canais são mais estreitos do que podem para conter as partículas do nitro, e dos quais as paredes são moles, é apta a suster o movimento das partículas do nitro, e por conseguinte, a partir da minha hipótese, a reintegrar o próprio nitro; e, assim, não é admirável que sejam encontrados outros sais, a saber, o de tártaro e as cinzas clavelatas,[48] com a ajuda dos quais o nitro pode ser reintegrado. Mas, por isso, apenas disse que o sal fixo de nitro possui canais escavados à medida das partículas do nitro a fim de fornecer o motivo por que o sal fixo de nitro é mais apto a reintegrar o nitro, de maneira que pouco perde de seu peso primitivo; mais ainda, a partir do fato de que são encontrados outros sais com os quais o nitro pode reintegrar-se, eu pensava mostrar que não se requer a cal de nitro para constituir a essência do nitro, se o claríssimo senhor não tivesse dito que não há sal algum que seja mais católico (a saber, o nitro); e por isso este pôde esconder-se no tártaro e nas cinzas clavelatas. Quanto ao que eu disse em seguida, que as partículas do nitro estão rodeadas por uma matéria mais sutil nos canais maiores, eu o concluí, como nota o claríssimo senhor, a partir da impossibilidade do vácuo; mas não sei por que ele chama a impossibilidade do vácuo de hipótese, visto que se segue claramente do fato de que não há propriedade alguma do nada. E admiro o claríssimo senhor duvidar disso, já que parece sustentar que não se dá nenhum acidente real; pergunto, acaso não se daria um acidente real se se desse uma quantidade sem substância?

No que atina às causas da diferença de sabor do espírito de nitro e do próprio nitro, tive que as propor para mostrar como eu podia explicar muito facilmente seus fenômenos a partir da só diferença

[66] Nitrum ipsum admittere tantùm volui, nullâ salis fixi habita ratione, ejus Phaenomena facillimè explicare.

Quae autem tradidi de Nitri inflammabilitate, et Spiritûs Nitri ἀφλογία, nihil aliud supponunt, quàm quòd ad excitandam in aliquo corpore flammam requiratur materia, quae ejus corporis partes disjungat, agitetque; quae duo quotidianam experientiam, et rationem satis docere puto.

Transeo ad experimenta, quae attuli, non ut absolutè; sed, ut expressè dixi, *aliquo modo*, meam explicationem confirmarem. In primum itaque experimentum, quod attuli, nihil Vir Clarissimus adfert, praeter quod ipse expressissimis verbis notavi; de caeteris verò, quae etiam tentavi, ut id, quod Vir Clarissimus mecum notat, minùs suspicarer, nihil prorsùs ait. Quod deinde in secundum experimentum adfert, nempe defaecatione ut plurimùm liberari Nitrum à sale quodam, sal commune referente, id tantùm dicit; sed non probat: ego enim, ut expressè dixi, haec experimenta non attuli, ut iis ea, prorsùs confirmarem; sed tantùm quia ea experimenta, quae dixeram, et rationi convenire ostenderam, illa aliquo modo confirmare viderentur. Quòd autem ait, adscendum in stiriolas communem illi esse cum aliis salibus, nescio quid id ad rem faciat: concedo enim alia etiam salia faeces habere, atque volatiliora reddi, si ab iis liberentur. In tertium etiam experimentum nihil video adferri, quod me tangat. In sectione quintâ auctorem Nobilem culpare Cartesium putavi, quod etiam in aliis locis pro libertate Philosophandi, cuivis concessâ, utriusque Nobilitate illaesâ fecit; quòd fortè etiam alii, qui Cl. Viri scripta, et Cartesii principia legerunt, idem, nisi expresse moneantur, mecum putabunt. Nedcum video Cl. Virum suam mentem apertè explicare: nondum enim ait, an Nitrum Nitrum esse desinet, si ejus stiriolae visibiles, de quibus tantùm loqui ait, raderentur, donec in parallelipeda, aut aliam figuram mutarentur.

Sed haec relinquo, et at id, quod Cl. Vir ad ea, quae in Sectione 13---18. ponit, transeo, atque dico, me libenter fateri, hanc Nitri redintegrationem praeclarum quidem experimentum

que eu quis admitir apenas entre o espírito de nitro e o próprio nitro, [66]
sem ter em conta alguma o sal fixo.

Depois, as coisas que apresentei sobre a inflamabilidade do
nitro e a ἀφλογία do espírito de nitro nada outro supõem além de
se requerer, para se excitar a chama em algum corpo, uma matéria
que dissocie e agite as partes de seu corpo; duas coisas que penso
ensinarem suficientemente a experiência cotidiana e a razão.

Passo aos experimentos que aduzi para confirmar minha explicação, não de modo absoluto, mas, como eu disse expressamente, *de
algum modo*. Contra o primeiro experimento que aduzi, o claríssimo
senhor nada alega além do que eu mesmo notei com as mais expressas
palavras; mas não diz totalmente nada sobre as demais coisas que também tentei para suspeitar menos daquilo que o claríssimo senhor nota
comigo. Ademais, o que ele alega contra o segundo experimento, a
saber, que na depuração uma grande quantidade de nitro é liberada de
certo sal que lembra o sal comum, ele apenas o diz, mas não o prova;
eu, com efeito, como expressamente disse, não aduzi esses experimentos para confirmar com eles, por completo, as coisas que eu disse,
mas somente porque esses experimentos pareciam, de algum modo,
confirmar as coisas que eu dissera e mostrara convirem com a razão.
Depois, quanto a ele dizer que a ascensão para pequenos sincelos é
comum àquele e a outros sais, não sei o que isso contribui ao assunto;
pois concedo que outros sais também têm impurezas e que se tornam
mais voláteis se se livram delas. Contra o terceiro experimento também
não vejo ser alegado nada que me toque. No quinto parágrafo, pensei
que o nobre autor culpava Descartes, o que também fez em outros
lugares conforme a liberdade de filosofar concedida a qualquer um,
estando ilesa a nobreza de ambos; talvez outros que leram os escritos
do claríssimo senhor e os princípios de Descartes também pensem o
mesmo comigo, a menos que sejam expressamente advertidos. E ainda
não vejo o claríssimo senhor explicar abertamente seu pensamento,
pois ainda não diz se o nitro deixaria de ser nitro caso seus pequenos
sincelos visíveis, sobre os quais somente ele diz falar, fossem raspados
até mudarem-se em paralelepípedos ou outra figura.

Mas deixo essas coisas e passo àquilo que o claríssimo senhor
coloca nos parágrafos 13-18, e digo que confesso de bom grado ser
essa reintegração do nitro, de fato, um notável experimento para se

esse ad ipsam Nitri naturam investigandam, nempe ubi priùs
[67] principia Philosophiae Mechanica noverimus, et quòd omnes
corporum variationes secundùm Leges Mechanicae fiant;
sed nego, haec ex modò dicto experimento clariùs, atque
evidentiùs sequi, quàm ex aliis multis obviis experimentis, *ex
quibus tamen hoc non evincitur.* Quòd verò Vir Cl. ait, se haec
sua apud alios tam clarè tradita, et tractata non invenisse, fortè
aliquid in rationes Verulamii, et Cartesii, quod ego videre
non possum, habet, quo ipsas se refutare posse arbitratur: eas
hîc non adfero, quia non puto Cl. Virum ipsas ignorare; hoc
tamen dicam, ipsos etiam voluisse, ut cum eorum ratione
convenirent Phaenomena; si nihilominùs in quibusdam
erraverunt, homines fuerunt, humani nihil ab ipsis alienum
puto. Ait porrò magnum discrimen intercedere inter ea (obvia
scilicet, et dubia, quae attuli, experimenta) circa quae, quid
adferat Natura, quaeque interveniant, ignoramus, et inter ea, de
quibus certò constat, quaenam ad ea adferantur. Verùm nondum
video, quòd Clarissimus Vir nobis explicuerit Naturam eorum,
quae in hoc subjecto adhibentur, nempe calcis Nitri, hujusque
Spiritûs; adeò ut haec duo non minùs obscura videantur, quàm
quae attuli, calcem nempe communem, et aquam <uit welker
samenmenging hitte voortkoomt>. Ad lignum quod attinet,
concedo id corpus esse magis compositum, quàm Nitrum; sed
quamdiu utriusque Naturam, et modum, quo in utroque calor
oritur, ignoro, quid id quaeso ad rem facit? Deinde nescio,
quâ ratione Clar. Vir affirmare audet, se scire, quae in hoc
subjecto, de quo loquimur, Natura adferat. *Quâ quaeso ratione
nobis ostendere poterit illum calorem non ortum fuisse à materiâ aliquâ
subtilissimâ?* An fortè propterea, quòd parùm fuerit de pristino
pondere desideratum? quamvis nihil desideratum fuisset,
nihil meo quidem judicio concludere posset: Videmus enim,
quàm facilè res ex parvâ admodùm quantitate materiae colore
aliquo imbui possunt, neque ideò ponderosiora, quoad sensum,
neque leviora fieri. Quare non sine ratione dubitare possum,
an fortè quaedam non concurrerint, quae nullo sensu observari
potuissent; praesertim, quamdiu ignoratur, quomodò omnes

investigar a própria natureza do nitro, a saber, quando conhecemos antes os princípios mecânicos da filosofia, e que todas as variações dos [67] corpos ocorrem segundo as leis mecânicas; mas nego que essas coisas se sigam do dito experimento de modo mais claro e evidente do que de outros muitos experimentos óbvios, *a partir dos quais, todavia, não se consegue isso.* Mas quanto ao que o claríssimo senhor diz, que não encontrou em outros [autores] essas suas opiniões transmitidas e tratadas tão claramente, talvez ele tenha, contra as razões de Verulâmio e Descartes, algo que não posso ver, com o que julga poder refutá-las; não as aduzo aqui porque não penso que o claríssimo senhor as ignore; contudo, direi que eles também quiseram que os fenômenos conviessem com a razão deles; não obstante, erraram em certas coisas, foram homens, e nada de humano penso alheio a eles.[49] Diz, ademais, que se interpõe uma grande discrepância entre os experimentos (a saber, os experimentos óbvios e dúbios que aduzi) acerca dos quais não sabemos o que a natureza aduz e que coisas intervêm, e aqueles sobre os quais se sabe com certeza que coisas lhes são aduzidas. Mas ainda não vejo o claríssimo senhor nos ter explicado a natureza das coisas que se aplicam nesse caso, a saber, da cal de nitro e de seu espírito; de tal maneira que esses dois parecem não menos obscuros do que aqueles que aduzi, a saber, a cal comum e a água <de cuja mistura vem o calor>. No que atina à madeira, concedo ser ela um corpo mais composto do que o nitro; mas, enquanto ignoro a natureza de ambos e o modo pelo qual, em ambos os casos, origina-se o calor, pergunto: o que isso contribui ao assunto? Ademais, não sei por qual razão o claríssimo senhor ousa afirmar que sabe o que a natureza aduz nesse assunto sobre o qual falamos. *Por qual razão, pergunto, poderá ele nos mostrar que aquele calor não foi originado de alguma matéria sutilíssima?* Quiçá porque pouco se tenha perdido do peso primitivo? Ainda que nada fosse perdido, a meu juízo, ele nada podia concluir; com efeito, vemos o quão facilmente as coisas podem ser tingidas de alguma cor a partir de uma quantidade muito pequena de matéria, e nem por isso se fazem mais pesadas ou mais leves quanto aos sentidos. Portanto, não sem razão, posso duvidar que talvez não tenham concorrido algumas coisas que não puderam ser observadas com nenhum sentido, especialmente enquanto se ignora como puderam fazer-se, a partir dos corpos ditos, todas aquelas variações que o claríssimo senhor observou ao

illae Variationes, quas Vir Clar. inter experiundum observavit, ex dictis corporibus fieri potuerunt; imò pro certo habeo, calorem, et illam effervescentiam, quam Clar. Vir recitat, à materia adventitiâ ortas fuisse. Deinde puto me faciliùs ex aquae ebullitione, (taceo jam agitationem) posse concludere aëris concitationem causam esse, à quâ sonus oritur, quàm ex hoc experimento, ubi eorum, quae concurrunt, natura planè ignoratur, et in quo calor etiam observatur, qui quomodò, sive à quibus causis ortus fuerit, nescitur. Denique multa sunt, quae nullum prorsùs spirant odorem, quorum tamen partes, si utcunque concitentur, atque incalescant, odor statim persentitur, et si iterum frigescant, nullum iterum odorem habent, (saltem quoad humanam sensum) ut exempli gratiâ, succinum, et alia, quae etiam nescio, an magis composita sint, quàm Nitrum.

[68]

Quae ad Sectionem vigesimam quartam notavi, ostendunt, spiritum Nitri non esse purum Spiritum; sed calce Nitri, aliisque abundare; adeoque me dubitare, an id, quod Vir Clarissimus ope libellae deprehendisse ait, quòd nempe pondus Spiritûs Nitri, quem instillavit, pondus illius, quod inter detonandum perierat, ferè exaequabat, satis cautè observare potuit.

Denique, quamvis aqua pura, quoad oculum, salia alcalisata citiùs solvere posset; tamen cùm ea corpus magis homogeneum, quàm aër sit, non potest, sicuti aër, tot genera corpusculorum habere, quae per omnis generis calcis poros se insinuare possint: Quare cùm aqua certis particulis unius generis maximè constet, quae calcem ad certum terminum usque dissolvere aër verò non item, inde sequitur, aquam usque ad illum terminum longè citiùs calcem dissoluturam, quàm aërem; sed cùm contrà aër constet etiam crassioribus, et longè subtilioribus, et omnis generis particulis, quae per poros longè angustiores, quàm quos particulae aquae penetrare possunt, multis modis se insinuare possunt; inde sequitur aërem, quamvis non tam citò, atque aquam, nempe, quia non tot particulis uniuscujusque generis constare potest, longè tamen meliùs, atque subtiliùs dissolvere calcem Nitri posse, eamque languidiorem, ac proinde aptiorem ad motum

experimentar; mais ainda, tenho por certo que o calor e aquela efervescência que o claríssimo senhor cita terem-se originado de uma matéria [68] adventícia. Ademais, que a excitação do ar é a causa pela qual o som se origina, penso poder concluí-lo mais facilmente a partir da ebulição da água (não falo agora da agitação) do que desse experimento, onde se ignora inteiramente a natureza das coisas que concorrem, e no qual também se observa um calor, que não se sabe como ou por que causas se originou. Por fim, há muitas coisas que não exalam completamente nenhum odor; todavia, se suas partes são excitadas de qualquer maneira e se aquecem, o odor é imediatamente muito sentido, e se de novo se esfriam, de novo não têm odor nenhum (ao menos quanto aos sentidos humanos), como, por exemplo, o âmbar e outras coisas que não sei se também são mais compostas que o nitro.

As coisas que notei para o vigésimo quarto parágrafo mostram que o espírito de nitro não é espírito puro, mas que é abundante em cal de nitro e outras coisas; e por isso duvido que o claríssimo senhor tenha podido observar com suficiente cautela aquilo que diz ter depreendido com o auxílio de uma pequena balança, a saber, que o peso do espírito de nitro que ele instilou quase se igualava ao peso daquele que perecera ao detonar.

Finalmente, embora a água pura possa, quanto ao olho, dissolver sais alcalizados mais rapidamente, como ela é um corpo mais homogêneo do que o ar, não pode, tal como o ar, ter tantos gêneros de corpúsculos que possam insinuar-se pelos poros de todo gênero de cal. Por isso, como a água consiste principalmente de partículas certas de um único gênero, que podem dissolver a cal até um limite certo, mas não do mesmo modo o ar, segue-se daí que a água dissolverá a cal até aquele limite muito mais rapidamente que o ar; mas, ao contrário, como o ar consiste também de partículas mais espessas e muito mais sutis, e de todo gênero de partículas que podem insinuar-se de muitos modos através de poros muito mais estreitos do que aqueles que as partículas de água podem penetrar, segue-se daí que o ar, embora não tão rapidamente como a água – a saber, porque não pode consistir de tantas partículas de cada um dos gêneros –, pode dissolver muito melhor e mais sutilmente a cal de nitro[50] e torná-la mais mole e, por conseguinte, mais apta a suster o movimento das partículas de espírito

particularum Spiritûs Nitri sistendum reddere. Nam nullam aliam differentiam inter Spiritum Nitri, et Nitrum ipsum [69] adhuc agnoscere cogor ab experimentis, quàm quòd particulae hujus quiescant, illius verò valdè concitatae inter sese agitentur; adeò ut eadem differentia, quae est inter glaciem, et aquam, sit inter Nitrum, et ejus Spiritum.

Verùm te circà haec diutiùs destinere non audeo; vereor, ne nimis prolixus fuerim, quamvis, quantùm quidem potui, brevitati studuerim: si nihilominùs molestus fui, id, ut ignoscas, oro, simulque ut ea, quae ab Amico liberè, et sincerè dicta sunt, in meliorem partem interpreteris. Nam ego de his prorsùs tacere, ut tibi rescriberem, inconsultum judicavi. Ea tamen apud te laudare, quae minùs placebant, mera esset adulatio, quâ nihil in Amicitiis perniciosus, et damnosius censeo. Constitui igitur, mentem meam apertissimè explicare; et nihil hôc viris Philosophis gratius fore judicavi. Interim si tibi videbitur consultius, haec cogitata igni potiùs, quàm Eruditissimo Domino Boylio tradere, in tuâ manu sunt, fac ut lubet, modò me tibi, Nobilissimoque Boylio addictissimum, atque amantissimum credas. Doleo, quòd propter tenuitatem meam hoc non, nisi verbis, ostendere valeam; attamen, etc.

<17/27 Julii, 1663.>

de nitro. Pois ainda não sou forçado por esses experimentos a reconhecer nenhuma outra diferença entre o espírito de nitro e o próprio nitro senão que as partículas deste repousam, e as daquele agitam-se [69] entre si fortemente excitadas; de tal maneira que a mesma diferença que há entre o gelo e a água há entre o nitro e seu espírito.[51]

Mas não ouso deter-te por mais tempo acerca dessas coisas; receio ter sido demasiado prolixo, ainda que tenha me esforçado pela brevidade o quanto pude. Não obstante, se fui desagradável, peço que perdoes e simultaneamente que interpretes no melhor sentido as coisas que, de forma livre e sincera, são ditas por um amigo. Pois, para escrever a ti, julguei insensato silenciar-me completamente sobre essas coisas. Contudo, seria mera adulação louvar junto a ti as coisas que menos agradavam, e nada considero mais pernicioso e danoso nas amizades do que ela. Decidi, pois, explicar muito abertamente meu pensamento, e julguei que nada será mais agradável que isso aos homens filósofos. Nesse ínterim, se te parecer mais sensato entregar estes pensamentos antes ao fogo que ao eruditíssimo senhor Boyle, em tua mão estão, faz como te apraz, contanto me creias muito devoto e apreciador de ti e do nobilíssimo Boyle. Lamento, por causa de minha fraqueza, não ser capaz de mostrar isso senão com palavras; todavia etc.

<17/27 de julho de 1663.>[52]

[69]

Epistola XIV.

Clarissimo Viro
B. d. S.
HENR. OLDENBURGIUS.

Clarissime Vir, Amice plurimùm colende.

Commercii nostri literarii instaurationem im magnâ pono parte felicitatis. Scias itaque, me tuas, 17/27 Julii ad me datas, accepisse insigni cum gaudio, duplici imprimis nomine, tum quòd salutem tuam testarentur, tum quòd de tuae erga me amicitiae constantiâ [70] certiorem me redderent. Accedit ad cumulum, quòd mihi nuncias, te primam, et secundam Principiorum Cartesii partem, more Geometrico demonstratam, praelo commisisse, ejusdem unum, alterumve exemplar liberalissimè mihi offerens. Accipio munus perlubanti animo, rogoque, ut istum sub praelo jam sudantem Tractatum, si placuerit, Domino Petro Serrario, Amstelaedami degenti, pro me transmittas. In mandatis quippe ipsi dedi, ut ejusmodi fasciculum recipiat, et ad me per amicum trajicientem expediat.

Caeterùm permittas tibi dicam, me impatienter ferre, te etiamnum supprimere ea scripta, quae pro tuis agnoscis, in Republicâ imprimis tam liberâ, ut sentire ibi, quae velis, et quae sentias dicere liceat. Perrumpere te velim ista repagula, imprimis cùm subticere nomen tuum possis, et hâc ratione extra omnem periculi aleam te collocare.

Nobilissimus Boylius peregrè abiit: quamprimùm redux fuerit factus in Urbem, communicabo ipsi eam Epistolae tuae doctissimae partem, quae illum spectat, ejusque de conceptibus tuis sententiam, quàm primùm eam nactus fuero, rescribam. Puto, te jam vidisse ipsius Chymistam Scepticum, qui jamdudum latinè editus, inque exterorum oris dispersus fuit, multa continens Paradoxa Chymico-Physica, et Spagyricorum principia Hypostatica, (ut vocant) sub examen severum revocans.

Alium nuper edidit libellum, qui fortè necdum ad Bibliopolas vestros pervenit: quare eum hoc involucro tibi mitto, rogoque

Carta XIV

[69]

Ao claríssimo senhor
B. D. S.
HENR. OLDENBURG

Claríssimo senhor, muitíssimo estimado amigo,
Considero a instauração de nosso comércio epistolar como parte importante da minha felicidade. Saibas, pois, que com insigne alegria recebi tua carta escrita a mim em 17/27 de julho, sobretudo por uma razão dupla: tanto porque atestava tua saúde, como porque me tornava mais certo da constância de tua amizade em relação a mim. Chega-se ao cúmulo de me anunciares que entregaste ao prelo [70] a primeira e a segunda parte dos *Princípios* de Descartes demonstrados à maneira geométrica, oferecendo-me, muito liberalmente, um ou dois exemplares seus. Aceito o presente com muito prazer e rogo que, se aprouver, tu me transmitas esse tratado que agora está no prelo por intermédio do senhor Petrus Serrarius,[53] que vive em Amsterdã. Dei-lhe a ordem para que receba o fascículo e envie-o a mim por um amigo que esteja atravessando.[54]

Ademais, permitas dizer-te que aguento com impaciência o fato de suprimires até agora os escritos que reconheces por teus, sobretudo em uma República tão livre que é lícito aí pensar o que quiseres e dizer o que pensas. Gostaria que quebrasses essas barreiras, sobretudo porque podes encobrir teu nome e dessa maneira te colocar fora de todo risco de perigo.

O nobilíssimo Boyle está fora, e tão logo estiver de volta à cidade lhe comunicarei a parte que respeita a ele de tua doutíssima carta, e te escreverei tão logo eu tiver obtido sua opinião sobre teus conceitos. Penso que já viste seu *O químico cético*,[55] que já há algum tempo foi editado em latim e disseminado no exterior, contendo muitos paradoxos químico-físicos e revocando sob severo exame os princípios hipostáticos (como chamam) dos espagiristas.[56]

Ele editou, recentemente, outro livrinho,[57] que talvez ainda não tenha chegado aos vossos livreiros, por isso o envio para ti neste

peramanter, ut hoc munusculum boni consulas. Continet libellus, ut videbis, defensionem virtutis Elasticae Aëris contra quendam Franciscum Linum, qui funiculo quodam, intellectum juxtà, ac sensum omnem figiente, Phaenomena, in Experimentis novis Physico-Mechanicis Domini Boylii recitata, explicare fatagit. Evolve, et expende libellum, et tua de eo animi sensa mihi deprome.

Societas nostra Regia institutum suum gnaviter pro viribus prosequitur, intra experimentorum, observationumque cancellos sese continens, omnesque Disputationum anfractus devitans.

Egregium super captum fuit experimentum, quod valdè torquet Vacuistas, Plenistis verò vehementer placet. Est verò tale.

[71] Phiala vitrea A, repleta ad summitatem aquâ, orificio ejus in vas vitreum B, aquam continens, inverso, imponatur Recipienti Novae Machinae Pneumaticae Domini Boylii; exhauriatur mox aër ex Recipiente; conspicientur bullae magnâ copiâ ex aquâ in Phialam A adscendere, et omnem inde aquam in vas B, infra superficiem aquae ibi contentae, depellere. Reliquantur in hoc statu duo vascula ad tempus unius, alteriusve diei, aëre identidem ex dicto Recipiente crebris exantlationibus evacuato. Tum exinantur è Recipiente, et Phiala A repleatur hâc aquâ, aëre privatâ, rursumque invertatur in vas B, ac Recipienti denuo utrumque vas includatur. Exhausto iterum Recipiente per debitas exantlationes, conspicietur fortè bullula quaedam ex collo Phialae A adscendere, quae ad summitatem emergens, et continuatâ exantlatione seipsam expandens, rursum omnem depellet aquam ex Phiala, ut prius. Tum Phiala iterum ex Recipiente eximatur, et exhaustâ aëre aquâ ad summum repleatur, invertaturque, ut priùs, et Recipienti immittatur. Tum aëre probè evacuetur Recipiens, eoque ritè, et omninò evacuato,

pacote, e rogo muito encarecidamente que recebas bem este pequeno presente. O livrinho, como verás, contém a defesa da virtude elástica do ar contra um certo Franciscus Linus, que, com um certo funículo, que foge ao intelecto e a todo sentido, azafama-se em explicar os fenômenos citados no *Novos experimentos físico-mecânicos* do senhor Boyle.[58] Folheia e pondera o livrinho, e expõe para mim teus pensamentos sobre ele.

Nossa Sociedade Real persegue com ardor seu plano, de acordo com suas forças, contendo-se dentro das cancelas das observações e dos experimentos, e evitando todos os rodeios das discussões.

Recentemente, obteve-se um notável experimento que aflige fortemente os vacuístas, mas agrada veementemente os plenistas. É assim. Um frasco de vidro A, repleto de água até o topo, com seu [71] orifício invertido no vaso de vidro B contendo água, é posto no recipiente da nova máquina pneumática do senhor Boyle; logo depois, o ar é exaurido do recipiente; avistar-se-ão bolhas ascender em grande abundância da água para o frasco A, e daí expelir toda a água para o vaso B, abaixo da superfície da água contida neste. Os dois vasinhos são deixados nesse estado pelo tempo de um ou dois dias, com o ar repetidamente evacuado do dito recipiente com ininterruptos bombeamentos. São então retirados do recipiente, e o frasco A é enchido com essa água isenta de ar e invertido novamente no vaso B, e ambos são incluídos de volta no recipiente. Com o recipiente novamente exaurido através dos devidos bombeamentos, talvez avistar-se-á ascender alguma bolhinha do pescoço do frasco A, que, emergindo até o topo e expandindo-se com bombeamentos contínuos, expelirá de volta toda a água do frasco como antes. O frasco é então novamente retirado do recipiente, enchido até o topo com a água exaurida de ar, invertido como antes e introduzido no recipiente. O recipiente é então muito bem evacuado de ar, e, evacuado de maneira rigorosa e por completo,

remanebit aqua in Phiala sic suspensa, ut nullatenus descendat. In hoc experimento causa, quae juxta Boylium sustinere aquam in experimento Torricelliano statuitur, (aër nempe, aquae in vasculo B incumbens) ablata planè videtur, nec tamen aqua in Phialâ descendit. Plura statueram hîc subjungere, sed amici, et occupationes me avocant. <Ik zal 'er alleenlijk dit noch bydoen, dat, indien 't u belieft de dingen, die gy doet drukken, aan my te zenden, gy 't opschrift uwer brieven en pakjes op deze volgende wijze stelt, enz.>

[72]   Non possum claudere literas, quin iterum iterumque ubi inculcem publicationem eorum, quae tu ipse es meditatus. Nunquam desistam te hortari, donec petitioni meae satisfeceris. Interea temporis, si quaedam contentorum illorum capita mihi impertiri velles, oh! quàm te deperirem, quantâque necessitudine me tibi obstrictum judicarem! Valeas florentissimè, meque ut facis, amare pergas,

Tui Studiosissimum, et Amicissimum
Henr. Oldenburg.
Londini, 31. Julii, 1663.

a água remanescerá suspensa no frasco de modo que não desce de jeito nenhum. Nesse experimento, a causa que, conforme Boyle, defende-se suster a água no experimento torricelliano[59] (a saber, o ar que jaz sobre a água no vasinho B) parece totalmente suprimida, e contudo a água não desce no frasco. Eu decidira submeter aqui mais coisas, mas os amigos e as ocupações me chamam. <Acrescentarei apenas que, se te aprouver enviar-me as coisas que publicaste, coloques tuas cartas e os fascículos da seguinte maneira, etc.>

Não posso encerrar a carta sem inculcar-te de novo e de novo [72] a publicação das coisas que tu mesmo meditaste. Até que satisfaças meu pedido, nunca desistirei de exortar-te. Neste intervalo de tempo, se quiseres partilhar comigo alguns pontos principais daquelas coisas sustentadas, oh! quanto apreço eu terei por ti e com quanta necessidade me julgarei obrigado a ti! Que tua saúde floresça, e continues, como fazes, a apreciar a mim,

Teu devotadíssimo e amicíssimo

HENR. OLDENBURG.

Londres, 31 de julho de 1663.

Epistola XVI.

Clarissimo Viro
B. d. S.
HENRICUS OLDENBURGIUS.

Praestantissime Vir, et *Amice Colendissime,*

Vix tres quatuorve dies sunt elapsi, ex quo Epistolam per tabellionem ordinarium ad te dabam. Memineram ibi cujusdam libelli à Domino Boylio conscripti, et tibi transmittendi. Non tum [74] affulgebat spes tam citò nanciscendi amicum, qui eum perferret. Ex eo tempore se obtulit quidam opinione meâ celeriùs. Accipias igitur nunc, quod tunc mitti non poterat, unaque Domini Boylii, qui nunc rure in Urbem reversus est, salutem officiosissimam. Rogat ille, ut Praefationem in Experimenta ipsius circa Nitrum factam consulas, intellecturus inde verum, quem sibi praestituerat in eo Opere, scopum; ostendere videlicet resurgentis Philosophiae solidioris placita claris experimentis illustrari, et haec ipsa sine Scholarum formis, qualitatibus, elementis nugatoriis optimè explicari posse; neutiquam autem in se suscepisse naturam Nitri docere, vel etiam improbare ea, quae de materiae homogeneitate, deque corporum differentiis, ex motu, et figura, etc. duntaxat exorientibus, à quoquam tradi possunt. Hoc duntaxat se voluisse ait, texturas corporum varias, varia eorum discrimina inducere, ab iisque diversa admodùm effecta proficisci, riteque inde, quamdiu ad primam materiam resolutio facta non fuerit, heterogeneitatem aliquam à Philosophis, et aliis concludi. Nec putem, in rei fundo inter te, et Dominum Boylium dissensum esse. Quòd verò ais, omnem calcem, cujus meatûs angustiores sunt, quàm ut particulas Nitri continere queant, quorumque parietes languidi sunt, aptam esse ad motum particularum Nitri sistendum, proindeque ad ipsum Nitrum redintegrandum; respondet Boylius, si cum aliis calcibus spiritus Nitri misceatur, non tamen cum ipsis verum Nitrum compositum iri.

Quoad Ratiocinationem, quâ ad evertendum vacuum uteris, attinet, ait Boylius, se eam nôsse, et praevidisse; at in ipsâ nequaquam acquiescere: quâ de re alibi dicendi locum fore asserit.

Carta XVI

[73]

Ao claríssimo senhor
B. D. S.
HENRY OLDENBURG

Prestantíssimo senhor e estimadíssimo amigo,

Mal se passaram três ou quatro dias desde que te mandei uma carta por correio comum. Lembrara-me ali de certo livrinho escrito pelo senhor Boyle e de transmiti-lo a ti. Não me fulgia então a esperança de [74] encontrar tão rapidamente um amigo que o levasse. Desde aquele momento, ofereceu-se alguém mais depressa do que eu esperava. Portanto, recebas agora o que então não pôde ser enviado e junto uma oficiosíssima saudação do senhor Boyle, que agora retornou do campo para a cidade. Ele roga que consultes o prefácio feito para os seus experimentos acerca do nitro, para daí entender o verdadeiro escopo que ele preestabelecera para si nessa obra, a saber, mostrar que os preceitos da mais sólida filosofia ressurgente podem ser ilustrados com experimentos claros e que estes podem ser muito bem explicados sem as formas, as qualidades e os insignificantes elementos das Escolas; porém, de maneira nenhuma auspiciou ensinar a natureza do nitro ou mesmo desaprovar as coisas que podem ser ditas por alguém sobre a homogeneidade da matéria e sobre as diferenças dos corpos que se originam tão somente do movimento, da figura etc. Diz que quis dizer apenas isto: as várias texturas dos corpos induzem suas várias discrepâncias, e delas derivam efeitos bastante diversos, e daí, enquanto a resolução à matéria primeira não for feita, alguma heterogeneidade será com razão concluída por filósofos e outros. E penso que, no fundo do assunto, não há dissentimento entre ti e o senhor Boyle. Mas quanto a afirmares que toda cal – cujos canais são mais estreitos do que podem para conter as partículas do nitro, e dos quais as paredes são moles – é apta a suster o movimento das partículas do nitro e, por conseguinte, a reintegrar o próprio nitro, Boyle responde que, se o espírito de nitro é misturado com outras cales, com elas, todavia, o nitro verdadeiro não há de ser composto.

No que atina ao raciocínio que usas para derrubar o vácuo, Boyle diz que o conhecia e que o previu, mas que de jeito nenhum aquiesce a ele; sobre esse assunto assere que alhures haverá lugar para dizer.

Petiit, ut te rogarem, an suppeditare ipsi exemplum possis, in quo duo corpora odora in unum conflata, corpus planè inodorum (Nitrum scilicet) componant. Tales ait esse partes Nitri, Spiritum quippe ipsius teterrimum spargere odorem, Nitrumque fixum odore non destitui.

Rogat porrò, ut probè consideres, an probam institueris inter glaciem, aquamque cum Nitro, ejusque Spiritu comparationem: [75] cùm tota glacies non nisi in aquam resolvatur, glaciesque inodora, in aquam relapsa, inodora permaneat: discrepantes verò qualitates inter Nitri spiritum, ejusque salem fixum reperiantur, uti Tractatus impressus abundè docet.

Haec, et similia inter disserendum de hoc argumento, ab Illustri Authore nostro accipiebam; quae per memoriae meae imbecillitatem, cum multâ ejus fraude potiùs, quàm existimatione, me repetere certus sum. Cùm de rei summâ consentiatis, nolim haec ulteriùs exaggerare: potiùs author essem, ut ingenia jungatis uterque ad Philosophiam genuinam, solidamque certatim excolendam. Te imprimis monere mihi fas sit, ut principia rerum, pro Mathematici tui ingenii acumine consolidare pergas: uti Nobilem meum amicum Boylium sine morâ pellicio, ut eandem experimentis, et observationibus, pluries, et accuratè factis, confirmet, illustretque. Vides Amice Charissime, quid moliar, quid ambiam: Novi nostrates hoc in Regno Philosophos suo muneri experimentali nequaquam defuturos; nec minùs persuasum mihi habeo, te quoque Provinciâ tuâ gnaviter perfuncturum, quicquid ogganniat, vel criminetur sive Philosophorum, sive Theologorum vulgus. Cùm literis praegressis jam te fuerim pluribus ad hoc ipsum hortatus, nunc me reprimo, ne fastidium tibi creem. Hoc saltem peto ulteriùs, ut quaecunque eorum typis jam mandata sunt, quae vel in Cartesium es commentatus, vel ex intellectûs tui scriniis propriis depromsisti, quantò ociùs mihi transmittere per Dominum Serrarium digneris. Habebis me tantò arctiùs tibi devinctum, intelligesque quâvis datâ occasione, me esse

Tui Studiosissimum

Henr. Oldenburg.

Londini 4. August. 1663

Ele me pediu para te perguntar se podes fornecer-lhe um exemplo no qual dois corpos odoros, fundidos em um único, componham um corpo totalmente inodoro (a saber, o nitro). Diz que tais são as partes do nitro, pois seu espírito esparge um odor muito tétrico, e o nitro fixo[60] é destituído de odor.[61]

Roga, ademais, que consideres muito bem se é boa a comparação que instituíste entre o gelo e a água, e o nitro e seu espírito, já que todo o gelo não se resolve senão em água, e o gelo inodoro, refluído [75] para água, permanece inodoro; mas entre o espírito de nitro e seu sal fixo são encontradas qualidades discrepantes, como abundantemente ensina o tratado impresso.

Essas e semelhantes coisas recebi de nosso ilustre autor ao dissertar sobre esse argumento; pela debilidade de minha memória, estou certo de que repito muitas delas antes com dano do que com estima. Já que consentes sobre o sumo do assunto, não quero exagerá-las mais; eu preferiria que juntásseis ambos os engenhos à porfia de bem cultivar uma filosofia genuína e sólida. Seja-me permitido advertir, principalmente, que continues a consolidar os princípios das coisas conforme a agudeza do teu engenho matemático; assim como alicio meu nobre amigo Boyle a que, sem demora, confirme e ilustre aquela [filosofia] com experimentos e observações feitas várias vezes e cuidadosamente. Vês, caríssimo amigo, no que me empenho, o que ambiciono. Sei que, neste reino, nossos filósofos de maneira nenhuma hão de faltar com seu dever experimental; e não menos me tenho persuadido de que, em tua província, também o cumprirás com ardor, seja o que for que o vulgo dos filósofos ou dos teólogos rosne ou incrimine. Como nas cartas precedentes já te havia exortado a isso, reprimo-me agora para não te criar fastio. Peço ao menos mais uma coisa, que te dignes a me transmitir pelo senhor Serrarius, o mais depressa possível, qualquer coisa que já esteja mandada à imprensa, ou que comentaste em Descartes, ou que retiraste do escaninho de teu próprio intelecto. Tú me terás tanto mais estreitamente vinculado a ti e entenderás que, dada qualquer ocasião, sou

Teu devotadíssimo
HENR. OLDENBURG.
Londres, 4 de agosto de 1663.

[158]

Epistola XXV.

Clarissimo Viro
B. d. S.
HENRICUS OLDENBURGIUS.

Vir Clarissime, mihique Amicissime,
Gaudebam magnopere, cùm ex nuperis Domini Serrarii literis intelligerem, te vivere, et valere, et Oldenburgii tui memorem esse: sed simul graviter fortunam meam (si fas est tali vocabulo uti) accusabam, quâ factum est, ut per tot mensium spatium, commercio illo suavissimo, quo antehac tecum utebar, privatus fuerim. Tum occupationum turba, tum calamitatum domesticarum immanitas culpandae sunt; meum quippe erga te studium amplissimum, fidaque amicitia firmo semper stabunt talo, et inconcussa perennabunt. Dominus Boylius, et ego non rarò de te, tuâ Eruditione, et profundis meditationibus confabulamur. Vellemus ingenii tui fœtus excludi, et doctorum amplexibus commendari, teque hâc in re exspectationi nostrae facturum satis confidimus. Non est quòd Domini Boylii diatriba de Nitro, deque Firmitate et Fluiditate apud vos imprimatur: hîc quippe Latino sermone jam excusa est, nec nisi commoditas deest exemplaria ad vos transvehendi. Rogo igitur, ne permittas, ut quis typographus vestras tale quid aggrediatur. Idem Boylius Tractatum insignem de Coloribus in lucem emisit, et Anglicè, et Latinè, simul et Historiam Experimentalem de Frigore, Thermometris, etc. ubi multa praeclara, multa nova. Nil nisi bellum hoc infaustum obstat, quò minùs libri ad vos transmittantur. Prodiit etiam Tractatus quidam insignis de sexaginta observationibus Microscopicis, ubi multa audacter; sed Philosophicè (juxta tamen principia Mechanica) disseruntur. Spero Bibliopolas nostros viam inventuros, horum omnium exemplaria ad Vos expediendi. Ego quid tu nuper egeris, vel sub manu habeas, accipere à manu tuâ propriâ aveo, qui sum
Tui Studiosissimus, et Amantissimus
Henr. Oldenburg.
Londini die 28 April. 1665.

Carta XXV

[158]

Ao claríssimo senhor
B. D. S.
HENRY OLDENBURG

Claríssimo senhor e meu amicíssimo,
Alegrei-me enormemente quando soube, por uma recente carta do senhor Serrarius, que vives e passas bem e que te lembras do teu Oldenburg; mas, em simultâneo, acusei gravemente minha fortuna (se é permitido usar tal vocábulo) por ter feito com que eu, pelo intervalo de tantos meses, tenha sido privado daquele suavíssimo comércio que antes tinha contigo. Tanto a turba de ocupações como a crueldade das calamidades domésticas hão de ser culpadas;[62] pois minha amplíssima devoção e fiel amizade em relação a ti sempre se apoiarão em um esteio firme e permanecerão inabaláveis. O senhor Boyle e eu não raramente confabulamos sobre ti, tua erudição e tuas profundas meditações. Gostaríamos que os frutos do teu engenho fossem expostos e recomendados aos abraços dos doutos, e confiamos que satisfarás à nossa expectativa nesse assunto. Não há por que ser impressa entre vós a diatribe do senhor Boyle sobre o nitro, e sobre a firmeza e a fluidez, pois aqui já foi publicada em língua latina e não falta senão comodidade para vos passar exemplares.[63] Rogo, pois, que não permitas que algum tipógrafo vosso comece algo assim. Boyle deu à luz, em inglês e latim, um insigne tratado sobre as cores[64] e, simultaneamente, uma história experimental sobre o frio,[65] os termômetros etc., onde [há] muitas coisas notáveis, muitas coisas novas. Nada senão esta infausta guerra[66] impede que os livros vos sejam transmitidos. Saiu também um insigne tratado sobre sessenta observações microscópicas, onde se dissertam muitas coisas de maneira audaciosa, mas filosófica (todavia, conforme os princípios mecânicos).[67] Espero que nossos livreiros encontrem uma via de vos enviar exemplares de todos esses. Anseio muito receber de tuas próprias mãos o que fizeste recentemente ou o que tens sob elas, eu que sou

Teu devotadíssimo e apreciador
HENR. OLDENBURG.
Londres, 28 de abril de 1665.

Epistola XXVI.

Viro Nobilissimo, ac Doctissimo
HENR. OLDENBURGIO
B. D. S.

Amice integerrime,

Paucis ante diebus amicus quidam epistolam tuam 28. Aprilis, quam à Bibliopolâ Amstelaedamensi, qui eam sine dubio à D. Ser. acceperat, sibi traditam ajebat. Gavisus sum summoperè, quòd tandem ex te ipso intelligere licuit, te bene valere, tuumque erga me animum benevolum eundem atque olim esse. Ego sanè, quotiescunque data fuit occasio, D. Ser. et Christian. Hugenium Z. D. qui etiam te novisse mihi dixerat, de te, tuâque valetudine rogare non desii. Ab eodem D. Hugenio etiam intellexi eruditissimum D. Boylium vivere, et in lucem emisisse Tractatum illum insignem de Coloribus Anglicè, quem ille mihi commodato daret, si linguam Anglicam callerem. Gaudeo igitur ex te scire, hunc Tractatum simul cum illo altero de frigore, et Thermometris, de quo nondum audiveram Latinâ civitate donatos, et publici juris factos. Liber de observationibus microscopicis etiam penes D. Hugenium est, sed ni fallor Anglicè. Mira quidem mihi de hisce microscopiis narravit, et simul de Telescopiis quibusdam in Italiâ elaboratis, quibus Eclypses in Jove ab interpositione Satellitum observare potuerunt, ac etiam umbram quandam in Saturno, tanquam ab annulo factam. Quorum occasione non satis possum mirari Cartesii praecipitantiam, qui ait causam, cur Planetae juxta Saturnum (ejus enim ansas Planetas esse putavit, fortè quia eas Saturnum tangere nunquam observavit) non moventur, posse esse, quòd Saturnus circa proprium axem non gyret, cùm hoc cum suis principiis parùm conveniat, tum quia ex suis principiis facillimè ansarum causam explicare potuerat, nisi praejudicio laboraret, etc.

Carta XXVI

[159]

Ao nobilíssimo e doutíssimo senhor
HENR. OLDENBURG
B. d. S.

Integérrimo amigo,

Há poucos dias, um amigo afirmou que tua carta de 28 de abril lhe foi entregue por um livreiro[68] de Amsterdã, que sem dúvida a recebera do Sr. Serrarius.[69] Alegrei-me muitíssimo porque finalmente foi lícito saber de ti mesmo que passas bem e que teu ânimo benévolo em relação a mim é o mesmo de outrora. Eu, certamente, em todas as vezes que me foi dada a ocasião, não deixei de perguntar sobre ti e tua saúde ao Sr. Serrarius e a Christiaan Huygens,[70] Senhor de Zeelhem,[71] que me dissera ter-te conhecido também. Pelo mesmo Sr. Huygens soube também que o eruditíssimo Sr. Boyle vive e que deu a lume, em inglês, aquele insigne tratado sobre as cores, o qual ele me daria de empréstimo se eu versasse a língua inglesa. Alegro-me, pois, por saber de ti que esse tratado, em simultâneo com aquele outro sobre o frio e os termômetros, sobre o qual eu ainda não ouvira falar, foram doados à cidadania latina e publicados legalmente. Também está na posse do Sr. Huygens o livro sobre as observações microscópicas, mas, se não me engano, em inglês.[72] Contou-me coisas maravilhosas sobre esses microscópios e em simultâneo sobre certos telescópios elaborados na Itália, com os quais puderam observar em Júpiter eclipses pela interposição de satélites, e também certa sombra em Saturno como que feita por um anel.[73] Por ocasião dessas coisas, não posso admirar-me o suficiente da precipitação de Descartes,[74] que diz que o motivo por que os planetas perto de Saturno não se movem (com efeito, pensou que suas ansas são planetas, talvez porque nunca as observou tocarem Saturno) pode ser o fato de que Saturno não gira em torno do próprio eixo; pois isso não só pouco convém com seus princípios, como também teria ele podido, a partir dos seus princípios, explicar muito facilmente a causa das ansas se não sofresse de um preconceito etc.

[164]

Epistola XXIX.

Clarissimo Viro
B. D. S.
HENRICUS OLDENBURGIUS.

Vir Praestantissê, colendissê Amice,
Ex postremis tuis, 4. Sept. ad me exaratis literis, elucet, Tibi nostra non obiter cordi esse. Devinxisti non me modo, sed praenobilem Boylium nostrum, qui Tibi, mecum, eo nomine maximas gratias agit, omni officiorum genere, quae quidem ab ipso proficisci possunt, humanitatem et affectum tuum datâ occasione compensaturus. Idem quoque de memetipso firmiter tibi poteris persuadere. Sed virum illum quod spectat nimis officiosum, qui non obstante illâ versione Tractatûs de Coloribus, quae hic jam expedita est, adornare nihilominus aliam voluit, sentiet fortassis, se male sibi praepostero illo studio consuluisse. Quid enim de ipsius fiet Translatione, si Author Latinam illam, hîc in Anglia paratam, quamplurimis Experimentis, quae in Anglico non reperiantur, fecerit auctiorem? Necesse est, nostram, brevi nunc disseminandam, suae omninò tunc praeferri, et multo pluris apud quosvis sanos aestimari. Sed abundet suo sensu, si velit; nos nostra, prout maximè consultum visum fuerit, curabimus.

Kircheri Mundus Subterraneus nondum in mundo nostro Anglico comparuit, ob pestem, omnia ferè commercia prohibentem. Accedit Bellum atrocissimum, quod non nisi malorum Iliada secum trahit, et humanitatem omnem tantum non è mundo exterminat. Interim tamen, licèt Societas nostra Philosophica nullos, periculoso hoc tempore, coetus agat publico: hi tamen illive ejus Socii, tales se esse non obliviscuntur. Hinc alii Experimentis Hydrostaticis, alii Anatomicis, alii Mechanicis, alii aliis, privatim incumbunt. Dñus Boylius originem Formarum et Qualitatum, prout ea hactenus in Scholis et à pedagogis tractata fuit, sub examen vocavit, et tractatum de eo, (haud [165] dubié insignem) praelo brevi subjiciendum concinnavit. Video,

Carta XXIX[75]

[164]

Ao claríssimo senhor
B. D. S.
HENRY OLDENBURG

Prestantíssimo senhor, estimadíssimo amigo,

De tua última carta[76] exarada a mim em 4 de set., é lúcido que, não de passagem, nossas coisas são do teu agrado. Tu te vinculaste não só a mim, mas também ao nosso nobilíssimo Boyle, que comigo dá-te por esse motivo os maiores agradecimentos e, dada a ocasião, compensará tua humanidade e teu afeto com todo gênero de serviços que dele possam provir, e tu também poderás, com firmeza, persuadir-te do mesmo sobre mim. Mas no que respeita àquele homem demasiado oficioso que, não obstante aquela versão do *Tratado sobre as cores*[77] que aqui já está pronta, quis preparar outra, sentirá ele que talvez tenha feito mal a si com aquela dedicação prepóstera. Pois que se fará da tradução dele se o autor enriqueceu aquela latina, preparada aqui na Inglaterra, com inúmeros experimentos que não se encontram no inglês? É necessário que a nossa, a ser disseminada logo mais, seja totalmente preferida à sua e muito mais estimada por quaisquer homens sensatos. Mas se ele quer, que seja abundante em seu senso; cuidaremos das nossas coisas conforme o que virmos de mais sensato.

O *Mundo subterrâneo* de Kircher[78] ainda não compareceu em nosso mundo inglês por causa da peste,[79] que proíbe quase todos os comércios. Acrescenta-se a atrocíssima guerra, que consigo não traz senão uma ilíada de males e quase extermina do mundo toda a humanidade. Nesse ínterim, ainda que nossa Sociedade Filosófica não faça nenhuma reunião pública neste perigoso momento, aqui ou ali seus sócios não esquecem que tais o são. Daí, uns se incumbem particularmente de experimentos hidrostáticos, outros de anatômicos, outros de mecânicos, outros de outros. O Sr. Boyle chamou ao exame a origem das formas e qualidades, tal como ela até agora foi tratada nas escolas e pelos pedagogos, e compôs um tratado sobre isso (sem dúvida, insigne), submetendo-o [165]

Te non tam philosophari, quam, si ita loqui fas est, Theologizare; de Angelis quippe, prophetia, miraculis, cogitata tua consignas. Sed forsan id agis Philosophicè: ut ut fuerit, certus sum, opus esse te dignum, et mihi inprimis desideratissimum. Cum difficillima haec tempora commerciorum obstent libertati, id saltem rogo, ut consilium et scopum tuum in isthoc tuo scripto mihi in proximis tuis significare non graveris.

Quotidiè nova hic expectamus de secundo praelio navali, nisi fortè Classis vestra se rursum in portum subduxerit. Virtus, de qua disceptari inter vos innuis, ferina est, non humana. Si enim juxta rationis ductum agerent homines, non ita se invicem dilaniarent, ut est in propatulo. Sed quid queror? Vitia erunt, donec homines; sed nec illa perpetua, et interventu meliorum pensantur.

Dum haec scribo, traditur espistola ab insigni illo Astronomo Dantiscano, Dno Johanne Hevelio, ad me scripta; in qua, inter alia mihi significat, Cosmetographiam ipsius, duodecim libris constantem, jam per integrum annum sub praelo sudasse, et paginas jam 400. sive 9. libros priores absolutos esse. Indicat praeterea, se mihi aliquot Exemplaria transmisisse Prodromi sui Cometici, in quo priorem binorum nuperorum Cometarum fuse descripserit; sed ea nondum ad manus meas pervenerunt. Statuit insuper, de posteriori quoque Cometas librum alium edere, et doctorum judicio subjicere.

Quid, amabo, vestrates judicant de Pendulis Hugenianis, inprimis de illorum genere, quae adeo exactam temporis mensuram exhibere dicuntur, ut Longitudinibus in mari inveniendis possint inservire? Quid etiam fit de ipsius Dioptrica, et Tractatu de Motu, quem utrumque diu jam expectavimus. Certus sum, eum non otiari; scire tantùm cuperem, quid promoveat. Tu optimè valeas, et amare pergas

Tui Studiosissimû

H. O.

A Monsieur
Monsr Benedictus Spinosa
   In baggyne-straet
  ten huyse van Mr Daniel   *à la*
  de Schilder in Adam en   *Haye.*
  Eva.

ao prelo em breve.[80] Vejo que não filosofas tanto, mas sim teologizas, se é permitido dizer assim; pois assinalas teus pensamentos sobre anjos, profecia e milagres. Mas talvez o faças filosoficamente; seja como for, estou certo de que é uma obra digna de ti e, sobretudo, desejadíssima por mim. Como estes tempos dificílimos obstam à liberdade dos comércios, rogo que pelo menos não te acanhes em me sinalizar em tua próxima carta tua decisão e teu escopo nesse teu escrito.

Aqui, quotidianamente, esperamos notícias sobre a segunda batalha naval,[81] a não ser que talvez vossa frota se tenha retirado ao porto novamente. A coragem sobre a qual indicas discutir-se entre vós é ferina, não humana. Com efeito, se os homens agissem segundo o fio da razão, então não se dilaniariam uns aos outros, como está à vista de todos. Mas do que me queixo? Haverá vícios enquanto houver homens; mas aqueles não só não são perpétuos, como também são compensados pela intervenção de coisas melhores.

Enquanto escrevo esta, foi-me entregue uma carta escrita a mim por aquele insigne astrônomo de Danzig, o Sr. Johannes Hevelius,[82] na qual ele me sinaliza, entre outras coisas, que sua *Cometographia*, que consiste de doze livros, já esteve no prelo por um ano inteiro e que 400 páginas já estão acabadas, ou seja, os nove primeiros livros. Indica, além disso, ter transmitido a mim alguns exemplares do seu *Prodromus Cometicus*, no qual descreveu amplamente o primeiro dos dois recentes cometas; mas ainda não chegaram às minhas mãos. Decidiu, ainda por cima, também editar outro livro sobre o último cometa e submetê-lo ao juízo dos doutos.[83]

Por favor, o que julgam os vossos sobre os pêndulos de Huygens, principalmente sobre o gênero daqueles que dizem exibir uma medida tão exata do tempo que podem servir para encontrar longitudes no mar?[84] O que também ocorre com sua dióptrica e seu tratado do movimento, ambos os quais já esperamos por muito tempo?[85] Estou certo de que ele não está ocioso; desejaria somente saber o que ele promove. Que tu passes muito bem e continues a apreciar

Teu devotadíssimo
H. O.

Ao senhor
Senhor Bento de Espinosa
Em Bagijnestraat
Na casa do Sr. Daniel,   *Para*
o pintor, em Adão e   *Haia.*[86]
Eva.

Epistola XXX.

Viro Nobilissimo ac Doctissimo,
HENRICO OLDENBURGIO
B. D. S.

...Gaudeo, philosophos vestrates vivere, sui suaeque reipublicae memores. Quid nuper fecerint, expectabo, quando bellatores sanguine fuerint saturi, et, ad vires nonnihil instaurandas, quieverint. Si celebris ille irrisor hac aetate viveret, risu sanè periret. Me tamen hae turbae nec ad risum, nec etiam ad lacrymandum, sed potius ad philosophandum, et humanam naturam melius observandam, incitant. Nam nec naturam irridere, mihi fas existimo, multò minùs ipsam deplorare, dum cogito, homines, ut reliqua, partem tantùm esse naturae, meque ignorare, quomodo unaquaeque pars naturae cum suo toto conveniat, et quomodo cum reliquis cohaereat; et ex solo hujus cognitionis defectu reperio, quòd quaedam naturae, quae ita ex parte et non nisi mutilatè percipio, et quae cum nostra mente philosophica minimè conveniunt, mihi antehac vana, inordinata, absurda, videbantur: jam verò unumquemque ex suo ingenio vivere sino, et qui volunt, profecto suo bono moriantur, dummodò mihi pro vero vivere liceat. Compono jam tractatum de meo circa scripturam sensu; ad id verò faciendum me movent, 1. Praejudicia theologorum: sciò enim, ea maximè impedire, quò minus homines animum ad philosophiam applicare possint: ea igitur patefacere atque amoliri à mentibus prudentiorum satago. 2. Opinio, quam vulgus de me habet, qui me atheismi insimulare non cessat: eam quoque averruncare, quoad fieri potest, cogor. 3. Libertas philosophandi dicendique quae sentimus; quam asserere omnibus modis cupio, quaeque hîc ob nimiam concionatorum authoritatem, et petulantiam utcunque supprimitur. Nondum audio, Cartesianum aliquem ex Cartes. hypothesi, nuperorum cometarum phaenomena explicare; et dubito, an ex illa ritè explicari possint...

Carta XXX[87]

[166]

Ao nobilíssimo e doutíssimo senhor
HENRY OLDENBURG
B. D. S.

...Alegro-me que vossos filósofos estejam vivos e lembrem-se de si e de sua república. Esperarei pelo que fizeram recentemente, quando os combatentes estiverem saturados de sangue e repousarem um pouco para restaurar as forças. Se aquele célebre zombador[88] vivesse nesta época, certamente morreria de riso. Todavia, essas perturbações não me incitam nem a rir nem a chorar, mas antes a filosofar e a observar melhor a natureza humana.[89] Pois não estimo lícito a mim rir da natureza e muito menos deplorá-la, enquanto penso que os homens, como as demais coisas, são somente uma parte da natureza e que ignoro como cada parte da natureza convém com seu todo e como coere com as demais; e descubro que, a partir desse só defeito do conhecimento, antes me pareciam vãs, desordenadas, absurdas, certas coisas da natureza que de fato não percebo senão em parte e mutiladamente, e que de maneira nenhuma convêm com nossa mente filosófica; mas agora deixo cada um viver segundo seu engenho, e os que querem, que morram seguramente por seu bem, contanto me seja lícito viver para a verdade. Componho agora um tratado sobre meu pensamento acerca da Escritura;[90] de fato, movem-me a fazê-lo: 1. os preconceitos dos teólogos; pois sei que eles impedem maximamente que os homens possam aplicar o ânimo à filosofia; azafamo-me, pois, em explicá-los e afastá-los das mentes dos mais prudentes; 2. a opinião que de mim tem o vulgo, que não cessa de insimular-me de ateísmo, forço-me o quanto possível a também afastá-la; 3. a liberdade de filosofar e dizer as coisas que pensamos, a qual desejo asserir de todos os modos, e que aqui é suprimida de qualquer maneira por causa da demasiada autoridade e petulância dos pregadores. Ainda não ouço cartesiano algum explicar os fenômenos dos recentes cometas a partir da hipótese de Descartes;[91] e duvido que possam ser rigorosamente explicados a partir dela...

...Kircheri Mundum Subterraneum apud Dn. Hugenium vidi, qui ejus pietatem laudat, non ingenium; nescio an quia de pendulis agit, deque iis concludit, ea minime inservire longitudinibus inveniendis, quod sententia Hugenii prorsus adversatur. Scire cupis, quid Nostrates de Pendulis Hugenianis novis sentiunt. Nil certi adhuc possum ea de re tibi significare; hoc tamen scio, fabrum, qui solus jus habet ad ea fabricandum, ab opere plane cessare, quoniam ea vendere non potest: Nescio, an propter commercia interrupta, an vero quia nimis care ea venditat, nam 300 florenis Carolinis unum- quodque aestimat. Idem Hugenius a me rogatus de sua dioptrica, deque alio circa Parhelios tractatu, respondit se in dioptricis quid adhuc quaerere quod simul ac invenerit librum illum typis una cum tractatu de Parheliis mandaturum. Verum puto ego, eum in prae- sentiarum de Gallico suo itinere (in Galliam enim habitatum ire parat, simul ac parens redux factus fuerit) magis quam de ulla re alia cogitare. Quod vero in Dioptricis ait se quaerere, est, em um vitra in Telescopiis ordinare ita possit ut defectus unius, defectum alterius corrigat, atque ita efficere, ut omnes radii paralleli vitrum objectivum permeantes ad oculum perveniant tanquam si in puncto mathemetico coiissent: quod mihi adhuc videtur impossibile. Caeterum, in tota sua dioptrica, ut partim vidi, partim ab ipso, ni fallor, intellexi, non nisi de figuris sphaericis agit. Tractatum vero de motu, de quo etiam sciscitaris, frustra exspectari puto. Nimis dudum factum est, ex quo jactare coepit, se regulas motus et naturae leges calculo longe aliter invenisse, quam a Cartesio traduntur, illasque Cartesii falsas fere omnes esse: Nec tamen huc usque ullum ea de re specimen edidit. Scio, quidem, me, ante annum circiter, ab eo audivisse, omnia quae ipse dudum circa motum calculo invenerat, post in Anglia experimentis comprobata reperisse: quod vix credo; judico autem, in regula motus, Cartesio sexta, eum et Cartesium plane errare...

...Vi o *Mundo subterrâneo* de Kircher com o Sr. Huygens, que louva sua piedade, não seu engenho; não sei se porque trata dos pêndulos e sobre eles conclui que não servem de maneira alguma para encontrar longitudes, o que se opõe totalmente à opinião de Huygens. Desejas saber o que pensam os nossos sobre os novos pêndulos de Huygens. Até agora nada de certo posso sinalizar-te sobre esse assunto; sei, todavia, que o artesão,[92] que sozinho tem o direito de fabricá-los, cessa completamente do trabalho porquanto não pode vendê-los. Não sei se por causa dos comércios interrompidos ou se, na verdade, porque ele os vende demasiado caro, pois estima cada um em 300 florins carolinos. O mesmo Huygens, por mim perguntado sobre sua dióptrica e sobre um outro tratado acerca dos parélios,[93] respondeu que ainda procura algo na dióptrica, e que, assim que o descobrir, mandará à imprensa aquele livro junto com o tratado sobre os parélios. Porém, penso que ele, no presente momento, pensa sobre sua viagem à França (pois se prepara para ir morar na França assim que seu pai retornar) mais que sobre algum outro assunto. Mas o que ele diz procurar na dióptrica é se pode ordenar as lentes nos telescópios de modo que o defeito de uma corrija o defeito da outra, e, assim, fazer com que todos os raios paralelos que permeiam a lente objetiva cheguem ao olho como se houvessem juntado em um ponto matemático,[94] o que ainda me parece impossível. De resto, em sua dióptrica toda, como em parte vi, em parte, se não me engano, soube por ele mesmo, não trata senão de figuras esféricas. Mas o tratado do movimento, sobre o qual também perguntas, penso ser esperado em vão. Faz um tempo demasiado desde que ele começou a jactar-se de ter descoberto por cálculo as regras do movimento e as leis da natureza muito diferentemente das que são apresentadas por Descartes, e que aquelas de Descartes são quase todas falsas.[95] E, todavia, até agora não editou nenhum ensaio sobre esse assunto. Sei que, de fato, há cerca de um ano ouvi dele que todas as coisas que ele próprio descobrira por cálculo, há algum tempo, acerca do movimento, encontrou depois, na Inglaterra, comprovadas por experimentos; nisso creio com dificuldade;[96] julgo, porém, que ele e Descartes erram completamente na regra do movimento, a sexta em Descartes[97]...

[167]

Epistola XXXI.

Clarissimo Viro
B. D. S.
HENR. OLDENBURGIUS.

Vir praestantissime, Amice colende,

Facis, ut Virum cordatum, et Philosophum decet, quòd Viros bonos amas; nec est, quòd dubites, quin illi te reclament, et merita tua, prout par est, aestiment. Dominus Boylius unà mecum salutem plurimam tibi nunciat, utque strenuè, et ἀκριβῶς Philosophari pergas, te hortatur. Imprimis, si quid tibi lucis affulserit in arduâ indagine, quae in eo versatur, ut cognoscamus, quomodò unaquaeque pars Naturae cum suo toto conveniat, et quâ ratione cum reliquis cohaereat, ut illud nobis communices, peramanter rogamus. Causas, quas memoras, tanquam incitamenta ad Tractatum de Scripturâ concinnandum, omninò probo, inque votis efflictim habeo, me usurpare jam oculis posse, quae in argumentum istud es commentatus. Dominus Serrarius fortè fasciculum aliquem brevi ad me transmittet, cui, si visum ità fuerit, committere tutò poteris, quae eâ de re jam compsuisti, et reciprocam tibi officiorum nostrorum promptitudinem polliceri.

Kircheri *Mundum Subterraneum* quadantenus evolvi, et quamvis ratiocinia ejus, et theoriae non commendent ingenium, Observationes tamen, et Experimenta, nobis ibi tradita, collaudant diligentiam Auctoris, ejusque de Republicâ Philosophicâ benè merendi voluntatem. Vides igitur, me plusculum illi tribuere, quàm pietatem, facileque dignoscis eorum animum, qui Benedictam hanc aquam illi adspergunt. Quando verba facis de Tractatu Hugeniano de Motu, innuis Cartesii Regulas motûs falsas ferè omnes esse. Non jam ad manum est libellus, quem antehac edidisti de Cartesii Principiis Geometricè Demonstratis: non subit animum, em um ibi falsitatem istam ostenderis, an verò

[168] Cartesium, in aliorum gratiam, κατὰ πόδα fueris secutus. Utinam

Carta XXXI

[167]

Ao claríssimo senhor
B. D. S.
HENR. OLDENBURG

Prestantíssimo senhor, estimado amigo,

Ao apreciares os homens bons, fazes como é próprio de um homem sensato e um filósofo; e não há por que duvidares que eles te retribuam o apreço e estimem teus méritos como é justo. O senhor Boyle, junto comigo, dá-te muitas saudações e exorta-te a continuares a filosofar corajosamente e ἀκριβῶς.[98] Sobretudo, se fulgir alguma luz na árdua indagação que trata sobre conhecermos como cada parte da natureza convém com seu todo e de que maneira coere com as demais, rogamos muito encarecidamente que no-la comuniques. Aprovo totalmente as causas que mencionas como incitamentos para compor um tratado sobre a Escritura; e faço votos ardentes de poder já usurpar com os olhos as coisas que comentaste sobre esse argumento. Em breve, talvez, transmitir-me-á algum fascículo o senhor Serrarius, a quem poderás confiar com segurança, se assim parecer, as coisas que já compuseste sobre esse assunto, e assegurar-te da recíproca prontidão de nossos serviços.

Folheei até certo ponto o *Mundo subterrâneo* de Kircher, e, embora seus raciocínios e teorias não indiquem engenho, as observações e os experimentos ali apresentados a nós enchem de louvor a diligência do autor e sua vontade de bem servir à república filosófica. Vês, portanto, que atribuo a ele um pouco mais do que piedade, e discernes facilmente a intenção daqueles que nele aspergem essa água benta. Quando falas sobre o tratado do movimento de Huygens, indicas que as regras do movimento de Descartes são quase todas falsas. Já não está à mão o livrinho que editaste antes sobre os *Princípios* de Descartes geometricamente demonstrados;[99] não me ocorre ao ânimo se mostraste ali essa falsidade ou se na verdade, para a graça de outros, seguiste Descartes κατὰ πόδα.[100] Oxalá finalmente [168]

tandem proprii ingenii foetum excluderes, et orbi Philosophico fovendum, et educandum committeres! Memini te alicubi indigitâsse multa ex iis, quae Cartesius ipse captum humanum superare ajebat, quin et multò sublimoria, et subtiliora evidenter posse ab hominibus intelligi et clarissimè explicari. Quid haeres, mi Amice, quid metuis? Tenta, aggredere, perfice tanti momenti provinciam, et videbis totum verè Philosophantium Chorum tibi patrocinari. Fidem meam obstringere audeo, quòd non facerem, si liberare me eam posse dubitarem. Nullatenus crediderim: in animo tibi esse, quicquam contra Existentiam, et Providentiam Dei moliri; et fulcris hisce incoluminibus, firmo talo stat Religio, facileque etiam quaevis Contemplatione Philosophicae vel defenduntur, vel excusantur. Rumpe igitur moras, nec scindi tibi penulam patiaris.

Brevi putem te accepturum, quid de Cometis nuperis sit statuendum. Disceptant inter se de factis Observationibus Hevelius Dantiscanus, et Auzoutus Gallus; ambo Viri docti, et Mathematici. Discipitur hoc tempore controversia, et quando judicata lis fuerit, mihi, credo, res tota communicabitur, et à me tibi. Hoc asserere jam possum, omnes, qui quidem mihi cogniti sunt, Astronomos judicare, non unum, sed duos Cometas fuisse, nec in quenquam hactenus incidi, qui ex Hypothesi Cartesianâ, ipsorum Phaenomena conatus fuerit explicare.

Rogo, si quid porrò acceperis de studiis, et laboribus Domini Hugenii, deque successu pendulorum, <in 't stuk van de Langte te vinden,> ut et de ipsius transmigratione in Galliam, mihi quàmprimum significare non graveris. Adjungas ea, rogo, quae apud Vos forte dicuntur de Tractatu pacis, de Suecici exercitûs, in Germaniam transvecti, consiliis, deque Episcopi Monasteriensis progressu. Totam credo Europam sequenti aestate bellis involutum iri, et omnia videntur ad mutationem inusitatam vergere. Serviamus nos summo Numini castâ mente, e Philosophiam veram, solidam, et utilem excolamus. Nonnulli ex Philosophis nostris, Regem Oxonium secuti, non raros ibi coetus agitant, et de promovendis studiis Physicis consulunt. [169] Inter alia in Sonorum naturam inquirere nuper coeperunt.

expusesses os filhos do teu próprio engenho e os confiasses ao orbe filosófico para acalentá-los e educá-los. Lembro-me que indicaste em algum outro lugar que muitas das coisas que o próprio Descartes afirmava superarem a compreensão humana, até mesmo as muito mais sublimes e sutis, podem ser evidentemente entendidas e muito claramente explicadas pelos homens.[101] Por que hesitas, meu amigo, o que temes? Tenta, começa, perfaz encargo de tanta importância, e verás patrocinar-te todo o coro dos que verdadeiramente filosofam. Ouso comprometer minha palavra, o que eu não faria se duvidasse poder recuperá-la. De jeito nenhum acreditei que tens a intenção de empenhar-te em algo contra a existência e a providência de Deus; e com esses incólumes fulcros, a religião apoia-se em um esteio firme, e também quaisquer contemplações filosóficas são defendidas e escusadas com facilidade. Portanto, acaba com a demora, e não deixes que teu manto seja rasgado.[102]

Penso que em breve receberás o que há de se estabelecer sobre os recentes cometas. Hevelius de Danzig e o francês Auzout, ambos homens doutos e matemáticos, discutem entre si sobre as observações feitas.[103] Neste momento, discute-se a controvérsia, e, quando a questão for julgada, creio que o assunto todo será comunicado a mim, e por mim a ti. Isto já posso asserir, que todos os astrônomos que me são conhecidos julgam que não foi um único cometa, mas dois, e até agora não ocorreu ninguém que se tenha esforçado em explicar seus fenômenos a partir da hipótese cartesiana.

Se mais adiante receberes algo sobre os estudos e trabalhos do senhor Huygens e sobre o sucesso dos pêndulos <na parte de encontrar longitudes>, como também sobre a mudança dele para a França,[104] rogo que não te acanhes em sinalizá-lo a mim o quanto antes. Rogo que ajuntes as coisas que talvez digam para vós sobre o tratado de paz,[105] sobre os planos do exército sueco transportado para a Alemanha e sobre o progresso do bispo de Münster.[106] Creio que toda a Europa estará envolvida em guerras no verão seguinte, e todas as coisas parecem convergir para uma mudança inusitada. Sirvamos à suma divindade com uma mente casta e bem cultivemos uma filosofia verdadeira, sólida e útil. Alguns de nossos filósofos que seguiram o rei para Oxford[107] agitam ali não raras reuniões e se ocupam de promover estudos físicos. Entre outras coisas, começaram recentemente a investigar [169]

Experimenta, credo, facient, ut explorent, quâ proportione augenda sint pondera ad extendendam chordam absque ullâ vi aliâ, ut intendatur eadem ad Notam ejusmodi acutiorem, quae facit assignatam consonantiam cum sono priori. De his plura aliàs. Optimè Vale, et vive memor

Tui Studiosissimi

HENR. OLDENBURG.

Londini 12. Octob. 1665.

a natureza dos sons. Creio que farão experimentos para explorar em que proporção os pesos hão de ser aumentados para que, sem nenhuma outra força, estenda-se uma corda a fim de que ela seja intensificada para uma nota mais aguda, do tipo que faz marcada consonância com o som anterior. Mais sobre essas coisas, em outra ocasião. Passa muito bem e vive lembrando-te do

Teu devotadíssimo

Henr. Oldenburg.

Londres, 12 de outubro de 1665.

[169]

Epistola XXXII.

Nobilissimo, ac Doctissimo Viro,
HENRICO OLDENBURGIO
B. D. S.
Responsio ad praecedentem.

Vir Nobilissime,

Quòd me ad Philosophandum tu, et Nobilissimus D. Boylius benignè hortamini, maximas habeo gratias; ego quidem pro tenuitate mei ingenii, quantum queo, pergo, non dubitans interim de vestro auxilio, et benevolentiâ. Ubi quaeris, quid sentiam circa quaestionem, quae in eo versatur, *ut cognoscamus, quomodò unaquaeque pars Naturae cum suo toto conveniat, et quâ ratione cum* [170] *reliquis cohaereat,* puto te rogare rationes, quibus persuademur unamquamque Naturae partem cum suo toto convenire, et cum reliquis cohaere. Nam cognoscere, quomodò reverâ cohaerant, et unaquaeque pars cum suo toto conveniat, id me ignorare dixi in antecedenti meâ Epistolâ; quia ad hoc cognoscendum requiretur totam Naturam, omnesque ejus partes cognoscere. Conabor igitur rationem ostendere, quae me id affirmare cogi; attamen priùs monere velim, me Naturae non tribuere pulchritudinem, deformitatem, ordinem, neque confusionem. Nam res non, nisi respectivè ad nostram imaginationem, possunt dici pulchrae, aut deformes, ordinatae, aut confusae.

Per partium igitur cohaerentiam nihil aliud intelligo, quàm quòd leges, sive natura unius partis ità sese accommodat legibus, sive naturae alterius, ut quàm minimè sibi contrarientur. Circa totum, et partes considero res eatenus, ut partes alicujus totius, quatenus earum natura invicem se accommodat, ut, quoad fieri potest, inter se consentiant, quatenus verò inter se discrepant, eatenus unaquaeque ideam ab aliis distinctam in nostrâ Mente [171] format, ac proinde, ut totum, non ut pars, consideratur. Ex. gr. cum motûs particularum lymphae, chyli, etc. invicem pro ratione magnitudinis, et figurae ità se accommodant, ut planè inter se

Carta XXXII[108]

[169]

Ao nobilíssimo e doutíssimo senhor
HENRY OLDENBURG
B. D. S.
Resposta à precedente

Nobilíssimo senhor,

Dou os maiores agradecimentos por tu e o nobilíssimo Sr. Boyle bondosamente me exortardes a filosofar; eu prossigo o quanto posso, conforme a fraqueza do meu engenho, não duvidando, nesse ínterim, de vosso auxílio e vossa benevolência. Quando perguntas o que penso acerca da questão que trata sobre *conhecermos como cada parte da natureza convém com seu todo e de que maneira coere com as de-* [170] *mais*, penso que rogas as razões pelas quais somos persuadidos de que cada parte da natureza convém com seu todo e coere com as demais. Pois conhecer como verdadeiramente coerem e como cada parte convém com seu todo, disse em minha carta antecedente que o ignoro; porque para conhecê-lo requerer-se-ia conhecer a natureza toda e todas as suas partes. Esforçar-me-ei, pois, em mostrar a razão que me força a afirmar isso; todavia, gostaria de antes advertir que não atribuo à natureza beleza, feiura, ordem nem confusão. Pois as coisas não podem ser ditas belas ou feias, ordenadas ou confusas, senão respectivamente à nossa imaginação.

Portanto, por coerência das partes nada outro entendo senão que as leis ou a natureza de uma parte se acomodam tanto às leis ou à natureza de outra que não se contrariam de jeito algum.[109] Acerca do todo e das partes, considero as coisas como partes de um certo todo enquanto a natureza delas acomoda-se uma à outra, de maneira que consintam entre si o quanto possível; mas, enquanto discrepam entre si, cada uma forma em nossa mente uma ideia distinta das outras, e por isso é considerada como um todo, não como [171] uma parte. P. ex., quando os movimentos das partículas de linfa, quilo etc. se acomodam tanto uns aos outros, em razão da magnitude e da figura, que consentem inteiramente entre si e que todos, em

consentiant, unumque fluidum simul omnes constituant, eatenus tantùm chylus, lympha, etc. ut partes sanguinis considerantur: quatenus verò concipimus particulas lymphaticas ratione figurae, et motûs, à particulis chyli discrepare, eatenus eas, ut totum, non ut partem, consideramus.

Fingamus jam, si placet vermiculum in sanguine vivere, qui visu ad discernendas particulas sanguinis, lymphae, etc. valeret, et ratione ad observandum, quomodò unaquaeque particula ex alterius occursu, vel resilit, vel partem sui motûs communicat, etc. Ille quidem in hoc sanguine, ut nos in hâc parte universi, viveret, et unamquamque sanguinis particulam, ut totum, non vero ut partem, consideraret, nec scire posset, quomodò partes omnes ab universali naturâ sanguinis moderantur, et invicem, prout universalis natura sanguinis exigit, se accommodare coguntur, ut certâ ratione inter se consentiant. Nam si fingamus, [172] nullas dari causas extra sanguinem, quae novos motûs sanguini communicarent, nec ullum dari spatium extra sanguinem, nec alia corpora, in quae particulae sanguinis suum motum transferre possent, certum est, sanguinem in suo statu semper mansurum, et ejus particulas nullas alias variationes passuras, quàm eas, quae possunt concipi ex datâ ratione motûs sanguinis ad lympham, chylum, etc. et si sanguis semper, ut totum, non verò ut pars, considerari deberet. Verùm quia plurimae aliae causae dantur, quae leges naturae sanguinis certo modo moderantur, et vicissim illae à sanguine, hinc fit, ut alii motûs, aliaeque variationes in sanguine oriantur, quae consequuntur non à solâ ratione motûs ejus partium ad invicem, sed à ratione motûs, sanguinis, et causarum externarum simul ad invicem: hoc modo sanguis rationem partis, non verò totius habet. De toto, et parte modo dixi.

Jam cùm omnia naturae corpora eodem modo possint, et debeant concipi, ac nos hic sanguinem concepimus: omnia enim corpora ab aliis circumcinguntur, et ab invicem determinantur ad [173] existendum, et operandum certâ, ac determinatâ ratione, servatâ semper in omnibus simul, hoc est, in toto universo eâdem ratione motûs ad quietem; hinc sequitur omne corpus, quatenus certo

simultâneo, constituam um único fluido, somente nesta medida o quilo, a linfa etc. são considerados como partes do sangue; porém, enquanto concebemos que as partículas linfáticas, em razão da figura e do movimento, discrepam das partículas do quilo, consideramo-las como um todo, não como uma parte.

Finjamos agora, se te apraz, que no sangue vive um vermezinho[110] que seria capaz de discernir com a vista as partículas de sangue, de linfa etc., e de observar pela razão como cada partícula, a partir do choque de outra, ou resile, ou comunica parte de seu movimento, etc. Ele viveria nesse sangue como nós nesta parte do universo e consideraria cada partícula de sangue como um todo, e não como uma parte, e não poderia saber como todas as partes são moderadas pela natureza universal do sangue e são forçadas a acomodar-se umas às outras, tal como a natureza universal do sangue exige, de modo que consintam entre si de maneira certa. Pois se fingimos não se dar nenhuma causa [172] fora do sangue que lhe comunique novos movimentos, nem se dar espaço algum fora do sangue, nem outros corpos aos quais as partícu-las de sangue possam transferir seu movimento, é certo que o sangue sempre permanecerá em seu estado, e que suas partículas não sofrerão nenhuma outra variação senão aquelas que se podem conceber a partir da proporção de movimento do sangue dada à linfa, ao quilo etc. e, assim, o sangue deveria ser considerado sempre como um todo, e não como uma parte. Mas porque se dão muitíssimas outras causas que, de modo certo, moderam as leis da natureza do sangue e, inversamente, são elas moderadas pelo sangue, daí ocorre de se originarem no sangue outros movimentos e outras variações, que não se seguem da só pro-porção de movimento de suas partes uma à outra, mas da proporção de movimento em simultâneo do sangue e das causas externas um ao outro; desse modo, o sangue tem a proporção de uma parte, e não de um todo. Acabei de falar sobre o todo e a parte.

Agora, como todos os corpos da natureza podem e devem ser concebidos do mesmo modo como nós aqui concebemos o sangue – com efeito, todos os corpos são circundados por outros e são de-terminados uns pelos outros a existir e operar de uma maneira certa [173] e determinada, preservando-se sempre em todos simultaneamente, isto é, no universo todo, a mesma proporção de movimento ao

modo modificatum existit, ut partem totius universi, considerari debere, cum suo toto convenire, et cum reliquis cohaerere; et quoniam natura universi non est, ut natura sanguinis, limitata; sed absolutè infinita, ideò ab hâc infinitae potentiae naturâ ejus partes infinitis modis moderantur, et infinitas variationes pati coguntur. Verùm ratione substantiae unamquamque partem arctiorem unionem cum suo toto habere concipio. Nam ut antehac in primâ meâ Epistolâ, quam Rhenoburgi adhuc habitans tibi scripsi, conatus sum demonstrare, cùm de naturâ substantiae sit esse infinitam, sequi ad naturam substantiae corporeae unamquamque partem pertinere, nec sine eâ esse, aut concipi posse.

Vides igitur, quâ ratione, et rationem, cur sentiam Corpus humanum partem esse Naturae: quòd autem ad Mentem humanam attinet, eam etiam partem Naturae esse censeo; nempe quia statuo, dari etiam in naturâ potentiam infinitam cogitandi, quae, quatenus infinita, in se continet totam Naturam objectivè, [174] et cujus cogitationes procedunt eodem modo, ac Natura, ejus nimirùm ideatum.

Deinde Mentem humanam hanc eadem potentiam statuo, non quatenus infinitam, et totam Naturam percipientem; sed finitam, nempe quatenus tantùm humanum Corpus percipit, et hâc ratione Mentem humanam partem cujusdam infiniti intellectûs statuo.

Verùm haec omnia, et quae huic rei annexa sunt, hîc accuratè explicare, et demonstrare, res esset nimis prolixa, nec puto te id impraesentiarum à me exspectare. Imò dubito, an mentem tuam satis perceperim, atque aliud responderim, ac rogaveris, quod ex te scire desidero.

Quòd deinde scribis, me innuisse Cartesii Regulas motûs falsas ferè omnes esse, si rectè memini, D. Hugenium id sentire dixi, nec ullam aliam falsam esse affirmavi, quàm Regulam sextam Cartesii, circa quam D. Hugenium etiam errare me putare dixi; quâ occasione petit, ut mihi communicares experimentum, quod secundùm eam hypothesin experti estis in vestrâ Regiâ Societate; sed tibi id non licere judico, quia de hoc nihil respondes.

repouso –, segue-se daí que todo corpo, enquanto existe modificado de modo certo, deve ser considerado como uma parte do universo todo, convém com seu todo e coere com os demais; e porquanto a natureza do universo não é, como a natureza do sangue, limitada, mas absolutamente infinita, suas partes são moderadas de infinitas maneiras por essa natureza de potência infinita e são forçadas a sofrer infinitas variações. Mas, em razão da substância, concebo que cada parte tem uma união mais estreita com seu todo. Pois, tal como antes me esforcei em demonstrar em minha primeira carta, que te escrevi ainda residindo em Rijnsburg, já que é da natureza da substância que ela seja infinita, segue-se que cada parte pertence à natureza da substância corpórea e não pode ser ou conceber-se sem ela.

Vês, portanto, de que maneira e a razão por que penso que o corpo humano é uma parte da natureza; ora, no que atina à mente humana, também considero que ela é uma parte da natureza, a saber, porque sustento que na natureza também se dá uma potência infinita de pensar, que, enquanto infinita, contém objetivamente em si a natureza toda, e cujos pensamentos procedem do mesmo modo [174] que a natureza, a saber, seu ideado.

Ademais, sustento que a mente humana é essa mesma potência, não enquanto infinita e perceptiva da natureza toda, mas finita, a saber, enquanto percebe somente o corpo humano; e, dessa maneira, sustento que a mente humana é parte de um intelecto infinito.

Mas seria algo demasiado prolixo explicar e demonstrar cuidadosamente aqui todas essas coisas e as que são anexas, e penso que não o esperas de mim no presente momento. Mais ainda, tenho dúvida se percebi suficientemente teu pensamento e se respondi algo diferente do que perguntaste; isso desejo saber de ti.

Quanto ao que depois escreves, que indiquei serem falsas quase todas as regras do movimento de Descartes, se me lembro corretamente, disse que o Sr. Huygens pensa isso, e não afirmei ser falsa nenhuma outra senão a sexta regra de Descartes, acerca da qual disse que penso que o Sr. Huygens também erra;[111] nessa ocasião, pedi que me comunicasses o experimento que, segundo essa hipótese, fizeste em vossa Sociedade Real; mas julgo que não o é lícito a ti, porque nada respondes sobre isso.

Dictus Hugenius totus occupatus fuit, et adhuc est in [175] expoliendis vitris dioptricis; in quem finem fabricam adornavit, in quâ et patinas tornare potest, satis quidem nitidam: quid autem eâ promoverit, adhuc nescio, nec, ut verum fateor, valdè scire desidero. Nam me experientia satis docuit in patinis sphaericis liberâ manu tutiùs, et meliùs expoliri, quàm quâvis machinâ. De pendulorum successu, et tempore transmigrationis in Galliam nondum aliquid certi possum scribere.

<Episcopus Monasteriensis postquam male conciliatus frisiam, ut hircus AEsopi puteum ingressus est, nihil promovit. imo nisi bruma nimis tempestive incipiat, non nisi cum magno damno frisiam relinquet. non dubium est eum suasibus unius, aut alterius proditoris, facinus hoc ausum fuisse incipere. sed haec omnia nimis antiqua sunt, ut pro novis scribantur. nec spatio unius, aut alterius septimanae, aliquid contigit novi, quod scriptione dignum sit. de pace cum Anglis nulla apparet spes rumor tamen nuper spargebatur, propter conjecturam quandam legati hollandici, in Galliam missi, et etiam, quia ultra islandenses, qui summis viribus principem Arauseonesem introducere conantur, idque, ut multi putant, Hollandis magis ut incommodent, quam ut sibi prosint, viam quandam somniaverant, nempe ut dictum principem tanquam mediatorem in Angliam mitterent. verum res plane aliter se habet. Hollandi de pace in praesentiarum, nec per somnium cogitant. nisi res eo forte veniat, ut pacem pecunia emant. de Sueci conciliis adhuc dubitatur. putant plerique eum Mêts petere, alli hollandos. sed haec non nisi ex conjectura. hanc epistolam praeterita septimana scripseram. Sed eam mittere non potui, quia aura Hagam proficisci vetabat. hoc incommodi habet habitare in pago. nam raro suo tempore epistolam accipio, nam, nisi detur ex accidenti occasio eam mittendi suo tempore, septimana una aut altera transit antequam eam [176] accipiam. deinde, ut eam suo tempore mittere possim non raro oritur difficultas. cum igitur videas me tibi non tam prompte ac debeo, respondere, id non ex eo venire putes, quod tui obliviscar, interim tempus urget hanc claudere, de reliquis alia

O dito Huygens esteve e ainda está todo ocupado em polir lentes dióptricas; para esse fim, preparou uma máquina bastante refinada, [175] e com a qual pode tornear pratos; porém, o que avançou com ela ainda não sei, e, para confessar a verdade, não desejo muito saber. Pois a experiência me ensinou suficientemente a polir pratos esféricos à mão livre com mais segurança e melhor do que com qualquer máquina.[112] Sobre o sucesso dos pêndulos e o momento da mudança para a França,[113] ainda não posso escrever algo certo.[114]

<O bispo de Münster, depois que mal aconselhado ingressou na Frísia, como o bode de Esopo no poço,[115] nada avançou.[116] Mais ainda, a não ser que o inverno inicie muito tempestivamente, não deixará a Frísia senão com grande dano. Não há dúvida de que ele ousou iniciar essa façanha por conselhos de um ou outro traidor. Mas todas essas coisas são demasiado antigas para serem escritas como novidades. E, no intervalo de uma semana ou duas, não aconteceu algo de novo que seja digno da escrita. Nenhuma esperança de paz com a Inglaterra aparece; todavia, um rumor espalhou-se recentemente por causa de certa conjectura de um legado holandês ter sido enviado à França, e também porque pessoas de Overijssel, que se esforçam com sumas forças por introduzir o príncipe de Orange – e isso, como muitos pensam, mais para incomodar os holandeses do que para lhes ser útil –, haviam sonhado com um certo caminho, a saber, para que enviassem o dito príncipe à Inglaterra como mediador. Porém, as coisas comportam-se de maneira totalmente diferente. No presente momento, os holandeses nem em sonho pensam sobre a paz, a não ser talvez que a coisa chegue a ponto de comprarem a paz com dinheiro. Sobre os planos do [exército] sueco ainda há dúvidas. Muitos pensam que ele se dirige a Metz, outros, à Holanda. Mas não pensam essas coisas senão por conjectura. Eu escrevera esta carta na semana passada, mas não pude enviá-la porque o tempo impedia de ir a Haia. É o incômodo de morar em um povoado. De fato, raramente recebo uma carta a seu tempo, pois, a não ser que se dê por acidente a ocasião de ela ser enviada a seu tempo, passa uma semana ou duas antes que eu a receba. Depois, não raramente origina-se uma dificuldade para que [176] eu possa enviar a minha a seu tempo. Portanto, quando vês que não te respondo tão prontamente como devo, não penses que isso vem do

occasione, jam nihil aliud dicere possum, quam te rogare, ut Nobilissimo D° Boylio salutem plurimam ex me dicas, et ut mei memor vivas, qui sum

omni affectu tuus

B. de Spinoza.

Voorburgii, 20 novembri 1665.

cupio scire an omnes astronomi judicant duos fuisse cometas ex eorum motu, an vero ad servandam hypothesin Keplerianam. Vale.

A Monsieur
Monsiuer Hendry oldenburg
Secretaire de la societe royale

ni the Palmall ni s^t
Jameses fields
ni
London
BS [Nov. 20. 65]>

fato de que me esqueço de ti; nesse ínterim, o tempo urge para que eu encerre esta carta; sobre as demais coisas, em outra ocasião; agora, nada outro posso dizer senão rogar-te que digas minhas muitas saudações ao nobilíssimo Sr. Boyle, e que vivas lembrando-te de mim, eu que sou,

com todo afeto, teu

B. de Espinosa.

Voorburg, 20 de novembro de 1665.

Desejo saber se todos os astrônomos julgam que foram dois cometas com base no movimento deles, ou se, na verdade, para preservar a hipótese kepleriana.[117] Passa bem.[118]

Ao senhor
Senhor[119] Henry Oldenburg
Secretário da Sociedade Real

em Pall Mall, em St
James's Fields
em
Londres[120]
BS [Nov. 20. 65]>

[176]

Epistola XXXIII.

Clarissimo Viro
B. D. S.
HENRICUS OLDENBURGIUS.

Vir Praestantissime, Amice plurimùm colende,

Perplacent, quae de partium Naturae cum toto consensu, nexuque philosopharis; quanquam non satis assequar, quomodò [177] possimus ordinem, et symmetriam à naturâ, ut te facere videris, profligare; imprimis cùm ipse agnoscas, omnia ejus corpora ab aliis ambiri, et ab invicem certâ, et constanti ratione, tum ad existendum, tum ad operandum determinari, eâdem semper in omnibus simul motûs ad quietem ratione servatâ: quae ipsissima veri ordinis ratio formalis esse videtur. At nec hîc fortè te satis capio, non magis, quàm in eo, quòd de Regulis Cartesii antehac scripseras. Utinam subire laborem velles, me edocendi, quâ in re tam Cartesium, quàm Hugenium in regulis motûs errasse judices. Pergratum mihi sanè hoc officio defungendo praestiteris, quod quidem pro viribus demereri studerem.

Praesens non fui, quando D. Hugenius Experimenta, Hypothesin suam comprobantia, hîc Londini fecit. Intelligo interim quendam inter alia pilam unius librae, penduli in modum suspendisse, quae delapsa percusserit aliam, eodem modo suspensam; sed librae dimidiae, ex angulo quadraginta graduum, et Hugenium praedixisse, pauculâ factâ Computatione Algebraicâ, quis foret effectus, et hunc ipsum praedictioni ad amussim respondisse. Abest Vir quidam insignis, qui multa talia Experimenta proposuerat, quae solvisse dicitur Hugenius. Quàmprimùm dabitur ipsum, qui abest, convenire, uberiùs, et enucleatiùs forsan hanc rem tibi exposuero. Tu interim superiori petito meo me refrageris, iterum atque iterum rogo; et si quid praeterea de Hugenii successu in poliendis Vitris Telescopis cognoveris, impertiri quoque ne graveris. Spero Societatem nostram Regiam, peste jam insigniter per Dei gratiam desaeviente,

Carta XXXIII

[176]

Ao claríssimo senhor
B. d. S.
HENRY OLDENBURG

Prestantíssimo senhor, muito estimado amigo,

Agradam-me muito as coisas que filosofas sobre o consenso e o nexo das partes da natureza com o todo, ainda que eu não alcance suficientemente como podemos excluir da natureza, como tu pareces [177] fazer, a ordem e a simetria; sobretudo, quando tu mesmo reconheces que todos os seus corpos são cercados por outros, e que são determinados uns pelos outros, de maneira certa e constante, tanto a existir quanto a operar, preservando-se em todos, simultaneamente, sempre a mesma proporção de movimento a repouso, a qual parece ser a própria razão formal da ordem verdadeira. Mas talvez aqui eu não te compreenda suficientemente, não mais do que naquilo que escreveras antes sobre as regras de Descartes. Oxalá quisesses dar-te ao trabalho de bem ensinar-me as coisas que julgas que tanto Descartes quanto Huygens erraram nas regras do movimento. Prestando esse serviço, certamente me farias muito grato, o que eu me empenharia em fazer por merecer conforme as minhas forças.

Não estive presente quando o Sr. Huygens fez aqui em Londres os experimentos que comprovam sua hipótese.[121] Entretanto, sei que, entre outros [experimentos], alguém suspendeu, ao modo de um pêndulo, uma bola de uma libra, que, caída de um ângulo de quarenta graus, percutiu uma outra suspensa do mesmo modo, mas de meia libra, e que Huygens predisse, com muito pouco cálculo algébrico, qual seria o efeito, e este respondeu à predição à risca. Está ausente certo homem insigne que propusera muitos experimentos semelhantes, os quais se diz que Huygens resolveu.[122] Tão logo se der de encontrar esse que se ausenta, exporei esse assunto a ti talvez de maneira mais fecunda e elucidativa. Nesse ínterim, rogo de novo e de novo que tu não te desvies do meu pedido mais acima; e se, além disso, souberes algo sobre o sucesso de Huygens em polir vidros telescópicos, não te

brevi Londinum reversuram, coetusque suos hebdomadicos instauraturam; quae ibi transigentur scitu digna, eorum communicationem certò tibi poteris polliceri.

Mentionem antehac feceram de Observatis Anatomicis. Scripsit ad me non ità pridem Dom. Boylius (qui te perhumaniter salutat) eximios Anatomicos Oxonii se certum reddidisse, quòd Asperam Arteriam, tum quarundam Ovium, tum Boum, gramine refertam invenerint; et quòd ante paucas septimanas dicti Anatomici invitati fuerint ad videndum Bovem, qui per duos tresve dies collum ferè continuò obstipum, erectumque [178] tenuerat, et ex morbo, quem possessores planè non cognoverint, mortuus fuerit; in quo, dissectis partibus, ad collum et jugulum spectantibus, ipsi reppererint cum admiratione, Asperam ejus arteriam in ipso trunco penitùs gramine refertam fuisse, ac si quis illud vi intrò adegisset. Id quod justam suggerit inquirendi causam, tum quâ ratione tanta graminis quantitas illuc pervenerit; tum, cùm ibi esset, quomodò ejusmodi animal tamdiu supervivere potuerit? Praeterea idem Amicus mihi significavit, curiosum quendam Medicum, itidem Oxoniensem, Lac in sanguine humano invenisse. Narrat enim puellam, sumpto largiori jentaculo horâ septimâ matutinâ, sanguinem misisse in pede horâ ejusdem diei undecima: et primum sanguinem immissum fuisse Scutellae, eumque pauco exinde temporis spatio elapso, alborem induisse; postremum verò sanguinem in vasculum minus, quod acetabulum, ni fallor, vocant (Anglicè à Sawcer) influxisse, eumque protinùs in placentae lactae formam abiisse: interjectis quinque, aut sex horis Medicum reversum sanguinem utrumque inspexisse, eumque, qui in Scutellâ erat, dimidium fuisse sanguinem, dimidium vero chyliformem, qui chylus sanguini, ut serum lacti, innataverit: at eum, qui erat in *acetabulo*, totum fuisse chylum, sine ullâ sanguinis specie; cumque nec sanguinem misisse, nisi quòd nunquam passa fuisset menstrua, quamquam colore florido vigeret.

Sed transeo ad Politica. In omnium ore hîc est rumor de Israëlitarum, per plusquam bis mille annos dispersorum, reditu

acanhes em também partilhar. Espero que nossa Sociedade Real, agora que insignemente, pela graça de Deus, a peste se acalma, retorne em breve a Londres e instaure suas reuniões semanais; decerto, poderás te garantir da comunicação das coisas dignas de saber que ali se passarão.

Eu fizera antes menção sobre as observações anatômicas. O Sr. Boyle (que com muita humanidade te saúda) escreveu-me, não há muito, que exímios anatomistas de Oxford[123] deram por certo terem encontrado cheia de capim a traqueia-artéria tanto de algumas ovelhas quanto de algumas vacas; e que, poucas semanas antes, os ditos anatomistas foram convidados a ver um boi que tivera, por dois ou três dias, o pescoço quase continuamente inclinado para trás e ereto, e que morrera de uma doença [178] que seus proprietários desconheciam totalmente; nele, dissecadas as partes que respeitam ao pescoço e à garganta, descobriram com admiração que sua traqueia-artéria estava, no próprio tronco, profundamente repleta de capim, como se alguém tivesse empurrado aquilo para dentro com força. Isso sugere justa causa para se investigar tanto de que maneira chegou ali tamanha quantidade de capim, quanto como, enquanto estava ali, pôde um animal do tipo sobreviver por tanto tempo.[124] Além disso, o mesmo amigo me sinalizou que um certo médico curioso, igualmente de Oxford, encontrou leite em sangue humano. Com efeito, narra que uma menina, tendo tomado um rico desjejum às sete horas da manhã, fez uma sangria no pé às onze horas do mesmo dia; um primeiro sangue foi deixado em uma escudela, e depois, decorrido pouco intervalo de tempo, embranqueceu; um último sangue, porém, influiu para um vasinho menor, que, se não me engano, chamam de acetábulo (em inglês, *saucer*), e logo em seguida passou à forma de um bolo de leite; intervaladas cinco ou seis horas, o médico, tendo retornado, inspecionou cada sangue: aquele que estava na escudela ficou metade sangue, metade quiliforme, de modo que o quilo sobrenadava o sangue como o soro no leite; mas aquele que estava no *acetábulo* ficou todo quilo, sem nenhum aspecto de sangue;[125] e quando aqueceu em separado cada um dos dois sobre o fogo, ambos os liquores endureceram; porém, a menina passava bem de saúde e não fez a sangria senão porque, ainda que vigorasse com uma cor viçosa, nunca sofrera uma menstruação.[126]

Mas passo à política. Aqui está na boca de todos um rumor sobre o retorno dos israelitas, dispersados por mais de dois mil anos, à sua

in Patriam. Pauci id hoc loco credunt; at multi optant. Tu, quid hâc de re audias, statuasque, amico tuo significabis. Me quod attinet, quamdiu Nova haec à Viris fide dignis non perscribuntur ex Urbe Constantinopolitanâ, cui hujus rei maximè omnium interest, fidem iis adhibere non possum. Scire aveo, quid Judaei Amstelaedamenses eâ de re inaudiverint, et quomodò tanto nuncio afficiantur, qui, verus si fuerit, rerum omnium in Mundo Catastrophen induturus sanè videtur.

 <Daar verschijnt noch geen hoop van Vrede tusschen Engelant en Nederlant.>

[179] Quid Suecus nunc moliatur, et Brandiburgicus, si potes, explica; et crede me esse

Tui Studiosissimum
HENR. OLDENBURG.

Londini die 8. Decemb. 1665.

P.S. Quid de nuperis Cometis nostri Philosophi statuant, brevi tibi indicabo, Deo volente.

 <*d' Antwoort op dezes brief word gemist.*>

pátria. Neste lugar, poucos creem nisso, mas muitos o desejam. Tu sinalizarás a teu amigo o que ouves e sustentas sobre esse assunto. No que me atina, enquanto essas novas não são inteiramente escritas por homens fidedignos da cidade de Constantinopla, à qual, mais que tudo, interessa esse assunto, não posso dar fé a elas. Anseio muito saber o que os judeus de Amsterdã ouviram sobre esse assunto, e como são afetados por tamanha notícia, que, se for verdadeira, parece certamente que inserirá uma catástrofe de todas as coisas no mundo.[127]

<Ainda não aparece nenhuma esperança de paz entre a Inglaterra e a Holanda.>

Explica, se podes, o que agora tramam o [exército] sueco e o [179] brandemburguês; e crê que sou

Teu devotadíssimo

HENR. OLDENBURG.

Londres, dia 8 de dezembro de 1665.

P.S. O que nossos filósofos sustentam sobre os recentes cometas indicarei em breve, se Deus quiser.[128]

<A resposta dessa carta foi perdida.>

[271]

Epistola LXI.

Clarissimo Viro
B. D. S.
HENR. OLDENBURGIUS.
S. P.

Nolui dimittere commodam hanc occasionem, quam Doctissimus Dom. Bourgeois, Medicinae Doctor Cadomensis, [272] et Reformatae Religionis addictus, jam in Belgium abituriens, mihi offert; ut hâc ratione tibi significarem, me ante aliquot septimanas tibi gratum meum animum pro Tractatu tuo mihi transmisso, licet nunquam tradito, exposuisse; at dubium fovere, em um litterae illae meae ad manus ritè pervenerint. *Indicaveram in iis me de Tractatu illo sententiam; quam utique, dehinc re propriùs insepctâ, et perpensâ, nimis immaturam fuisse nunc existimo.* Quaedam mihi videbantur tunc temporis vergere in fraudem Religionis, dum eam ex eo pede metiebar, quem Theologorum vulgus, et receptae Confessionum Formulae (quae nimiùm spirare videntur partium studia) suppeditant. At totum negotium intimius recogitanti multa occurrunt, quae mihi persuasum eunt, te tantùm abesse, ut quicquam in Verae Religionis, solidaeve Philosophiae damnum moliaris, ut contrà genuinum Christianum Religionis finem, nec non divinam fructuosae Philosophiae sublimitatem, et excellentiam commendare, et stabilire allabores. Cùm igitur hoc ipsum animo tuo sedere nunc credam, rogatum te enixè velim, ut quid eum in finem nunc pares, et mediteris, veteri, et candico Amico, qui instituti tam divini successum felicissimum totus anhelat, frequentibus litteris exponere digneris. Sanctè tibi polliceor, me nihil eorum ulli mortalium propalaturum, siquidem tu mihi silentium injunxeris; hoc me solummodò enixurum, ut bonorum, et fagacium Virorum mentes ad amplexandas illas veritates, quas tu aliquando in ampliorem lucem depromes, sensim disponam,

Carta LXI[129]

[271]

Ao claríssimo senhor
B. D. S.
HENR. OLDENBURG
Muitas saudações[130]

Não quis deixar passar esta cômoda ocasião que me oferece o doutíssimo Sr. Bourgeois, Doutor em Medicina de Caen e devoto da religião reformada, que parte agora para a Holanda, para, dessa [272] maneira, sinalizar-te que expus, há algumas semanas, minha gratidão por teu tratado a mim transmitido, embora nunca entregue; mas conservo a dúvida se aquela minha carta chegou rigorosamente em tuas mãos. *Eu indicara nela minha opinião sobre aquele tratado; a qual, de toda maneira, depois de examinado e ponderado mais propriamente o assunto, estimo ter sido demasiado imatura.* Naquele momento, certas coisas pareciam-me inclinar-se ao prejuízo da religião, enquanto as media pelo pé,[131] que fornecem o vulgo dos teólogos e as fórmulas das confissões (as quais parecem exalar demasiado os esforços das partes). Mas, repensando mais intimamente o assunto todo, ocorrem muitas coisas que me persuadem de que estás tão longe de tramar qualquer dano contra a verdadeira religião ou a sólida filosofia que, ao contrário, trabalhas por recomendar e estabelecer o genuíno fim cristão da religião, e também a sublimidade e a excelência da frutuosa filosofia. Portanto, como agora creio que assentas no ânimo exatamente isso, gostaria de rogar-te com todas as forças que te dignes a expor, com cartas frequentes a teu velho e cândido amigo, que aspira totalmente o felicíssimo sucesso de tão divino plano, o que ora preparas e meditas para esse fim. Caso me imponhas o silêncio, prometo-te piamente que nada disso será propalado a nenhum dos mortais; eu me esforçarei somente nisto: dispor gradualmente as mentes dos homens bons e sagazes a abraçarem aquelas verdades que tu um dia darás ao mais amplo lume, e suprimir os preconceitos concebidos contra tuas meditações. Se não me engano, parece-me

et praejudicia adversus Meditationes tuas concepta è medio tollam. Ni fallor, admodùm penitiùs mihi perspicere videris Mentis humanae naturam, et vires, ejusque cum Corpore nostro Unionem. De quo argumento ut tua cogitata edocere me velis, impensè oro. Vale, Vir Praestantissime, et Doctrinae, ac virtutis tuae Cultori Studiosissimo favere perge

HENR. OLDENBURG.

Londini 8. Jun. 1675.

que examinas, com muito mais profundidade, a natureza e as forças da mente humana e a união desta com nosso corpo. Sobre este argumento, peço-te instantemente que me queiras ensinar teus pensamentos. Passa bem, prestantíssimo senhor, e continua a favorecer o devotadíssimo defensor de tua doutrina e virtude

HENR. OLDENBURG.

Londres, 8 de junho de 1675.[132]

[273]

Epistola LXII.

Clarissimo Viro
B. D. S.
HENR. OLDENBURGIUS.

Commercio Nostro literario sic feliciter instaurato, Vir Clarissime, nolim amici officio deesse literarum intermissione. Cum ex responsione tuâ 5. Julii ad me datâ, intellexerim, animo sedere tuo, Tractatam illum tuum Quinque-partitum publici juris facere, permittas, quaeso, te moneam ex affectûs in me tui sinceritate, ne quicquam misceas, quòd Religiosae virtutis praxin labefactare ullatenus videatur, maximè cùm degener, et flagitiosa haec aetas nil venetur avidiùs, quàm dogmata ejusmodi, quorum conclusiones grassantibus vitiis patrocinari videantur.

De caetero, non renuam aliquot dicti Tractatus exemplaria recipere. Hoc duntaxat rogatum te velim, ut suo tempore mercatori cuidam Belgico, Londini commoranti, inscribantur, qui mihi postmodùm tradenda curet. Nec opus fuerit verba de eo facere, libros scilicet istiusmodi ad me fuisse transmissos: dummodò enim in potestatem meam tutò pervenerint, nullus dubito, quin commodum mihi futurum sit, eos amicis meis hinc inde distribuendi, justumque pro iis precium consequendi. Vale, et, quando vacaverit, rescribe

Tui Studiosissimo
HENR. OLDENBURG.

Londini, 22. Julii. 1675.

Carta LXII

[273]

Ao claríssimo senhor
B. D. S.
HENR. OLDENBURG

Instaurado com tanta felicidade nosso comércio epistolar, não quero, claríssimo senhor, com uma intermissão de cartas, faltar com o dever de amigo. Como, de tua resposta enviada a mim em 5 de julho, soube que assentas no ânimo publicar legalmente aquele teu tratado de cinco partes,[133] por favor, permitas que eu te advirta, pela sinceridade de teu afeto por mim, a não misturares qualquer coisa que pareça de algum modo abalar a prática da virtude religiosa; sobretudo porque esta degenerada e infame época nada caça mais avidamente do que dogmas do seu tipo, cujas conclusões parecem patrocinar vícios alastrantes.

De resto, não recusarei receber alguns exemplares do dito tratado. Gostaria de rogar-te somente que, a seu tempo, eles sejam endereçados a algum mercador holandês residente em Londres, que cuide, logo depois, de entregá-los a mim. E não será preciso falar que livros desse tipo foram transmitidos a mim; com efeito, contanto cheguem com segurança a meu poder, nenhuma dúvida tenho que me será cômodo distribuí-los a meus amigos daqui e dali, e conseguir por eles um preço justo. Passa bem, e quando houver tempo reescreve ao

Teu devotadíssimo
HENR. OLDENBURG.

Londres, 22 de julho de 1675.

Epistola LXVIII.

Viro Nobilissimo, ac Doctissimo,
HENRICO OLDENBURGIO
B. de S.
Responsio ad Epistolam LXII.

Nobilissime, et *Clarissime Domine,*
Eo tempore, quo literas tuas 22 Julii accepi, Amstelaedamum profectus sum eo conditio, ut librum de quo tibi scripseram, typis mandarem. Quod dum agito; rumor ubique spargebatur librum quendam meum de Deo sub praelo sudare, meque in eo conari ostendere, nullum dari Deum: qui quidem rumor à plurimis accipiebatur. Unde quidam Theologi (hujus fortè rumoris auctores) occasionem cepere de me coram Principe, et Magistratibus conquerendi; stolidi praeterea Cartesiani, quia mihi favere creduntur, ut à se hanc amoverent suspicionem, meas ubique opiniones, et scripta detestari non cessabant, nec etiamnum cessant. Haec cum à Viris quibusdam fide dignis intellexissem, qui simul affirmabant, Theologos mihi ubique insidiari, editionem, quam parabam, differre statui, donec, quo res evaderet, viderem, et, quod tum consilium sequerer, tibi significare proposui. Verùm negotium quotidie in pejus vergere videtur, et, quid tamen agam, incertus sum. Interim meam ad tuas literas responsionem diutiùs intermittere nolui, et primò tibi maximas ago gratias pro amicissimâ tuâ admonitione, cujus tamen ampliorem explicationem desidero, ut sciam, quaenam ea dogamata esse credas, quae religiosae virtutis praxin labefactare viderentur. Nam quae mihi cum ratione convenire videntur, eadem ad virtutem maximè esse utilia credo. Deinde, nisi tibi molestum sit, velim, ut loca Tractatûs Theologico–politici, quae viris doctis scrupulum injecerunt, mihi indicares. Cupio namque istum Tractatum notis quibusdam illustrare, et concepta de eo praejudicia, si fieri possit, tollere. Vale.

Carta LXVIII

[299]

Ao nobilíssimo e doutíssimo senhor
HENRY OLDENBURG
B. D. S.
Resposta à carta LXII

Nobilíssimo e claríssimo senhor,

No momento em que recebi tua carta de 22 de julho, parti para Amsterdã com o plano de mandar à imprensa o livro sobre o qual eu te escrevera. Enquanto eu fazia isso, espalhava-se por toda a parte o rumor de que certo livro meu sobre Deus está no prelo e que tento mostrar nele que nenhum Deus se dá; rumor que, certamente, era aceito por muitos. Donde alguns teólogos (talvez, os autores desse rumor) agarraram a ocasião para queixar-se de mim perante o príncipe[134] e os magistrados;[135] além disso, estultos cartesianos,[136] para afastarem de si essa suspeita, porque acreditava-se que estavam a meu favor, não cessavam, e até agora não cessam de amaldiçoar por toda a parte minhas opiniões e meus escritos. Como eu soubera dessas coisas por alguns homens fidedignos que simultaneamente afirmavam que os teólogos me insidiavam por toda a parte, decidi prorrogar a edição que eu preparava até que eu visse em que acabaria o assunto, e então sinalizar-te que decisão eu seguiria. Mas o assunto parece a cada dia inclinar-se ao pior, e estou incerto sobre o que farei. Nesse ínterim, não quis interromper por mais tempo minha resposta à tua carta. Dou-te os maiores agradecimentos, primeiro pela amicíssima advertência, da qual, todavia, desejo uma explicação mais ampla para saber quais são esses dogmas que crês que pareciam abalar a prática da virtude religiosa. Pois creio que são maximamente úteis à virtude as coisas que me parecem convir com a razão. Além disso, se não te for desagradável, gostaria que me indicasses as passagens do *Tratado teológico-político* que inspiraram escrúpulo em homens doutos.[137] Pois desejo ilustrar esse tratado com algumas notas, e, se for possível, suprimir os preconceitos concebidos sobre ele. Passa bem.

Epistola LXXI.

Clarissimo Viro
B. D. S.
HENRICUS OLDENBURGIUS.
P. S.

Quantum video ex tuis Novissimis, in periculo versatur Libri à te publico destinati Editio. Non possum non probare institutum tuum, quo illustrare, et mollire te velle significas, quae in Tractatu Theologico-Politico crucem Lectoribus fixere. Ea imprimis esse putem, quae ambiguè ibi tradita videntur de Deo, et Naturâ; quae duo à te confundi, quamplurimi arbitrantur. Adhaec multis tollere videris miraculorum authoritatem, et valorem, quibus solis Divinae Revelationis certitudinem adstrui posse, omnibus ferè Christianis est persuasum. Insuper, de Jesu Christo, Mundi Redemptore, et unico hominum Mediatore, deque ejus Incarnatione, et Satisfactione sententiam tuam celare te ajunt; postulantque, ut de tribus hisce capitibus mentem tuam dilucidè aperias. Quod si feceris, in eoque Christianis cordatis, et ratione valentibus placueris, in tuto res tuas fore opinor. Haec paucis te scire volui, qui sum tui studiosissimus. Vale.

Dab. die 15. Novemb. 1675.

P.S. *Fac, quaeso, brevi sciam, has meas lineolas tibi ritè traditas fuisse.*

Carta LXXI

[304]

Ao claríssimo senhor
B. D. S.
HENRY OLDENBURG
Muitas saudações

De tua última carta, vejo o quanto está em perigo a edição do livro destinado por ti ao público. Não posso não aprovar teu plano, no qual sinalizas querer ilustrar e suavizar aquelas coisas que no *Tratado teológico-político* atormentaram os leitores. Penso que são sobretudo aquelas que parecem aduzidas ali ambiguamente sobre Deus e a natureza, duas coisas que muitíssimos julgam serem confundidas por ti. Além disso, para muitos, pareces suprimir a autoridade e o valor dos milagres, com os quais sozinhos quase todos os cristãos persuadem-se de que pode ser construída a certeza da revelação divina. Ainda por cima, afirmam que escondes tua opinião sobre Jesus Cristo, redentor do mundo e único mediador dos homens, e sobre sua encarnação e sua satisfação; e exigem que exponhas de maneira elucidativa teu pensamento sobre esses três pontos principais. Se o fizeres, e nisso agradares aos cristãos sensatos e fortes de razão, opino que teus assuntos estarão em segurança. Em poucas palavras, eu, que sou devotadíssimo a ti, quis que soubesses essas coisas. Passa bem.

15 de novembro de 1675.

P.S. *Por favor, faz com que eu saiba logo que essas minhas linhas foram rigorosamente entregues.*

Epistola LXXIII.

Viro Nobilissimo, ac Doctissimo,
HENRICO OLDENBURGIO
B. D. S.
Responsio ad praecedentem.

Nobilissime Domine,

Perbreves tuas literas, 15. Nov. ad me datas, die Saturni elapsâ accepi: in iis ea tantummodò indicas, quae in Tractatu theologico-politico crucem lectoribus fixere. Cùm tamen ex iis etiam cognoscere speraverim, quaenam eae opiniones essent, quae religiosae virtutis praxin labefactare viderentur, de quibus antea monueras. Sed, ut de tribus illis capitibus, quae notas, mentem meam tibi aperiam, dico, et quidem ad primum, me de Deo, et Naturâ sententiam fovere longè diversam ab eâ, quam neoterici Christiani defendere solent. Deum enim rerum omnium causam immanentem, ut ajunt, non verò transeuntem statuo. Omnia, inquam, in Deo esse, et in Deo moveri cum Paulo affirmo, et fortè etiam cum omnibus antiquis philosophis, licet alio modo; et auderem etiam dicere, cum antiquis omnibus Hebraeis, quantum ex quibusdam traditionibus, tametsi multis modis adulteratis, conjicere licet. Attamen quòd quidam putant, Tractatum theologico-politicum eo niti, quòd Deus, et Natura (per quam massam quandam, sive materiam corpoream intelligunt) unum, et idem sint, totâ errant viâ. Ad miracula deinde quod attinet, mihi contrà persuasum est, divinae revelationis certitudinem solâ doctrinae sapientiâ, non autem miraculis, hoc est, ignorantiâ adstrui posse, quod satis prolixè Cap. VI. de miraculis ostendi. Hoc tantùm hîc addo, me inter religionem, et superstitionem hanc praecipuam agnoscere differentiam, quòd haec ignorantiam, illa autem sapientiam pro fundamento habeat, et hanc causam esse credo, cur Christiani non fide, neque charitate, neque reliquis Spiritûs Sancti fructibus; sed solâ opinione inter reliquos dignoscuntur;

Carta LXXIII[138]

[306]

Ao nobilíssimo e doutíssimo
HENRY OLDENBURG
B. D. S.
Resposta à precedente

Nobilíssimo senhor,

No sábado passado, recebi tua brevíssima carta escrita a mim em 15 de novembro; nela indicas tão somente as coisas que no *Tratado teológico-político* atormentaram os leitores. Todavia, a partir dela esperava também conhecer quais seriam aquelas opiniões, sobre as quais advertiras antes, que pareciam abalar a prática da virtude [307] religiosa. Mas, a fim de expor meu pensamento sobre aqueles três pontos principais que notas, em primeiro lugar, digo que sustento uma opinião sobre Deus e a natureza muito diversa daquela que os cristãos recentes costumam defender. Com efeito, sustento que Deus é causa imanente de todas as coisas, e não transitiva, como afirmam. Que todas as coisas são, digo, em Deus e se movem em Deus,[139] afirmo-o com Paulo e talvez também com todos os filósofos antigos, embora doutro modo, e, ousaria dizer, com todos os antigos hebreus, o quanto se permite conjecturar de algumas tradições, ainda que adulteradas de muitos modos. Contudo, erram de toda maneira alguns que pensam que o *Tratado teológico-político* se apoia no fato de Deus e a natureza (pela qual entendem alguma massa ou matéria corpórea) serem uma só e mesma coisa. Ademais, no que atina aos milagres, estou, ao contrário, persuadido de que a certeza da revelação divina pode ser construída pela só sabedoria da doutrina, e não por milagres, isto é, pela ignorância, o que mostrei de maneira bastante prolixa no cap. VI, sobre os milagres. Aqui acrescento somente que entre religião e superstição reconheço esta diferença principal: que esta tem por fundamento a ignorância, e [308] aquela, a sabedoria; e creio ser este o motivo por que os cristãos se distinguem entre os demais: não pela fé, nem pela caridade, nem pelos outros frutos do Espírito Santo, mas pela só opinião; porque,

nempe, quia, ut omnes, solis miraculis, hoc est ignorantiâ, quae omnis malitiae fons est, se defendunt; atque adeò fidem, licet veram, in superstitionem vertunt. Verùm an huic malo remedium adhibere reges unquam concedent, valdè dubito.

Denique, ut de tertio etiam capite mentem meam clariùs aperiam, dico ad salutem non esse omninò necesse, Christum secundùm carnem noscere; sed de aeterno illo filio Dei, hoc est, Dei aeternâ sapientiâ, quae sese in omnibus rebus, et maxime in mente humanâ, et omnium maximè in Christo Jesu manifestavit, longè aliter sentiendum. Nam nemo absque hâc ad statum beatitudinis potest pervenire, utpote quae sola docet, quid verum et falsum, bonum et malum sit. et quia, uti dixi, haec sapientia per Jesum Christum maximè manifestata fuit, ideò ipsius discipuli eandem, quatenus ab ipso ipsis fuit [309] revelata, praedicaverunt, seseque spiritu illo Christi supra reliquos gloriari posse ostenderunt. Caeterùm quòd quaedam Ecclesiae his addunt, quòd Deus naturam humanam assumpserit, monui expressè, me, quid dicant, nescire; imò, ut verum fatear, non minùs absurdè mihi loqui videntur, quàm si quis mihi diceret, quòd circulus naturam quadrati induerit. Atque haec sufficere arbitror ad explicandum, quid de tribus illis capitibus sentiam. An eadem Christianis, quos nosti, placitura sint, id tu meliùs scire poteris. Vale.

como todos, defendem-se com os milagres sozinhos, isto é, com a ignorância, que é a fonte de toda maldade, e por isso convertem a fé, ainda que verdadeira, em superstição. Mas duvido muito que algum dia os reis concederão aplicar um remédio a esse mal.

Finalmente, para expor mais claramente meu pensamento também sobre o terceiro ponto principal, digo que para a salvação não é totalmente necessário conhecer Cristo segundo a carne; mas, de maneira muito diferente, há de se pensar sobre aquele filho eterno de Deus, isto é, a sabedoria eterna de Deus, que se manifestou em todas as coisas, sobretudo na mente humana, e mais que tudo em Jesus Cristo. Pois sem essa [sabedoria] ninguém pode chegar ao estado de beatitude, visto que só ela ensina o que é verdadeiro e falso, bom e mau. E porque, como eu disse, essa sabedoria manifestou-se maximamente por meio de Jesus Cristo; seus discípulos a pregaram até onde lhes foi por ele revelada e mostraram poder gloriar-se, acima dos demais, naquele [309] espírito de Cristo. De resto, quanto ao que algumas igrejas acrescentam a isso, que Deus tenha assumido a natureza humana, adverti expressamente não saber o que dizem; ou melhor, para confessar a verdade, não me parecem falar menos absurdamente do que se alguém me dissesse que um círculo tomou a natureza de um quadrado. E julgo que essas coisas são suficientes para explicar o que penso sobre aqueles três pontos principais. Se elas hão de agradar os cristãos que conheces, tu poderás sabê-lo melhor. Passa bem.

Epistola LXXIV.

Clarissimo, Doctissimoque Viro,
B. D. S.
HENR. OLDENBURGIUS.
S. P.
Responsio ad Praecedentem.

Quandoquidem accusare me videris nimiae brevitatis, culpam illam hâc vice nimiâ prolixitate eluam. Exspectaveras, ut video, earum in Scriptis tuis opinionum enarrationem, quae Religiosae virtutis praxin convellere Lectoribus tuis videantur. Dicam quid sit rei, quod potissimùm eos excruciet. Fatalem videris rerum, et actionum omnium necessitatem adstruere: atqui illâ concessâ, assertâque, legum omnium, omnis virtutis, et religionis incidi nervos, omnesque remunerationes, et poenas inanes esse, autumant. Quicquid cogit, vel necessitatem infert, excusare iidem arbitrantur; proindeque neminem inexcusabilem in Dei conspectu fore censent. Si fatis agamur, durâque revolutâ manu omnia certo, et inevitabili tramite vadunt, quis culpae, poenarumque sit locus, illi equidem non assequuntur. Quis huic nodo adhiberi possit cuneus, perquam ardua res dictu est. Tu quid opis hanc in rem suppeditare posses, scire et discere pervelim.

Ad sententiam illam tuam, quam de tribus capitibus, à me notatis, aperire mii dignaris, haec inquirenda subeunt. Primò, quonam sensu *Miracula, et Ignorantiam* pro Synonymis, et aequipollentibus habeas, ut in Novissimis tuis sentire videris; cùm Lazari à mortuis resuscitatio, et Jesu Christi à morte resurrectio omnem Naturae creatae vim superare, et soli potentiae divinae competere videatur; neque id ignorantiam culpabilem arguat, quod intelligentiae finitae, certisque repagulis constrictae limites excedat necessum est. An non convenire censes creatae Menti et scientiae, increatae Mentis, ac supremi Numinis talem scientiam, potentiamque agnoscere, quae penetrare, ac praestare ea possit, quorum ratio, ac modus à nobis hmuncionibus reddi,

Carta LXXIV

[309]

Ao claríssimo e doutíssimo senhor
B. d. S.
HENR. OLDENBURG
Muitas saudações
Resposta à precedente

Já que pareces acusar-me de demasiada brevidade, desta vez lavarei aquela culpa com demasiada prolixidez. Esperaras, como vejo, uma narração daquelas opiniões em teus escritos que, a teus leitores, parecem arruinar a prática da virtude religiosa. Direi o que [310] é do assunto que os atormenta mais que tudo. Pareces assegurar a necessidade fatal de todas as coisas e ações; porém, com ela concedida e asserida, eles afirmam cortarem-se os nervos de todas as leis, de toda virtude e de toda religião, e serem inanes todas as recompensas e penas. Julgam que tudo o que coage ou infere necessidade é escusável; e por isso consideram que ninguém será inescusável à vista de Deus. Se somos conduzidos por fados, e, com dura mão revoluta, todas as coisas caminham por um trâmite certo e inevitável,[140] não alcançam eles qual é o lugar da culpa e das penas. É coisa extremamente árdua dizer que cunha pode ser aplicada a esse nó.[141] Gostaria muito de saber e aprender o que tu podes fornecer a esse assunto.

Para investigar aquela tua opinião, que sobre os três pontos principais notados por mim te dignas a me expor, apresentam-se estas coisas. Primeiramente, em que sentido tens por sinônimos e equivalentes *milagres e ignorância*, como pareces pensar em tua última carta, já que a ressuscitação de Lázaro dos mortos e a ressurreição de Jesus Cristo da morte parecem superar toda a força da natureza criada e competir à só potência divina; e não acusa ignorância culpável aquilo que é necessário que exceda os limites de uma inteligência finita e constrita por barreiras certas. Ou não consideras que convém à mente e ao conhecimento criados reconhecer, na mente incriada e na suprema divindade, conhecimento e potência tais, que podem penetrar e prestar coisas das quais a razão e o modo não podem ser

et explicari nequeat? Homines sumus, humani nihil à Nobis alienum ducendum videtur. Deinde, cum capere te nequire fatearis, Deum reverâ naturam humanam assumpsisse, quaerere ex te fas sit, quomodò illa Euangelii nostri, et Epistolae ad Hebraeos scriptae locos intelligas, quorum prior affirmat, *verbum carnem factum esse*; posterior, *Filium Dei non Angelos, sed semen Abrahae assumpsisse.* et totius Euangelii tenorem id inferre putem Filium Dei unigenitum λόγον, (qui et Deus, et apud Deum erat) in naturâ humanâ se ostendisse, et pro nobis peccatoribus ἀντίλυτρον, redemptionis precium, passione, et morte suâ exsolvisse. Quid de his, et similibus dicendum, ut sua constet Euangelio, et Christianae Religioni, cui te favere opinor, veritas, lubens edoceri vellem.

[311]   Plura scribere statueram, sed interpellant amici invisentes, quibus negare humanitatis officia nefas duco. Sed et haec, quae congessi hâc Epistolâ, suffecerint, et fortasse taedium tibi Philosophanti creaverint. Vale igitur, et me jugem Eruditionis et Scientiae tuae cultorem crede.

Dab. Londini die 16. Decemb. 675.

dados e explicados por nós, homúnculos? Somos homens, nada de humano parece que nos há de ser considerado alheio.[142] Ademais, já que confessas não poder compreender que Deus tenha assumido verdadeiramente a natureza humana, é lícito procurar saber de ti como entendes aquelas passagens do nosso Evangelho e da epístola escrita aos hebreus, das quais a primeira afirma que *o verbo se fez carne*, e a última, que *o Filho de Deus não assumiu os anjos, mas a semente de Abraão*.[143] E penso inferir-se de todo o teor do Evangelho que o filho unigênito de Deus, o λόγον (que era Deus e estava com Deus),[144] mostrou-se na natureza humana e pagou, por nós pecadores, o ἀντίλυτρον, o preço da redenção,[145] com sua paixão e sua morte. Gostaria muito de ser bem ensinado sobre o que há de ser dito sobre essas coisas e outras semelhantes, para que sua verdade esteja de acordo com o Evangelho e com a religião cristã, à qual opino que és favorável.

Eu decidira escrever mais coisas, mas interpelam-me amigos [311] visitantes, aos quais considero um crime negar os deveres de cortesia. Mas estas coisas que reuni nesta carta serão suficientes e talvez criarão tédio em ti, que filosofas. Assim, passa bem, e crê-me contínuo defensor de tua erudição e teu conhecimento.

Londres, 16 de dezembro de 1675.

[311]

Epistola LXXV.

Viro Nobilissimo, ac Doctissimo,
HENR. OLDENBURGIO
B. D. S.
Responsio ad Praecedentem.

Nobilissime Domine,

Video tandem, quid id fuerit, quod à me postulabas ne evulgarem; sed quia id ipsum praecipuum est fundamentum eorum omnium, quae in Tractatu, quem edere destinaveram, habentur, volo hîc paucis explicare, quâ ratione ego fatalem omnium rerum, et actionum necessitatem statuam. Nam Deum nullo modo fato subjicio, sed omnia inevitabili necessitate ex
[312] Dei naturâ sequi concipio eodem modo, ac omnes concipiunt, ex ipsius Dei naturâ sequi, ut Deus se ipsum intelligat; quod sanè nemo negat ex divinâ naturâ necessariò sequi, et tamen nemo concipit, Deum fato aliquo coäctum, sed omninò liberè, tametsi necessariò se ipsum intelligere.

Deinde haec inevitabilis rerum necessitas nec jura divina, nec humana tollit. Nam ipsa moralia documenta, sive formam legis, seu juris ab ipso Deo accipiant, sive non, divina tamen sunt, et salutaria, et si bonum, quod ex virtute, et amore divino sequitur, à Deo tanquam Judice accipiamus, vel ex necessitate Divinae naturae emanet, non erit propterea magis, aut minùs optabile, ut nec contrà mala, quae ex pravis actionibus, et affectibus sequuntur, ideò, quia necessariò ex iisdem sequuntur, minùs timenda sunt, et denique sive ea, quae agimus, necessariò, vel contingenter agamus, spe tamen, et metu ducimur.

Porrò homines coram Deo nullâ aliâ de causâ sunt inexcusabiles, quàm quia in ipsius Dei potestate sunt, ut lutum in potestate figuli, qui ex eâdem massâ vasa facit, alia ad decus, alia ad dedecus. Ad haec pauca si attendere velis aliquantulùm,
[313] non dubito, quin facili negotio ad omnia argumenta, quae in

Carta LXXV[146]

[311]

Ao nobilíssimo e doutíssimo senhor
HENR. OLDENBURG
B. D. S.
Resposta à precedente

Nobilíssimo senhor,
Enfim vejo o que era aquilo que exigias que eu não divulgasse; mas porque é ele próprio o principal fundamento de todas as coisas que estão contidas no tratado que eu destinara a editar, quero explicar aqui, em poucas palavras, de que maneira sustento a necessidade fatal de todas as coisas e ações. Pois de nenhum modo submeto Deus ao fado, mas concebo que todas as coisas se seguem da natureza de Deus por uma necessidade inevitável, do mesmo modo que todos concebem que, da própria natureza de Deus, segue-se que Deus entende a si [312] mesmo; certamente, ninguém nega que isso se segue necessariamente da natureza divina, e, todavia, ninguém concebe Deus coagido por algum fado, mas sim que ele, ainda que necessariamente, entende a si mesmo com total liberdade.

Ademais, essa necessidade inevitável das coisas não suprime as leis divinas nem as humanas. Pois os ensinamentos morais, quer recebam a forma de lei ou de direito do próprio Deus, quer não, são contudo divinos e salutares; e o bem que se segue da virtude e do amor divino, se o recebemos de Deus como juiz ou se ele emana da necessidade da natureza divina, não será por isso mais ou menos desejável; assim como, ao contrário, os males que se seguem de ações e afetos depravados não hão de ser menos temidos porque se seguem necessariamente deles; e enfim, façamos as coisas que fazemos, necessária ou contingentemente, somos contudo guiados pela esperança e pelo medo.[147]

Além disso, os homens são inescusáveis perante Deus por nenhuma outra razão a não ser porque estão no poder de Deus como o barro no poder do oleiro, que da mesma massa faz vasos, uns para a honra, outros para a desonra.[148] Se quiseres atentar um pouco a essas poucas coisas, não duvido que possas responder com facilidade [313]

hanc sententiam objici solent, respondere possis, ut multi jam mecum experti sunt.

Miracula, et ignorantiam pro aequipollentibus sumpsi, quia ii, qui Dei existentiam, et Religionem miraculis adstruere conantur, rem obscuram per aliam magis obscuram, et quam maximè ignorant, ostendere volunt, atque ità novum argumentandi genus adferunt, redigendo scilicet non ad impossibile, ut ajunt, sed ignorantiam. Caeterùm meam de miraculis sententiam satis, ni fallor, explicui in Tractatu Theologico-Politico. Hoc tantùm hîc addo, quòd si ad haec attendas, quòd scilicet Christus non Senatui, nec Pilato, nec cuiquam infidelium; sed sanctis tantummodo apparuerit, et quòd Deus neque dextram, neque sinistram habeat, nec in loco; sed ubique secundùm essentiam sit, et quòd materia ubique sit eadem, et quòd Deus extra Mundum in spatio, quod fingunt, imaginario, sese non manifestet, et quòd denique Corporis humani compages intra debitos limites solo aëris pondere coërceatur, facilè videbis, hanc Christi apparitionem non absimilem esse illi, quâ Deus Abrahamo apparuit, quando tres vidit homines, [314] quos ad secum prandendum invitavit. At dices, Apostolos omnes omninò credidisse, quòd Christus à morte resurrexerit, et ad coelum reverâ ascenderit: quod ego non nego. Nam ipse etiam Abrahamus credidit, quòd Deus apud ipsum pransus fuerit, et omnes Israëlitae, quòd Deus è coelo igne circumdatus ad montem Sinaï descenderit, et cum iis immediatè locutus fuerit, cum tamen haec, et plura alia hujusmodi apparitiones, seu revelationes fuerint, captui, et opinionibus eorum hominum accommodatae, quibus Deus mentem suam iisdem revelare voluit. Concludo itaque Christi à mortuis resurrectionem reverâ spiritualem, et solis fidelibus ad eorum captum revelatam fuisse, nempe quòd Christus aeternitate donatus fuit, et à mortuis, (mortuos hîc intelligo eo sensu, quo Christus dixit: *sinite mortuos mortuos suos sepelire*) surrexit, simulatque vitâ et morte singularis sanctitatis exemplum dedit, et eatenus discipulos suos à mortuis suscitat, quatenus ipsi hoc vitae ejus, et mortis exemplum sequuntur. Nec difficile esset totam Euangelii doctrinam secundùm hanc

a todos os argumentos que costumam ser objetados contra essa opinião, como muitos já experimentaram comigo.[149]

Assumi milagres e ignorância como equivalentes porque aqueles que tentam assegurar com milagres a existência de Deus e a religião querem mostrar uma coisa obscura por meio de outra mais obscura e que ignoram ao máximo; e, assim, trazem um novo gênero de argumentar, a saber, reduzindo não ao impossível, como afirmam, mas à ignorância. Ademais, se não me engano, expliquei suficientemente, no *Tratado teológico-político*, minha opinião sobre os milagres. Aqui acrescentarei somente que, se atentares a estas coisas, a saber, que Cristo não apareceu ao senado, nem a Pilatos, nem a qualquer dos infiéis, mas tão somente aos santos, e que Deus não tem direita nem esquerda, nem está em um lugar, mas, segundo sua essência, em toda a parte, e que a matéria é a mesma por toda a parte, e que Deus não se manifesta fora do mundo, em um espaço imaginário que forjamos, e, finalmente, que a constituição do corpo humano está contida dentro dos devidos limites pelo só peso do ar, verás facilmente que essa aparição de Cristo não é dessemelhante àquela na qual Deus apareceu para Abraão, quando este viu três homens e os convidou para comer consigo.[150] Mas dirás que todos os apóstolos [314] creram totalmente que Cristo tenha ressurgido da morte e que tenha realmente ascendido ao céu; o que não nego. Pois o próprio Abraão também creu que Deus tenha almoçado com ele, e todos os israelitas creram que Deus tenha descido, rodeado de fogo, do céu ao Monte Sinai, e que tenha falado imediatamente com eles;[151] todavia, tendo sido essas e muitas outras aparições ou revelações deste tipo acomodadas à compreensão e às opiniões desses homens, pelas quais Deus lhes quis revelar seu pensamento. Concluo, pois, que a ressurreição de Cristo dos mortos foi, na verdade, espiritual e que foi revelada só aos fiéis, conforme a compreensão deles, a saber, que Cristo foi presenteado com a eternidade, e que surgiu dos mortos (mortos, aqui, entendo naquele sentido em que Cristo disse: *deixai que os mortos enterrem seus mortos*)[152] tão logo deu com a vida e a morte um exemplo de singular santidade, e que levanta seus discípulos dos mortos enquanto eles seguem esse exemplo de sua vida e morte. E não seria difícil explicar a doutrina toda do Evangelho segundo essa hipótese.

[315] hypothesin explicare. Imo caput 15. Ep. 1. ad Corinthios ex solâ hâc hypothesi explicari potest, et Pauli argumenta intelligi, cum aliàs communem hypothesin sequendo infirma appareant, et facili negotio refelli possint, ut jam taceam, quòd Christiani omnia, quae Judaei carnaliter, Spiritualiter interpretati sunt. Humanam imbecillitatem tecum agnosco. Sed te contrà rogare mihi liceat, an nos homunciones tantam Naturae cognitionem habeamus, ut determinare possimus, quousque ejus vis, et potentia se extendit, et quid ejus vim superat? quod quia nemo sine arrogantiâ praesumere potest, licet ergo absque jactantiâ miracula per causas naturales, quantum fieri potest, explicare, et quae explicare non possumus, nec etiam demonstrare, quòd absurda sint, satiùs erit judicium de iis suspendere, et Religionem, uti dixi, solâ Doctrinae sapientia adstruere. Loca denique Euangelii Johannis et Epistolae ad Hebraeos iis, quae dixi, repugnare credis, quia Linguarum orientalium phrases Europaeis loquendi modis metiris, et quamvis Johannes suum Euangelium Graecè scripserit, hebraizat tamen. Quicquid sit, an credis, quando Scriptura ait, quòd Deus in Nube sese manifestaverit, aut quòd in

[316] Tabernaculo, et in Templo habitaverit, quòd ipse Deus naturam Nubis, Tabernaculi, et templi assumpserit? atqui hoc summum est, quod Christus de se ipso dixit, se scilicet templum Dei esse, nimirùm quia, ut in meis praecedentibus dixi, Deus sese maximè in Christo manifestavit, quod Johannes ut efficaciùs exprimeret, dixit verbum factum esse carnem. Sed de his satis.

Mais ainda, a partir dessa só hipótese pode ser explicado o capítulo [315] 15 da *Ep.* 1 aos Coríntios,[153] e podem ser entendidos os argumentos de Paulo, já que, doutro modo, seguindo a hipótese comum, estes aparecem fracos e podem ser refutados com facilidade, para não dizer que os cristãos interpretaram espiritualmente todas as coisas que os judeus interpretaram carnalmente. Reconheço contigo a debilidade humana. Mas seja-me lícito perguntar-te, ao contrário: acaso nós, homúnculos, temos tanto conhecimento da natureza a ponto de podermos determinar quão longe sua força e potência se estendem, e o que supera sua força? Porque ninguém pode presumir isso sem arrogância, é licito então explicar o quanto possível, sem jactância, os milagres por causas naturais; e sobre aqueles que não podemos explicar, nem mesmo demonstrar, pois são absurdos, será preferível suspender o juízo, e, como eu disse, fundar a religião na só sabedoria da doutrina. Finalmente, crês que as coisas que eu disse repugnam as passagens do Evangelho de João e da Epístola aos Hebreus porque medes as frases das línguas orientais aos modos europeus; e embora João tenha escrito seu Evangelho em grego, *ele hebraíza.*[154] Seja como for, quando a Escritura diz que Deus se manifestou em uma nuvem, ou que habitou no tabernáculo e no templo, crês que o próprio Deus [316] tenha assumido a natureza da nuvem, do tabernáculo e do templo? Mas o máximo que Cristo disse de si mesmo é isto, a saber, que é o templo de Deus;[155] pois, como eu disse na precedente, Deus se manifestou maximamente em Cristo, e para exprimi-lo com mais eficácia, João disse que o verbo se fez carne. Mas sobre isso basta.

[324]

Epistola LXXVII.

Clarissimo Viro
B. D. S.
HENRICUS OLDENBURGIUS.
εὖ πϱάττειν.
Responsio ad Epistolam LXXV.

Rem acu tetigisti, dum percipis causam, quare fatalem illam rerum omnium necessitatem vulgari nollem, ne scilicet virtutis exercitium inde sufflaminaretur, nec praemia, ac [325] poenae vilescerent. Quae in eam rem novissimae tuae litterae suggerunt, necdum conficere hoc negotium, Mentemque humanam tranquillare videntur. Etenim si nos homines in omnibus actionibus nostris, moralibus aequè, ac naturalibus, ità in potestate Dei sumus, ut lutum in manu figuli, quâ fronte quaeso accusari ullus nostrûm potest, quòd hoc, vel illo modo egerit, cùm secus agere ipsi omninò fuerit impossibile? An non ad unum omnes regerere Deo poterimus, inflexibile fatum tuum, ac irresistibilis tua potestas nos eò adegit, ut sic operaremur, nec operari aliter potuimus; cur igitur, et quo jure nos dirissimis poenis mancipabis, quas nullatenus evitare potuimus, te omnia per supremam necessitatem pro arbitrio, et beneplacito tuo operante, et dirigente? Cùm tu dicis, Homines coram Deo nullâ aliâ de causâ esse inexcusabiles, quàm quia sunt in potestate Dei; Ego argumentum illud planè inverterem, diceremque majori, ut videtur, ratione; Homines ideo planè esse excusabiles, quia in potestate Dei sunt. In promptu enim est omnibus objicere; Ineluctabilis est potestas tua, ô Deus; Quare meritò, quod aliter non egi, excusandus videor.

Deinde, quòd Miracula, et Ignorantiam pro aequipollentibus etiamnum capis, videris potentiam Dei, et Hominum, etiam acutissimorum, scientiam iisdem finibus concludere; quasi nihil agere, vel producere Deus queat, cujus rationem reddere homines

Carta LXXVII

[324]

Ao claríssimo senhor
B. D. S.
HENRY OLDENBURG
εὖ πϱάττειν[156]
Resposta à carta LXXV

Acertaste em cheio[157] ao perceberes o motivo por que eu não queria que se divulgasse aquela necessidade fatal de todas as coisas, a saber, para que o exercício da virtude não fosse impedido, e os prêmios e as penas não se desvalorizassem. As coisas que tua última carta sugere [325] sobre isso ainda não parecem resolver esse assunto nem tranquilizar a mente humana. Com efeito, se nós, homens, em todas as nossas ações, tanto morais quanto naturais, estamos no poder de Deus tal como o barro na mão do oleiro, com que cara, pergunto, algum dos nossos pode ser acusado de ter agido deste ou daquele modo, já que agir doutro modo lhe foi totalmente impossível? Acaso não poderemos, todos sem exceção, replicar a Deus: vosso inflexível fado e vosso irresistível poder nos forçaram a operar assim, e não pudemos operar doutro modo; portanto, por que e com que direito, operando e dirigindo todas as coisas, por meio da suprema necessidade, segundo vosso arbítrio e beneplácito, vós nos entregareis a duríssimas penas, que de jeito nenhum pudemos evitar? Quando tu dizes que os homens são inescusáveis perante Deus por nenhum outro motivo a não ser porque estão no poder de Deus, eu inverteria completamente aquele argumento e diria com maior razão, como parece, que os homens são completamente escusáveis porque estão no poder de Deus. Com efeito, está ao alcance de todos objetar: inelutável é vosso poder, ó Deus, por isso, pareço ser merecidamente escusável por não ter agido doutro modo.

Ademais, porque até agora tomas milagres e ignorância por equivalentes, pareces encerrar nos mesmos limites a potência de Deus e o conhecimento dos homens, mesmo dos mais agudos, como se Deus não pudesse fazer ou produzir nada cuja razão os homens

non possint; si omnes ingenii vires intendant. Adhaec Historia illa de Christi Passione, Morte, Sepulturâ, Resurrectione vivis adeò coloribus, genuinisque descripta videtur, ut vel appellare conscientiam tuam ausim, credasne illa Allegoricè potiùs, quàm literaliter esse accipienda, dummodò de Historiae veritate fueris persuasus? Circumstantiae illae, quae ab Euangelistis eâ de re adeò dilucidè sunt consignatae, urgere penitùs videntur, historiam illam ad literam esse capiendam. Haec paucis ad argumentum illud notare porrò volui, quibus ut ignoscas, et pro candore tuo amicè respondeas, enixè rogo. Dom. Boylius te officiosè resalutat. Quid Regia Societas nunc agat aliâ vice exponam. Vale et me amare perge.

HENR. OLDENBURG.

Londini, 14. Januar. 1676.

não pudessem dar se dirigissem todas as forças do engenho. Junto a isso, aquela história sobre a paixão, a morte, o sepultamento e a ressurreição de Cristo parece descrita com cores tão vivas e genuínas que até ouso apelar à tua consciência: contanto te tenhas persuadido da verdade da história, acaso crês que ela há de ser aceita antes alegoricamente do que literalmente? Aquelas circunstâncias que são tão nitidamente assinaladas pelos evangelistas parecem urgir profundamente que aquela história haja de ser tomada à letra. Em relação àquele argumento, quis em poucas palavras notar mais essas coisas, que rogo com todas as forças que perdoes e que, amigavelmente, respondas com teu candor. O Sr. Boyle te saúda oficiosamente. Exporei em uma outra vez o que agora faz a Sociedade Real.[158] Passa bem e continua a me apreciar.

HENR. OLDENBURG.

Londres, 14 de janeiro de 1676.

[326]

Epistola LXXVIII.

Viro Nobilissimo, ac Doctissimo,
HENRICO OLDENBURGIO
B. D. S.
Responsio ad praecedentem.

Nobilissime Domine,

Quòd in praecedentibus meis dixi, nos ideò esse inexcusabiles, quia in Dei potestate sumus, ut lutum in manu figuli, hoc sensu intelligi volui, videlicet quòd nemo Deum redarguere potest, quòd ipsi naturam infirmam, seu animum impotentem dederit. Sicut enim absurdè circulus conquereretur, quòd Deus ipsi globi proprietates, vel infans, qui calculo cruciatur, quòd ei corpus sanum non dederit, sic etiam homo animo impotens queri posset, quòd Deus ipsi fortitudinem, veramque ipsius Dei cognitionem, et amorem negaverit, quodque ipsi naturam adeo infirmam dederit, ut cupiditates suas nec coërcere, nec moderari possit. Nam naturae cujuscunque rei nihil aliud competit, quàm id, quòd ex datâ ipsius causâ necessariò sequitur. Quod autem naturae

[327] uniuscujusque hominis non competat, ut animo forti sit, et quòd in nostrâ potestate non magis sit corpus sanum, quàm mentem sanam habere, negare nemo potest, nisi qui tam experientiam, quàm rationem negare velit. At instas, si homines ex naturae necessitate peccant, sunt ergo excusabiles, nec quòd inde concludere velis, explicas, an scilicet quòd Deus in eos irasci nequeat, an verò quòd beatitudine, hoc est, Dei cognitione et amore digni sunt. Sed, si primum putas, omninò concedo, Deum non irasci, sed omnia ex ipsius sententiâ fieri; at nego, quòd propterea omnes beati esse debeant: possunt quippe homines excusabiles esse, et nihilominùs beatitudine carere, et multis modis cruciari. Est enim equus excusabilis, quòd equus, et non homo sit; at nihilominùs equus, et non

Carta LXXVIII[159]

[326]

Ao nobilíssimo e doutíssimo
HENRY OLDENBURG
B. D. S.
Resposta à precedente

Nobilíssimo senhor,

O que eu disse na minha precedente, que somos inescusáveis porque estamos no poder de Deus como o barro está na mão do oleiro, quis que fosse entendido no sentido de que ninguém pode redarguir Deus de que lhe tenha dado uma natureza fraca ou um ânimo impotente. Pois, assim como, de maneira absurda, um círculo se queixaria de que Deus não lhe tenha dado as propriedades de uma esfera, ou uma criança que é atormentada por um cálculo, de que ele não lhe tenha dado um corpo são, assim também um homem impotente de ânimo poderia queixar-se de que Deus lhe tenha negado a fortaleza e o conhecimento e o amor verdadeiros do próprio Deus, e que lhe tenha dado uma natureza tão fraca que não pode coibir nem moderar seus desejos. Pois à natureza de qualquer coisa nada outro compete senão aquilo que se segue necessariamente de sua causa dada. Porém, ninguém pode negar que não compete à natureza de cada homem [327] que ele seja de ânimo forte, e que ter um corpo são não está mais em nosso poder do que ter uma mente sã, a não ser que queira negar tanto a experiência quanto a razão. Mas insistes que, se os homens pecam por necessidade da natureza, então são escusáveis, e não explicas o que queres concluir daí, a saber, ou que Deus não pode irar-se com eles, ou que, na verdade, eles são dignos de felicidade, isto é, do conhecimento e do amor de Deus. Porém, se pensas o primeiro, concedo totalmente que Deus não se ira, mas que todas as coisas acontecem segundo sua sentença; mas nego que por causa disso todos devam ser felizes, pois os homens podem ser escusáveis e, todavia, carecer de felicidade e ser atormentados de muitos modos. Com efeito, o cavalo é escusável de que seja um cavalo, e não um homem; não obstante, deve ser um

homo esse debet. Qui ex morsu canis furit, excusandus quidem est, et tamen jure suffocatur, et qui denique cupiditates suas regere, et metu legum easdem coërcere nequit, quamvis etiam ob infirmitatem excusandus sit, non potest tamen animi acquiescentiâ, Deique cognitione, et amore frui; sed necessariò

[328] perit. Neque hîc necesse esse puto monere, quòd Scriptura, quando ait, Deum in peccatores irasci, eumque judicem esse, qui de hominum actionibus cognoscit, statuit, et judicat, more humano, et secundùm receptas vulgi opiniones loquatur, quia ipsius intentum non est philosophiam docere, nec homines doctos, sed obtemperantes reddere.

Quo praeterea pacto videar, ex eo, quòd miracula, et ignorantiam pro aequipollentibus sumpserim, potentiam Dei, et hominum scientiam iisdem finibus concludere, non video.

Caeterùm Christi passionem, mortem, et sepulturam tecum literaliter accipio, ejus autem resurrectionem allegoricè. Fateor quidem hanc etiam ab Euangelistis iis narrari circumstantiis, ut negare non possimus, ipsos Euangelistas credidisse, Christi corpus resurrexisse, et ad coelum adscendisse, ut ad Dei dextram sederet; et quòd ab infidelibus etiam potuisset videri, si unà in iis locis adfuissent, in quibus ipse Christus discipulis apparuit; in quo tamen, salvâ Euangelii doctrinâ, potuerunt decipi, ut aliis etiam prophetis contigit, cujus rei exempla in praecedentibus dedi.

[329] At Paulus, cui etiam Christus postea apparuit, gloriatur, quòd Christum non secundùm carnem; sed secundùm spiritum noverit. <Pro Catalogo librorum nobilissimi Domini Boylii maxims ago gratis. Denique R. Societatis praesentia negotia data occasione ex te scire expecto.> Vale, Vir amplissime, et me omni studio, atque affectu tuum esse crede.

cavalo, e não um homem. Aquele que se enraivece pela mordida de um cão há sim de ser escusado, e todavia é, com direito, sufocado;[160] e finalmente, aquele que não pode reger seus desejos e coibi-los por medo da lei, ainda que por sua fraqueza também haja de ser escusável, não pode fruir do repouso do ânimo e do conhecimento e do amor de Deus, mas perece necessariamente. E não creio que seja necessá- [328] rio advertir aqui que a Escritura, quando diz que Deus se ira com os pecadores e que ele é um juiz que conhece, estatui e julga as ações dos homens, fala à maneira humana e segundo as opiniões aceitas do vulgo; pois o intento dela não é ensinar filosofia, nem tornar doutos os homens, mas sim obedientes.

Além disso, do fato de eu assumir milagres e ignorância como equivalentes, não vejo de que modo pareço encerrar nos mesmos limites a potência de Deus e o conhecimento dos homens.

Ademais, aceito contigo literalmente a paixão, a morte e o sepul- tamento de Cristo; porém, alegoricamente a sua ressurreição. Confesso que, de fato, esta também é narrada pelos evangelistas com circunstân- cias tais que não podemos negar que os próprios evangelistas creram que o corpo de Cristo ressuscitou e ascendeu ao céu para se sentar à direita de Deus, e que teria podido ser visto pelos infiéis se estes ti- vessem estado juntos nos locais em que o próprio Cristo apareceu aos discípulos; todavia, preservada a doutrina do evangelho, nisso puderam enganar-se, como aconteceu a outros profetas, assunto do qual dei exemplos na precedente. Ora, Paulo, a quem Cristo também apareceu [329] depois,[161] vangloria-se de tê-lo conhecido não segundo a carne, mas segundo o espírito.[162] <Dou os maiores agradecimentos pelo catálogo de livros do senhor Boyle. Por fim, dada a ocasião, espero saber de ti as presentes ocupações da Sociedade Real.>[163] Passa bem, grandíssimo senhor, e crê que sou teu com todo afeto e devoção.

Epistola LXXIX.

Clarissimo Viro
Dom. Benedicto de Spinosa
HENR. OLDENBURGIUS.
S. P.

In novissimis tuis 7 febr. ad me exaratis, supersunt nonnulla, quae stricturam mereri videntur. Ais, queri hominem non posse, quòd Deus ipsi veram sui cognitionem, et sufficientes ad peccata vitanda vires negaverit, cùm Naturae cujusque rei nihil aliud competat, quàm quòd ex causâ ejus necessariò sequitur. At dico Ego, quandoquidem Deus, creator hominum, ipsos ad sui imaginem formaverit, quae sapientiam, et bonitatem, et potentiam in conceptu suo videtur implicare, omnino sequi videtur, magis in potestate hominis esse, Mentem sanam, quàm corpus sanum, habere, cum physicâ Corporis sanitas à principiis mechanicis, sanitas verò Mentis à προαιρέσει, et consilio dependat. Subjungis, posse homines esse excusabiles, et tamen multis modis cruciari. Hoc durum primò aspectu videtur; quodque probationis loco subnectis ex morsu canem furentem excusandum quidem esse; sed tamen jure trucidari, rem conficere non videtur; cùm ejusmodi canis occisio saevitiam argueret, nisi necessaria ad id foret, ut alii canes, aliave animalia, et ipsi homines, à furibundo ejusmodi morsu essent praeservandi. At si Deus Mentem sanam inderet hominibus, uti potest, nulla foret vitiorum congagies pertimescenda. et sanè crudele admodùm videtur, Deum aeternis, vel saltem diris ad tempus cruciatibus devorere homines ob peccata, quae nullatenus poterant ab iis evitari. Adhaec totius S. Scripturae tenor id supponere, et implicare videtur, posse homines abstinere à peccatis: abundat quippe abominationibus et promissis, praemiorum, et poenarum denunciationibus, quae omnia videntur contra peccandi necessitatem militare, et poenarum evitandarum possibilitatem

Carta LXXIX[164]

[329]

Ao claríssimo senhor
Sr. Bento de Espinosa
HENR. OLDENBURG
Muitas saudações

Em tua última carta, a mim exarada em 7 de fevereiro, restam algumas coisas que parecem merecer estreitamento. Afirmas que o homem não se pode queixar de que Deus lhe tenha negado o conhecimento verdadeiro de si e forças suficientes para evitar os pecados, visto que à natureza de cada coisa nada outro compete a não ser o que se segue necessariamente de sua causa. Ora, digo eu que, porque Deus, criador dos homens, formou-os à sua imagem,[165] a qual parece em seu conceito implicar sabedoria, bondade e potência, parece seguir-se totalmente que está mais no poder do homem ter uma mente sã do que um corpo são, já que a saúde física do corpo depende de princípios mecânicos, mas a saúde da mente, de προαιρέσει[166] e decisão. Ajuntas que os homens podem ser escusáveis, e todavia ser atormentados de muitos modos. Isso parece duro à primeira vista; e o que anexas no lugar da prova, que um cão que está raivoso por uma mordida há de ser sim escusado, mas é, com razão, trucidado, não parece resolver o assunto, visto que a matança de um cão desse tipo arguiria crueldade, a não ser que fosse necessária para que outros cães ou outros animais e os próprios homens houvessem de ser preservados de uma mordida raivosa desse tipo. Ora, se Deus introduzisse nos homens uma mente sã, como [330] o pode, nenhum contágio de vícios haveria de ser muito temido. E certamente parece bastante cruel que Deus consagre os homens a duros tormentos eternos, ou ao menos durante um tempo, por pecados que de jeito nenhum poderiam ser evitados por eles. Junto a isso, o teor da Sagrada Escritura toda parece supor e implicar que os homens podem abster-se dos pecados, pois é abundante em abominações e promessas, e anúncios de prêmios e penas, todas as quais parecem militar contra a necessidade de se pecar e inferir a possibilidade de se evitar as penas;

inferre: quo negato, Mens humana non minus mechanicè, quàm humanum corpus agere dicenda foret.

Porrò, quod Miracula, et Ignorantiam pro aequipollentibus sumere pergis, hoc fundamento niti videtur, quod creatura possit, debeatque Infinitam Creatoris potentiam, et sapientiam perspectam habere; quod utique secus se habere, mihi hactenus est persuasissimum.

Denique quòd affirmas, Christi passionem, mortem et sepulturam literaliter quidem accipienda esse; Resurrectionem verò ejus allegoricè, nullo, quod mihi apparet argumento a Te sulcitur. AEquè literaliter tradi in Evangeliis videtur Resurrectio Christi, ac reliqua. et hoc Resurrectionis articulo tota Religio Christiana, ejusque veritas nititur, eâque sublatâ Christi Jesu missio, ac Doctrina coelestis collabascit. Latere te non potest, quantopere laboraverit Christus a mortuis resuscitatus, ut discipulos suos de Resurrectionis propriè sic dictae veritate convinceret. Omnia illa in allegorias vertere velle, idem est, ac si quis omnem Evangelicae Historiae veritatem convellere satagat.

Pauca haec rursus in medium adferre volui, pro meâ Philosophandi libertate, quam ut boni consulas, enixè rogo.

Dabam Londini d. 11. Febr. 1676

Maximè de Regiae Societatis studiis, et exercitiis praesentibus tecum agam, si Deus vitam, et valetudinem concesserit.

isso negado, haveria de se dizer que a mente humana age não menos mecanicamente que o corpo humano.

Ademais, o fato de continuares a assumir milagres e ignorância por equivalentes parece apoiar-se no fundamento de que a criatura pode e deve ter como evidentes a potência e a sabedoria infinitas do Criador; o que, até o momento, estou persuadidíssimo de que se passa inteiramente doutro modo.

Finalmente, o que afirmas, que a paixão, a morte e o sepultamento de Cristo, de fato, hão de ser aceitas literalmente, mas sua ressurreição, alegoricamente, não é sustentado por ti com argumento algum que me aparece. Nos evangelhos, a ressurreição de Cristo parece ser transmitida tão literalmente quanto as demais coisas. E a religião cristã toda e sua verdade apoiam-se nesse artigo da ressurreição; e sendo esta suprimida, colapsam a missão de Jesus Cristo e a doutrina celeste. Não te pode escapar o quanto trabalhou Cristo, ressuscitado dos mortos, para convencer seus discípulos da verdade da ressurreição assim propriamente dita. Querer verter todas aquelas coisas em alegorias é o mesmo que se alguém se azafamasse em arruinar toda a verdade da história evangélica.

Quis, de novo, trazer à vista essas poucas coisas, conforme minha liberdade de filosofar, as quais rogo com todas as forças que leves a bem.

Londres, 11 de fevereiro de 1676.

Se Deus me conceder vida e saúde,[167] tratarei muitíssimo contigo dos presentes estudos e exercícios da Sociedade Real.

Notas de tradução

[1] O adjetivo "claríssimo", tradução de *clarissimus* (também "nobilíssimo" ou "ilustríssimo"), encontra ocorrência em textos portugueses do passado. Aqui, optamos pela tradução mais latinizante, ainda que ela seja pouco usual, buscando não reduzir a variedade de adjetivos existente na correspondência, isto é, deixando "nobilíssimo" para *nobilissimus*, "ilustre" para *illustris* etc. Além disso, concorre para a nossa opção diversificadora a ocorrência simultânea dos termos *illustris* e *clarissimus* no cabeçalho da *Carta* XLV (*Illustri, et Clarissimo B.* D. *S.*), de Leibniz para Espinosa.

[2] Em 1660, Espinosa muda-se de Amsterdã para Rijnsburg, um vilarejo nos arredores de Leiden. Ali, o filósofo reside até 1663, em um pequeno quarto alugado na casa do médico-cirurgião Herman Hooman (endereço atual: Spinozalaan 29, 2231 SG Rijnsburg), encontrando comodidade para dedicar-se ao polimento de lentes, à construção de instrumentos ópticos e às suas meditações filosóficas.

[3] Nesta passagem, traduzimos *ratio* por "maneira", tal como o fizeram Gebhardt (*Art und Weise*) e os *Nagelate Schriften* (*Wijze*).

[4] Trata-se da obra *Certain Physiological Essays, written at distant times, and on several occasions, by the honourable Robert Boyle* (Londres, 1661). À ocasião, os ensaios ficaram famosos entre os estudiosos da Europa graças à rede de contatos de Oldenburg e às primeiras versões latinas publicadas em 1661 (Londres) e em 1667 (Amsterdã), sob o título *Tentamina quaedam physiologica diversis temporibus et occasionibus conscripta à Roberto Boyle nobili anglo, cum ejusdem historia fluiditatis et firmitatis. Ex anglico in latinum sermonem translata.* Em nota à sua tradução da correspondência de Espinosa, Gebhardt (ESPINOSA, 1986, pp. 333-334) afirma que a primeira versão latina foi publicada em 1665, na Inglaterra, e não em 1661, como pudemos verificar. Por causa disso, o mesmo autor conjectura, equivocadamente, sobre a origem da versão latina entregue a Espinosa em 1661, ou seja, quatro anos antes de ser publicada; chega a citar a suposição do estudioso Willem Meijer de que Espinosa trabalharia sobre uma tradução latina feita por Oldenburg, o que, se atentamos ao que diz Oldenburg, não faz sentido algum: "Aqui, já estão no prelo *Certos ensaios fisiológicos* [...]. Tão logo estiverem prontos, cuidarei para que te sejam exibidos". Ademais, não encontramos uma edição de 1665, tal como sugere Gebhardt, sem fornecer seu título (da edição de Amsterdã,

todavia, dá o título), e por isso acreditamos que ele a tenha coligido somente a partir do afirmado por Oldenburg na *Carta* XXV(12), de 1665: "Não há por que ser impressa entre vós a diatribe do senhor Boyle sobre o nitro e sobre a firmeza e a fluidez, pois aqui já foi publicada em língua latina e não falta senão comodidade para vos passar exemplares".

5 Os *Certain Physiological Essays* contêm cinco estudos, na sequência: (1) *A proemial essay* ("Um ensaio proemial"); (2) *Of the Unsuccessfulness of Experiments* ("Do insucesso de experimentos"); (3) *Unsucceeding experiments* ("Experimentos sem sucesso"); (4) *A physico-chymical essay, containing an experiment, with some considerations touching the differing parts and redintegration of salt-petre* ("Um ensaio físico-químico, contendo um experimento com algumas considerações relativas às diferentes partes e à reintegração do salitre"); e (5) *The history of fluidity and firmnesse* ("A história da fluidez e da firmeza"). O quarto deles, também conhecido como o *Ensaio do nitro*, foi traduzido por Luciana Zaterka e publicado no Apêndice 1 do livro *A filosofia experimental na Inglaterra do século XVII: Francis Bacon e Robert Boyle* (ver ZATERKA, 2004, pp. 227-262).

6 A tradução do verbo *trajicere* por "atravessar" requer do leitor lembrar que o caminho da Inglaterra até a Holanda incluía, naquele momento, a travessia do canal da Mancha. Ver fim da *Carta* I(1).

7 Sempre que aparece uma dupla data, esta deve ser lida como "dia juliano"/"dia gregoriano". Tal grafia se deve ao uso de dois calendários na época dos correspondentes. O calendário juliano, implantado por Júlio César (100-44 a.C) em 46 a.C., estabeleceu 1º de janeiro como o primeiro dia do ano. Séculos depois, em 1582, o Papa Gregório XIII (1502-1585), baseado na defasagem de data do equinócio da primavera, promulgou o calendário gregoriano a fim de desfazer o erro de dez dias a mais existente na época. França e Holanda adotaram o calendário no mesmo ano, ao passo que a Inglaterra e suas colônias só o adotaram em 1752, altura em que tiveram que ser omitidos onze dias do calendário juliano, em vez de dez. A nova datação costumava ser indicada explicitamente como *stylus novus* ("novo estilo").

8 Ver Bacon, *Novum organum scientiarum*, I, aforismo XLI: "Os ídolos da tribo estão fundados na própria natureza humana, na própria tribo ou espécie humana. Pois é falso asserir-se que os sentidos humanos são a medida das coisas. Ao contrário, todas as percepções, tanto dos sentidos como da mente, são por analogia ao homem, e não ao universo. E o intelecto humano é semelhante a um espelho que reflete desigualmente os raios das coisas e, dessa forma, ele as distorce e altera".

9 Ver Bacon, *Novum organum scientiarum*, I, aforismo LI: "O intelecto humano tende ao abstrato por sua própria natureza; e aquelas coisas que são fluidas, forja serem constantes. Todavia, é melhor separar a natureza do que abstraí-la, o que fez a escola de Demócrito, que mais do que as outras penetrou a natureza. Antes, deve ser considerada a matéria, os seus esquematismos, os metaesquematismos, o ato puro e a lei do ato, ou seja, o movimento. Pois as formas são simples invenções do ânimo humano, a não ser que agrade chamá-las leis do ato".

[10] Ver Bacon, *Novum organum scientiarum*, I, aforismo XLVIII: "O intelecto humano incha-se e não pode firmar-se ou repousar, sempre busca ir adiante. Mas em vão. Por isso, é impensável que haja algo extremo ou fora do mundo, e, como que necessariamente, sempre ocorre haver algo ulterior. E não se pode pensar como a eternidade pode ter transcorrido até os dias atuais, já que a distinção que costuma ser aceita do infinito, como comportando uma parte já transcorrida e uma parte ainda por vir, não pode de modo algum constar, pois daí se seguiria o absurdo de haver um infinito maior do que outro infinito, e como se o infinito se consumisse e divergisse para o finito. Semelhante é a sutileza, a partir da impotência do pensamento, sobre as retas sempre divisíveis. Mas de maneira mais perniciosa intervém essa impotência da mente na descoberta das causas; pois, visto que as coisas maximamente universais na natureza, tais como são encontradas, devem ser positivas e não podem ser realmente causáveis, também o intelecto humano, que ignora repousar, busca coisas mais conhecidas. Então, tendendo às coisas mais ulteriores, retrocede às mais próximas, a saber, as causas finais, que claramente pertencem antes à natureza do homem do que à do universo; e a partir desta fonte corromperam de mil maneiras a filosofia. Todavia, o filosofante é tão imperito e leviano em requerer maximamente as causas das coisas universais quanto em não desejar as causas das coisas subordinadas e subalternas".

[11] Trata-se do próprio Francis Bacon (1561-1626), que em 1618 ganhou o título nobiliárquico de Barão de Verulam ou Verulâmio.

[12] A expressão é tomada de Heráclito, *fragmento* CXVIII: *Lumen siccum optima anima.* ("Luz seca, ótima alma.") No capítulo XXVII do livro *A sabedoria dos antigos*, Bacon esclarece: "Assim, disse Heráclito de maneira notável: *Luz seca, ótima alma*. Pois a alma, quando contrai o humor da terra, degenera completamente; por outro lado, também há de mostrar limite, para que, a partir dessa louvada secura, a luz se torne mais sutil e não se reduza a incêndio. Porém, essas coisas são conhecidas por quase todos" (BACON, 1696, p. 101).

[13] Com origens em 1645, o "Colégio filosófico" ou "Colégio invisível" (denominações inauguradas por Boyle) era uma sociedade de homens eminentes, reconhecida formalmente na famosa reunião de 28 de novembro de 1660, no Gresham College, como "Colégio para promoção de ensinamento físico-matemático experimental". Na ocasião, Oldenburg foi formalmente listado como candidato a membro de tal Colégio, ao qual se juntou em janeiro de 1661. Ver nota de tradução 35.

[14] O verbo *concinnare* foi traduzido uniformemente como "compor"; todavia, o equivalente português não sintetiza todo o sentido presente no latino. Rezende (1997, p. 116-117) explica-nos que *concinnare* significa, com mais rigor, compor algo arranjando-o sistematicamente, e "envolve justamente as ideias de produzir, fabricar, construir ajustando e dispondo artisticamente, de maneira que o que assim é produzido seja *concinnus*, ou seja, bem proporcionado, adequado, formando um todo uno e consistente".

[15] O leitor não deve aderir ao sentido usual do termo "história", mas àquele da modernidade (como quando Bacon fala de uma "história da natureza"), isto é,

aduzindo ao significado mais fundamental do verbo grego ιστορειν (*historein*), que designa tanto a testemunhar como a investigar.

[16] Por fidelidade, mantivemos o substantivo derivado do termo técnico "complicar", usado por Nicolau de Cusa (1401-1464). A "complicação" ou "co-implicação" deve ser entendida como uma implicação mútua de vários fatores ou elementos distintos.

[17] É de notar que o uso de "vossos" não é um descuido ou quebra da uniformidade no uso do pronome de segunda pessoa do singular utilizado na correspondência. Na verdade, aqui, "vossos" deve ser tomado pelo leitor como referenciando os compatriotas do endereçado.

[18] A expressão latina *scopas dissolutas* tem o sentido de "inúteis" ou "inservíveis". Segundo o *Adágio* 495 de Erasmo de Rotterdam (2013, pp. 514-515), Cícero, no livro VII das *Epistulae ad Atticum*, chama de "vassouras soltas" os homens inúteis e totalmente destituídos de sabedoria, com as seguintes palavras: "na manhã de 25 de janeiro, vi César em Minturno com as mais absurdas ordens, não para homens, mas para vassouras soltas; de tal maneira que me parecia que ele o fez com o propósito de ridicularizar". No original: *Caesarem vidi Minturnis a. d. VIII Calendas Februarias mane cum absurdissimis mandatis, non ad homines, sed scopas dissolutas, ut ad ipsum ille mihi videatur irridendi causa fecisse.*

[19] O original latino desta carta pertence à Royal Society. À margem, constam alguns comentários a lápis, possivelmente de Boyle, sobre os quais Oldeburg teria apoiado a resposta da *Carta* XI(8); tal descoberta foi feita em 2018 por Filip Buyse. Uma versão editada e com modificações de estilo consta nas *Opera Posthuma* também como EPISTOLA VI. Um fac-símile do original foi publicado por Willem Meijer, em 1903, na edição intitulada *Nachbildung der im Jahre 1902 noch erhaltenen eigenhändigen Briefe des Benedictus Despinoza*. Gebhardt, em sua edição crítica (1925, IV), apresenta em simultâneo o texto das *Opera Posthuma* e a transcrição do original. De nossa parte, apresentamos e traduzimos o texto das *Opera Posthuma*, por ter sido preparado para a publicação pelo próprio Espinosa.

[20] Nesta carta, como sabemos já pelo seu cabeçalho, e nas demais atinentes ao assunto, Espinosa faz observações apenas aos dois últimos ensaios contidos nos *Tentamina quaedam physiologica*, que envolvem o nitro, a fluidez e a firmeza.

[21] O nitro, também conhecido como salitre, corresponde à substância química nitrato de potássio (KNO_3).

[22] O que Boyle chama "reintegração" deve ser entendido na terminologia atual da química como "síntese".

[23] O espírito de nitro corresponde à substância química ácido nítrico (HNO_3). Na química, o termo "espírito" é dado, geralmente, a substâncias voláteis obtidas por destilação.

[24] O sal lixivioso, também referido ao longo desta correspondência como sal fixo ou nitro fixo, é a substância química denominada carbonato de potássio (K_2CO_3).

[25] Ver Descartes, *Princípios da filosofia*, IV, §110.

[26] Trata-se de uma referência velada ao parágrafo XLVIII de *O Ensaiador* (Roma, 1623), em que Galileu apresenta sua posição a respeito das qualidades secundárias, e conclui que as formas e relações matemáticas são suficientes para fornecer as causas dos fenômenos.

[27] Trata-se do primeiro dos estudos apresentados nos *Certain Physiological Essays*. Ver nota de tradução 5.

[28] Nas *Opera Posthuma*, consta *incerta*, o que é estranho pela obviedade criada. Gebhardt, no texto que oferece a partir das *Opera Posthuma*, reincide no erro; porém, traz adjunta à carta original, na qual aparece *certa*, certificando o erro nas *Opera Posthuma*. Nos *Nagelate Schriften*, publicados em simultâneo com as *Opera Posthuma*, curiosamente está o correto: *zekere* ("certa").

[29] Desde as *Opera Posthuma*, todas as edições do texto latino, o que inclui a de Gebhardt, trazem erroneamente a palavra *dilatatum*; corrigimos para *dilatatam*, tal como aparece na carta original.

[30] Aqui, para a tradução de tal excerto citado, foi necessário colher na carta original o verbo que faltava: *destinaverit*.

[31] Aqui o sentido de *catholicus* é de "universal". Optamos por traduzir por "católico", ainda que a palavra esteja carregada de religiosidade, pois o próprio Boyle, nos originais, faz uso do equivalente inglês *catholic*.

[32] Após aqui, no texto das *Opera Posthuma*: *Reliqua desiderantur* ("Falta o restante"). O trecho final aparece somente na carta original, de posse da Royal Society.

[33] Não se sabe com certeza de que opúsculo Espinosa fala. Rezende (ESPINOSA, 2015c, p. 10) explica que, para Freudenthal o *opusculum* não corresponde ao *Breve tratado*, mas ao *Tratado da emenda do intelecto*, enquanto, para Gebhardt, trata-se de uma obra que conjuga tanto o *Breve tratado* quanto o *Tratado da emenda do intelecto*, "sendo este uma concussão daquele, além de uma fundamentação metodológica para a ordem geométrica a ser posteriormente empregada na construção da *Ethica*". Diferentemente, para Filippo Mignini (1983, pp. 42-44), o *opusculum* corresponde apenas às duas partes componentes do *Breve tratado*.

[34] A celeuma diz respeito ao livro *New experiments physico-mechanical, touching the spring of the air, and its effects: made, for the most part, in a new pneumatical engine* (Londres, 1660). Os adversários mencionados são o jesuíta aristotélico Franciscus Linus (1595-1675), que escreve contra o vacuísmo de Boyle na obra *De corporum inseparabilitate* (Londres, 1661); e Thomas Hobbes (1588-1679), com o *Dialogus physicus de natura aeris* (Londres, 1661), no qual, além de também defender o plenismo, argumenta que o programa experimental inglês não permite a construção de um conhecimento legítimo em filosofia natural. A resposta de Boyle aos dois adversários vem em 1662, compondo uma nova edição do *New experiments*, dessa vez com um adendo no título: *whereunto is added a defence of the author's explication of the experiments against the objections of Franciscus Linus and Thomas Hobbes*.

[35] Após a instituição formal do Colégio Filosófico em 1660 (ver nota de tradução 13), Charles II aprovou e encorajou suas reuniões. Solicitado pelos membros do Colégio, o rei concedeu, em 15 de julho de 1662, a Primeira Carta Régia de incorporação, fundando oficialmente a Royal Society of London.

[36] Ao que parece, o primeiro uso registrado da expressão *Respublica litteraria* (ou *Respublica litterarum*) data do início do século XV. Em 1417, o humanista italiano Francesco Barbaro (1390-1454) escreveu uma longa carta a seu colega Poggio Bracciolini (1380-1459), louvando-o por "trazer para esta República das Letras o maior número de auxiliares e equipamentos". Poggio havia feito muitas descobertas de manuscritos com novos textos de antigos autores romanos (MIERT, 2016, p. 271).

[37] Trata-se de uma nomenclatura antiga para o carbonato de potássio (K_2CO_3). Desta tradução de *cinerum clavellatorum*, que se mostra a mais literal, encontramos ocorrência na obra *Polyanthea medicinal: noticias galenicas e chymicas repartidas em tres tratados, etc.* (Lisboa, 1697), por João Curvo Semmedo: "[...] e sabemos que se podem tirar os cremores, os Cristaes, o sal fixo, as cinzas clavelatas, & outras muytas cousas".

[38] No português, arriscaríamos dizer que o equivalente direto é a palavra "potassa".

[39] Transliterado: *aflogía*. Em português: "não inflamabilidade".

[40] A doutrina de Descartes sobre o fogo se encontra nos *Princípios da filosofia*, IV, §§80-123.

[41] Em 1663, Boyle publica *Some considerations touching the usefulness of experimental natural philosophy*, e em 1664, *Experiments and considerations touching colours* (Londres).

[42] Em 23 de abril 1663, é assinada a Segunda Carta Régia, na qual Charles II é declarado fundador da Sociedade e muda-se o nome dela para The Royal Society of London for the Improvement of Natural Knowledge; na ocasião, John Wilkins (1614-1672) é nomeado Secretário de Ciências Biológicas, e Henry Oldenburg, Secretário de Ciências Físicas. É curioso notar que tais novidades são escritas a Espinosa em 3 de abril, quando a Segunda Carta Régia ainda não estava assinada.

[43] Em abril de 1663, Espinosa se muda de Rijnsburg para Voorburg, nas proximidades de Haia, onde aluga um quarto na casa do pintor Daniel Harmensz Tydeman (FREUDENTHAL, 1899, p. 118).

[44] Trata-se de Johannes Casear ou Casearius (Amsterdã, 1642-1677). Segundo Meinsma, (1896, pp. 182-183), Casearius estudou na escola do ex-jesuíta Frans (Franciscus) van den Enden (1602-1674), em Amsterdã, onde presumimos que tenha conhecido Espinosa – já que este também a frequentava. Atraído por Espinosa, vai morar em Rijnsburg sob o mesmo teto que o filósofo (ver nota de tradução 2), com quem tem aulas sobre o cartesianismo. Espinosa, contudo, apesar de aceitar Casearius como pupilo, priva-o de suas próprias opiniões, mantendo uma precaução abertamente indicada na *Carta* IX, a Simon de Vries:

"Não hás de invejar Casearius. Pois ninguém me é mais odioso, e não há pessoa de quem eu mais tenha procurado precaver-me do que ele; por isso, gostaria que tu e todos os conhecidos estivessem advertidos para que não lhe comuniqueis minhas opiniões, a não ser quando ele chegar a uma idade mais madura. É ainda demasiado menino e pouco constante, e mais interessado pela novidade do que pela verdade. Mas espero que ele venha a emendar-se desses vícios pueris dentro de poucos anos; mais ainda, o quanto posso julgar de seu engenho, tenho isso quase por certo. Por isso, sua índole me leva a apreciá-lo". Das lições preparadas e ditadas por Espinosa, surgem os *Princípios da filosofia cartesiana*.

[45] Esta nota só aparece nos *Nagelate Schriften*, e é adicionada por Gebhardt ao texto latino de sua edição.

[46] Há duas cartas de Espinosa a Lodewijk Meyer que tratam da revisão final dos *Princípios da filosofia cartesiana*: *Carta* XIIA, publicada somente em 1977; e *Carta* XV, descoberta no século XIX e publicada por Gebhardt. Homero Santiago oferece a tradução de ambas em sua edição dos *Princípios da filosofia cartesiana* (ESPINOSA, 2015b, pp. 307-310).

[47] O retorno se deu provavelmente no fim de maio ou no decorrer de junho de 1663.

[48] Espinosa cita o sal de tártaro e as cinzas clavelatas como sais diferentes, quando na verdade são denominações diferentes para o mesmo sal, o carbonato de potássio.

[49] Variação da célebre citação de Terêncio, *Heaautontimorumenos*, I, I: *Homo sum: humani nil a me alienum puto*. ("Sou homem e nada de humano me é alheio.")

[50] Trata-se provavelmente da substância nitrato de cálcio $Ca(NO_3)_2$.

[51] A comparação é equivocada. Entre a água e o gelo só há a diferença de estado físico (líquido e sólido). Entre espírito de nitro (HNO_3) e nitro (KNO_3), há uma diferença não só de fases, mas também química.

[52] Data tomada da carta seguinte, *Carta* XIV.

[53] Segundo Richard Popkin (2004, p. 40), Petrus Serrarius ou Pieter Serrurier (1600-1669) era o contato de Espinosa com o mundo externo. Nascido em Londres e pertencente a uma família de comerciantes, estudou na *Christ Church*, em Oxford, de 1617 a 1619, e em 1620 deixou a Inglaterra para estudar teologia em Leiden. Em 1630 mudou-se para Amsterdã, abandonando a ortodoxia calvinista e aderindo ao mundo do cristianismo não confessional, pessoal e prático. Ao longo de sua vida, Serrarius recebeu influência do pensamento místico e teosófico, deixando-o transparecer em suas opiniões milenares e filojudaicas, pronunciadas por ele, pela primeira vez, em sua *Assertion du règne de mille ans*, de 1657 (WALL, 1988, p. 74). Serrarius pertenceu a um pequeno círculo de filojudeus, cujos membros localizavam-se principalmente na Inglaterra e na Holanda; entre os mais proeminentes estavam John Durie, Henry Jessey, Nathaniel Homes, Samuel Hartlib, Benjamin Worsley e John Sadler. Em julho de 1656, Espinosa permaneceu nesse círculo por algum tempo após seu banimento da comunidade judaica, e é talvez ali que tenha conhecido Serrarius (*idem*, 1989, p. 172).

Quanto a Oldenburg, sua relação com Serrarius se deu provavelmente por meio de amigos em comum, como o já citado Durie (pai da segunda esposa de Oldenburg) e o hebraísta Adam Boreel (1602-1665); é possível que se tenham conhecido quando em 1661 Oldenburg viajou pela Holanda, visitando Boreel e Espinosa (*idem*, 1988, pp. 89-90).

[54] Ver nota de tradução 6.

[55] A obra *The sceptical chymist: or chymico-physical doubts et paradoxes, touching spagyrist's principles commonly call'd hypostatical; as they are wont to be propos'd and defended by the generality of alchymists. Whereunto is praemis'd part of another discourse relating to the same subject* é publicada em Londres em 1661; a edição latina, *Chymista scepticus, vel, dubia et paradoxa chymico-physica, circa spagyricorum principia, vulgò dicta hypostatica, prout proponi et propugnari solent à turba alchymistarm. Cui pars praemittitur alterius cujusdam dissertationis ad idem argumentum spectans*, aparece em Roterdã em 1662. Uma versão preliminar do texto, escrita entre 1651 e 1658 (mais provavelmente, 1654), foi descoberta no caderno de anotações de Oldenburg, nos arquivos da Royal Society, e publicada com um estudo, em 1954, pela historiadora da ciência Marie Boas Hall (EATON, 2005, p. 92).

[56] Os espagiristas, seguidores do alquimista suíço Paracelso (1493-1541), defendiam a doutrina dos três princípios hipostáticos (sal, enxofre e mercúrio) no lugar da doutrina peripatética dos quatro elementos (terra, água, ar e fogo). Boyle, embora valorizasse a grande quantidade de experimentos dos espagiristas, criticava-os pela falta de rigor e de uma teoria que respondesse adequadamente aos dados colhidos; para ele, a doutrina espagirista era defeituosa, supunha coisas não provadas e muitas vezes contradizia os próprios fenômenos da natureza.

[57] O livro, que consta no inventário oficial da biblioteca de Espinosa, chama-se *Defensio doctrinae de elatere et gravitate aëris: propositae à Dno Rob. Boyle, in Novis ipsius physico-mechanicis experimentis, adversus objectiones Francisci Lini*, publicado em Londres, em 1663. Contudo, o texto original inglês já havia saído em 1662, na segunda edição dos *New experiments physico-mechanical*, em um apêndice logo após o prefácio: "A defence of Mr. R. Boyle's explications of his physico-mechanical experiments, against Franciscus Linus". É justamente nessa defesa, na qual se examina a hipótese do *funiculus*, que Boyle expõe sua célebre lei: para uma mesma massa de gás, à temperatura constante, pressão e volume são grandezas inversamente proporcionais.

[58] Em um de seus novos experimentos publicados em 1661, Boyle colocou um barômetro torricelliano (um aparelho constituído por um tubo de vidro e uma cuba preenchidos com mercúrio) dentro de um recipiente fechado e removeu o ar de dentro dele com uma bomba pneumática; observou então que o nível do mercúrio no tubo caiu até alcançar um nível igual ao da cuba. A partir desse resultado, Boyle concluiu ter provado que era a pressão atmosférica externa que sustentava a coluna de mercúrio no tubo, em vez do vácuo exercendo algum puxamento no topo do tubo. Contra tal conclusão, Franciscus Linus afirmou que o espaço aparentemente vazio acima da coluna de mercúrio continha, na verdade,

uma substância, funcionando como uma corda, chamada *funiculus* (palavra latina para "pequena corda"). De acordo com o jesuíta, quando o ar era rarefeito, o *funiculus* exercia uma violenta força atrativa em todos os objetos circundantes, e era essa atração que puxava o mercúrio para cima no tubo. Argumentou ainda que, se alguém colocasse o dedo sobre o topo do tubo, poderia, de fato, sentir o dedo sendo puxado, para dentro dele, pelo *funiculus* ligado ao mercúrio (SHAPIN; SCHAFFER, 2011, pp. 157-158).

[59] O tipo de experimento mencionado dá-se assim: enche-se com determinado fluido um tubo de vidro de um metro de comprimento, fechado em uma das extremidades, tapa-se com o dedo sua abertura, invertendo-o em uma cuba com fluido igual; observar-se-á então o fluido suspenso no tubo descer até estabelecer-se a uma certa altura. Este é o próprio princípio de funcionamento do barômetro inventado em 1643 pelo italiano Evangelista Torricelli (1608-1647). Em seu experimento, usando mercúrio como fluido, Torricelli concluiu que a coluna de mercúrio no tubo, cuja altura era de aproximadamente setenta e seis centímetros, era sustentada pela pressão atmosférica agindo na superfície do mercúrio na cuba.

[60] Nitro fixo é o próprio sal fixo ou sal de tártaro já mencionados, ou seja, carbonato de potássio (K_2CO_3).

[61] Há um erro no texto latino das *Opera Posthuma*, não corrigido por Gebhardt: *Nitrumque fixum odore non destitui*. De fato, não deve haver a partícula *non*, pois, além de afetar a conclusão lógica da frase, sabe-se que o nitro fixo (carbonato de potássio) é sim inodoro.

[62] Em março de 1665, poucos meses antes desta carta, Oldenburg havia iniciado a publicação das *Philosophical transactions of the Royal Society of London*, com o objetivo de informar os membros da Sociedade e outros leitores interessados sobre as mais recentes descobertas científicas. Quanto às "calamidades domésticas", talvez o Secretário se refira à morte de sua primeira esposa, Dorothy West, no início de fevereiro de 1665, isto é, dois meses antes da escrita desta carta.

[63] Sobre a publicação da edição latina dos *Certain Physiological Essays*, ver nota de tradução 5.

[64] Em 1664, Boyle publica em Londres a obra *Experiments and considerations touching colours: first occasionally written; among some other essays, to a friend; and now suffer'd to come abroad as the beginning of an experimental history of colours* e sua versão latina *Experimenta et considerationes de coloribus: primùm ex occasione, inter alias quasdam diatribas, ad amicum scripta, nunc verò in lucem prodire passa; ceu, initium historiae experimentalis de coloribus*.

[65] Em 1665, Boyle publica em Londres a obra *New experiments and observations touching cold, or, an experimental history of cold begun to which are added an examen of antiperistasis and an examen of Mr. Hobs's doctrine about cold*. A versão latina, publicada em simultâneo, tem o título *Historia experimentalis de frigore*.

[66] Trata-se da Segunda Guerra Anglo-Holandesa, que tem início em 4 de março de 1665, quando o rei Charles II declara guerra à Holanda, tentando acabar com

a dominação holandesa do comércio mundial durante um período de intensa rivalidade comercial na Europa. A guerra termina em 31 de julho de 1667 com vitória dos holandeses.

[67] Oldenburg refere-se ao livro, publicado em janeiro de 1665, intitulado *Micrographia: or, some physiological descriptions of minute bodies made by magnifying glasses* (Londres). Seu autor é Robert Hooke (1635-1703), cientista inglês que substitui Oldenburg, após sua morte em 1677, no posto de Secretário da Royal Society, acumulando-o com o de curador de experimentos, exercido desde 1662.

[68] Provavelmente Jan Rieuwertsz, mesmo amigo que publicara os *Princípios da filosofia cartesiana*.

[69] Sobre Serrarius, ver nota de tradução 53.

[70] Christiaan Huygens (1629-1695) foi um proeminente matemático, astrônomo e físico holandês. Em 1663 foi eleito membro da Royal Society de Londres, e em 1666, membro eminente da Académie des Sciences, fundada no mesmo ano em Paris. Entre 1664 e 1666 (como provam as *Cartas* XXVI(13) e XXXII(17)), Espinosa visita Huygens em várias ocasiões, ou na mansão Hofwijck, em Voorburg, ou na residência de Haia, para discutir questões de física, principalmente aquelas relacionadas à óptica.

[71] Em latim, *Zeelhemi Dominum*. Em 1630, o pai de Christiaan Huygens, Constantijn Huygens (1596-1687), comprou o solar de Zeelhem (ou Zuilichem), que deu a ele (e depois a seu filho) o título de *Heer van Zeelhem* ("Senhor de Zeelhem").

[72] A tradução latina da *Micrographia* foi de fato planejada, mas nunca se concretizou.

[73] Entre 1664 e 1665, o astrônomo italiano Gian Domenico Cassini (1625-1712) voltou um telescópio de mais de cinco metros, construído pelo também italiano, óptico e relojoeiro, Giuseppe Campani (1635-1715), em direção aos planetas e obteve notáveis resultados. Sobre Júpiter, distinguiu não só os cintos negros, mas também várias manchas temporárias, a partir dos quais calculou seu período de rotação como pouco menos de dez horas terrestres. Também observou os eclipses dos satélites jovianos e os trânsitos das sombras, a partir do que desenhou acuradas tabelas dos seus movimentos. Sobre o anel de Saturno, observado pela primeira vez em 1656 por Huygens, notou que sua metade externa era menos brilhante que a metade interna, mas não reconheceu isso como sendo, na verdade, dois anéis separados.

[74] Ver Descartes, *Princípios da filosofia*, III, §154.

[75] O original desta carta pertence ao orfanato menonita De Oranjeappel (Weeshuis der Doopsgezinde Collegianten de Oranjeappel, Amsterdã), junto com outras doze missivas, autógrafas ou cópias. Uma transcrição dela foi publicada, pela primeira vez, por Van Vloten em 1862, em *Ad Benedicti de Spinoza opera quae supersunt omnia supplementum*, e depois, em 1883, por Van Vloten & Land, no segundo volume da edição *Benedicti de Spinoza opera, quotquot reperta sunt*. Um fac-símile também foi publicado por Willem Meijer, em 1903, na edição intitulada *Nachbildung der im Jahre 1902 noch erhaltenen eigenhändigen Briefe des Benedictus Despinoza*.

[76] Carta perdida ou suprimida pelos editores das *Opera Posthuma*.

[77] Ver nota de tradução 64.

[78] Athanasius Kircher (1602-1680) foi um jesuíta alemão, polímata e professor do Collegio Romano. Dedicou sua vida à pesquisa científica e a documentar, em mais de quarenta livros, o conhecimento científico de seu tempo. Sua obra intitulada *Mundus Subterraneus* (Amsterdã, 1664-1665), dividida em doze livros, inclui a maior parte de seu trabalho em geologia, abrangendo também as áreas de paleontologia, oceanografia e hidráulica, bem como de química, biologia, meteorologia, astronomia, física e matemática. Em 1669, o *Mundus Subterraneus* foi parcialmente traduzido para o inglês, todavia uma versão inglesa completa jamais veio a lume. O holandês, ao contrário, recebe sua versão traduzida integralmente em 1682, em Amsterdã.

[79] Em 1665 ocorreu um surto de peste bubônica em Londres, conhecido como "a grande peste", que matou aproximadamente cem mil pessoas, ou seja, um quinto da população da capital britânica.

[80] Trata-se da obra *The origin of forms and qualities according to the corpuscular philosophy* (Oxford, 1666).

[81] Ver nota de tradução 66.

[82] O polonês Jan Heweliusz (1611-1687), cujo nome alatinado é Johannes Hevelius, estudou Direito na Universidade de Leiden e, a partir de 1639, passou a dedicar-se à astronomia. Em 1641, construiu um observatório astronômico em sua própria casa, em Danzig, e produziu uma vasta bibliografia com suas observações. Por sua célebre *Selenographia* (Danzig, 1647), uma descrição de observações lunares, Hevelius é reputado como o fundador da topografia lunar. As duas obras mencionadas, à frente, por Oldenburg, *Prodromus Cometicus e Cometographia,* foram publicadas em Danzig, respectivamente, em 1668 e 1665.

[83] O livro, que trata do cometa observado em fevereiro de 1665, chama-se *Johannis Hevelii descriptio cometae anno aerae Christ. M. DC. LXV. exorti: cum genuinis observationibus, tam nudis, quam enodatis, mense aprili habitis Gedani.* O primeiro cometa, tratado no *Prodromus Cometicus*, foi observado por Hevelius em dezembro de 1664.

[84] O problema da determinação de longitudes, que ocupou cientistas e navegadores durante vários séculos, estava em se conseguir um relógio que fosse tão acurado no mar quanto em terra firme. Huygens, apesar dos esforços e das muitas tentativas, não conseguiu obter sucesso absoluto com nenhum de seus relógios. De seus estudos sobre pêndulos e horologia, editou o livro *Horologium Oscillatorium: sive de motu pendulorum ad horologia aptato demostrationes geometricae* (Paris, 1673). Curiosamente, a solução para o problema das longitudes não se deu com um cientista, mas com um relojoeiro inglês chamado John Harrison (1693-1776), que dedicou sua vida ao desafio dos relógios marítimos, alcançado a solução definitiva para o problema com o famoso relógio "H4", em 1760.

[85] Embora Christiaan Huygens tenha escrito integralmente a obra *Tractatus de motu corporum ex percussione* antes de 1659, e apresentado resumos tanto à Académie des

Sciences quanto à Royal Society, sua publicação só ocorreu, postumamente, em 1703 nos *Opuscula postuma* (Leiden). Nessa mesma edição, foi publicada, também postumamente, sua *Dióptrica*, que embora inacabada traz uma das teorias mais avançadas sobre lentes e telescópios do século XVII. Porém, sobre as regras do movimento, Huygens publicou em 1669 um artigo com experimentos realizados por ele na Royal Society em 1663 (ver nota de tradução 97).

[86] Na verdade, a casa de Daniel Tydeman, onde Espinosa vivia, estava localizada na Kerklaan (atualmente, Kerkstraat), em Voorburg. Segundo Meinsma (1896, pp. 249-250), na Bagijnestraat vivia um certo Mesach Tydeman, provavelmente irmão do pintor senhorio.

[87] Esta carta é formada por dois fragmentos descobertos separadamente. O primeiro, que só aparece dentro das obras de Espinosa a partir da edição de Van Vloten & Land, é parte de uma carta de Oldenburg a Boyle, de 10 de outubro de 1665, publicada por Thomas Birch em *The works of the honorable Robert Boyle* (Londres, 1772, VI, p. 339). Antes de transcrever o fragmento, o Secretário diz: "Na mesma carta ao Senhor Robert [Moray], informei a ele de que certo notável filósofo (que conheces melhor do que ele como sendo o Senhor Espinosa) escreveu-me muito recentemente a respeito da mudança do Sr. Huygens para a França, de seus pêndulos e de seu progresso na dióptrica, etc. O mesmo Espinosa expressa um respeito muito grande por ti e te presta seu mais humilde serviço, e está descontente de que os livreiros holandeses, apesar de nossa oposição, liquidarão uma de suas próprias impressões latinas da *História das cores* antes que a tradução, aqui feita, possa ser enviada para lá. Para dar-te um extrato do que ele está pensando e fazendo, ele escreve pois: *Gaudeo, philosophos* [...]". Já o segundo fragmento da *Carta* XXX(15) é reconhecido e publicado como tal somente em 1935, por Abraham Wolf, no artigo "An addition to the correspondence of Spinoza", em *Philosophy* (Cambridge, 1935, pp. 200-204). O texto é copiado em uma carta de Oldenburg a Robert Moray (1609-1673), de 7 de outubro de 1665, e apresentado por aquele da seguinte maneira: "Eu nada mais deveria ter dito neste momento senão que chegou agora em minhas mãos uma carta de um notável filósofo, que vive na Holanda, mas não holandês, que, tendo conversado recentemente com o Sr. Huygens, escreve-me assim: *Kircheri mundum subterraneum apud* [...]". Sobre a ordem dos fragmentos, não há consenso entre os autores; assim, adotamos aquela que nos pareceu melhor e os separamos com reticências no início e no fim de cada um.

[88] Trata-se de Demócrito de Abdera (ca.460-ca.370 a.C.), conhecido como "o filósofo risonho" ou "o zombador", sobre o qual se diz que vivia escarnecendo a frivolidade humana.

[89] Esse adágio de Espinosa, talvez o mais frequente entre os vulgarmente citados, aparece também no *Tratado político*, cap. I, §4: "[...] e para investigar aquelas coisas que respeitam a essa ciência com a mesma liberdade de ânimo com que estamos acostumados nas coisas matemáticas, procurei diligentemente não rir, nem chorar, nem detestar as ações humanas, mas entendê-las [...]". Trata-se

de uma alusão à anteposição entre o riso de Demócrito e o pranto de Heráclito (ca.540-ca.470 a.C.), que chorava da miséria humana. Na literatura, entre as referências aos dois filósofos, citamos: na antiguidade, *Da tranquilidade da alma*, de Sêneca; e, na modernidade, o ensaio *De Demócrito e Heráclito* (1580), de Michel de Montaigne (1533-1592), e o sermão *As lágrimas de Heráclito* (1674), de padre Antonio Vieira (1608-1696). Na arte europeia, a anteposição entre os dois gregos também suscitou algumas produções na era barroca, que foi um período assinalado pelo gosto da oposição. Entre os artistas constam não poucos da Idade de Ouro holandesa, como Peter Paul Rubens (1577-1640) e Rembrandt (1606-1669).

[90] Com certeza, o *Tratado teológico-político*, publicado anonimamente por Espinosa em 1670.

[91] Ver Descartes, *Princípios da filosofia*, III, §§126-129.

[92] Trata-se de Severijn Oosterwijck (?-ca.1690), relojoeiro de Haia contratado por Huygens, em 1663, para construir um projeto seu de relógio de pêndulo, e, em 1664, para aperfeiçoar o artefato.

[93] Esse tratado só foi publicado postumamente em 1703, nos *Opuscula Postuma* (Leiden), sob o título *Dissertatio de Coronis et Parheliis*. O parélio é um fenômeno óptico atmosférico que consiste em um ponto brilhante à esquerda e/ou à direita do Sol. Sua causa está na refração da luz solar por cristais de gelo na atmosfera (provenientes de nuvens altas).

[94] Um ponto matemático define apenas uma posição, sem que haja extensão.

[95] As regras do movimento de Descartes são apresentadas nos *Princípios da filosofia*, II, §§46-52. Das sete regras, Huygens afirma que somente a primeira é correta.

[96] Após transcrever o fragmento da carta de Espinosa, Oldenburg diz a Robert Moray: "Mas não me lembro de jeito nenhum de o Sr. Huygens ter feito aqui quaisquer experimentos com a intenção de asserir quaisquer leis fundamentais do movimento em oposição às do Sr. Descartes; mas, se te lembras de alguma coisa do tipo, devo rogar-te que me faças lembrar deles [...]" (WOLF, 1935, p. 203).

[97] A sexta regra de Descartes é (*Princípios da filosofia*, II, §51): "Sexto, se o corpo C em repouso fosse rigorosamente igual ao corpo B movido em direção a ele, em parte seria impelido por este, em parte o repeliria para o lado contrário; a saber, se B viesse na direção de C com quatro graus de velocidade, comunicaria um grau ao próprio C, e com os três restantes seria refletido para o lado contrário". Já a referida regra do movimento de Huygens é: "Se um corpo duro colide com outro corpo duro igual em repouso, após o contato, o impelente ficará em repouso, e a mesma velocidade que estava nele será adquirida pelo que está em repouso". Tal regra é a primeira das *Regulae de motu corporum ex mutuo impulsu*, um resumo apresentado por Huygens dos resultados de suas investigações sobre a percussão de corpos duros (ou seja, perfeitamente elásticos). A publicação se dá primeiro em francês, no *Journal des Sçavans* (Paris, 18 de março de 1669), e, logo após, em latim, nas *Philosophical transactions* (n. 46, 12 de abril de 1669).

[98] Transliterado: *akribós*. Em português: "cuidadosamente".

[99] Trata-se dos *Princípios da filosofia cartesiana*. Ver *Carta* XIII(9).

[100] Transliterado: *katá póda*. Em português: "ao pé da letra".

[101] No prefácio dos *Princípios da filosofia cartesiana*, Lodewijk Meyer (1629–1681) escreve: "E tampouco cumpre passar por cima do fato de que deve ser entendido no mesmo sentido, isto é, dito apenas conforme o pensamento de Descartes, o que se encontra em alguns lugares: isso ou aquilo supera a compreensão humana. Nem deve ser recebido como se o proferisse nosso autor a partir de sua própria posição. Ele julga que todas essas coisas, e ainda várias outras mais sublimes e sutis, podem ser não apenas clara e distintamente concebidas por nós, como também muito comodamente explicadas; contanto o intelecto humano, na investigação da verdade e no conhecimento das coisas, conduza-se por uma via outra que a aberta e palmilhada por Descartes; e, assim, os fundamentos das ciências erigidos por Descartes, e o que sobre eles foi edificado pelo próprio, não são suficientes para elucidar e resolver todas as dificílimas questões que ocorrem na metafísica, mas se requerem outros se desejamos alçar nosso intelecto ao fastígio do conhecimento". (ESPINOSA, 2015b, p. 41.)

[102] *Scindere penulam* ("rasgar o manto") tem o sentido de "impedir que se faça algo", tal como alguém que, desejando sair de um lugar, é agarrado pela roupa para que fique. A expressão pode ser encontrada em Cícero, *Epistolae ad Atticum*, livro XIII: *venit enim ad me et quidem id temporis ut retinendus esset. sed ego ita egi ut non scinderem paenulam. memini enim tuum "et multi erant nosque imparati"*.

[103] Hevelius (ver nota de tradução 82) e o astrônomo e matemático francês Adrien Auzout (1622-1691) discordaram sobre a posição do cometa de fevereiro de 1665 e sobre a natureza de sua órbita. As observações contraditórias de cada um deles foram postas por Oldenburg à Royal Society, a qual apresentou sua decisão, a favor de Auzout, no artigo "Of the judgement of some of the english astronomers, touching the difference between two learned men, about an observation made of the first of the two late comets" (*Philosophical transactions*, n. 9, Londres, 12 de fevereiro de 1666). Hevelius, relutante em aceitar o veredito, propôs a Oldenburg que a observação discrepante feita por Auzout, corroborada por outros astrônomos na Europa, teria sido de um outro objeto celeste. Mais sobre essa controvérsia, no artigo "The Hevelius-Auzout controversy" (HETHERINGTON, 1972).

[104] Em 1666, Christiaan Huygens aceita o convite do Controlador Geral das Finanças da França, Jean-Baptiste Colbert (1619-1683), e torna-se um dos membros fundadores da Académie Royale des Sciences, instituição financeiramente mantida por Luís XIV (1638-1715). Em março do mesmo ano, muda-se para Paris, onde vive até 1681, quando retorna para Haia.

[105] O tratado de paz que deu fim à Segunda Guerra Anglo-Holandesa, chamado "Tratado de Breda", só foi assinado em 31 de julho de 1667.

[106] Em março de 1665, a Suécia assinou um tratado de aliança defensiva com a Inglaterra. Todavia, para os ingleses, a aliança foi um completo fracasso: na

Segunda Guerra Anglo-Holandesa, a Suécia jamais forneceu o apoio prometido, e em julho de 1665 declarou-se neutra. Por outro lado, fez efeito o tratado de aliança assinado em junho de 1665 por Charles II com o príncipe-bispo de Münster, Christoph Bernhard von Galen (1606-1678). Financiado pela Inglaterra, Von Galen, em setembro do mesmo ano, invadiu com suas tropas a Holanda e ocupou várias cidades das províncias a leste. A batalha estendeu-se até abril de 1666, quando o príncipe-bispo de Münster, compelido pelo rei Luís XIV e por Frederico Guilherme I (1620-1688), Eleitor de Brandemburgo, firmou desvantajosamente uma paz em Kleve. Para mais detalhes, ver nota de tradução 116, à frente.

[107] Por causa da grande peste de Londres (ver nota de tradução 79), em julho de 1665, Charles II fugiu com a família de Londres para Salisbury, e depois para Oxford.

[108] O original latino desta carta pertence à Royal Society. Uma versão editada, encurtada e com modificações de estilo consta nas *Opera Posthuma* como EPISTOLA XV. Um fac-símile do original foi publicado por Willem Meijer, em 1903, na edição intitulada *Nachbildung der im Jahre 1902 noch erhaltenen eigenhändigen Briefe des Benedictus Despinoza*. Gebhardt, em sua edição crítica (GEBHARDT, 1925, IV), apresenta em simultâneo o texto das *Opera Posthuma* e a transcrição do original. De nossa parte, apresentamos e traduzimos o texto das *Opera Posthuma*, por ter sido preparado para a publicação pelo próprio Espinosa, acrescido do parágrafo final que só consta no original.

[109] Para esta frase, Marilena Chaui, na *Correspondência* publicada no volume 17 da coleção Os Pensadores (ESPINOSA, 1973, p. 391), dá a seguinte tradução: "Por vínculo (*cohaerentia*) entre as partes entendo apenas aquilo que faz com que as leis ou a natureza de cada uma das partes se ajustem (*accommodant*) às leis ou à natureza de cada uma das outras, de tal modo que não haja entre elas a menor contradição (*contrarihentur*)". Detemo-nos no *quod* da expressão *nihil aliud... quam quod*. Chaui verte-o pelo pronome demonstrativo "aquilo", o que é possível também, mas obrigando-a a complementá-lo com o verbo "fazer", inexistente no original, resultando uma definição de "coerência" como "aquilo que faz com que a natureza das partes se acomode mutuamente". De nossa parte, preferimos traduzir o mesmo *quod* pelo pronome relativo "que", de tal maneira que a "coerência" é "a natureza de uma parte acomodar-se à natureza de outra", ou seja, não um agente intermediário, mas a própria acomodação mútua das naturezas das partes. Essa opção, que adotamos sempre para a fórmula *nihil aliud... quam...*, segue os *Nagelate Schriften*, que empregam o pronome relativo *dat* ("que") na expressão holandesa equivalente: *By zamenhanging der delen dan versta ik niets anders, dan dat de wetten, of de natuur van een deel zich in dier voegen naar de wetten, of de natuur van 't ander schikt en voegt, dat zy op het minste tegen malkander strijden.*

[110] Há um contexto científico para o exemplo do vermezinho no sangue: em uma época de constantes observações microscópicas de insetos e micro-organismos em diversos ambientes, Athanasius Kircher, no livro intitulado *Scrutinium physico- medicum*

contagiosae Luis, quae pestis dicitur etc., descreveu em 1658 vermezinhos no sangue de pacientes com peste. Todavia, o que ele observou, provavelmente, não eram vermezinhos, mas o que hoje se conhece como "hemácias em formação de *rouleaux*" (SINGER, 1915, p. 338).

[111] Espinosa alude ao fim do segundo fragmento da *Carta* XXX(15).

[112] Embora a afirmação soe um pouco arrogante, a habilidade de Espinosa parece ser procedente. Como prova, em 1667, o próprio Huygens manifestou, em cartas escritas de Paris (ver nota de tradução 104) a seu irmão Constantijn, que continuava em Haia, grande interesse na técnica de polimento de lentes de Espinosa. Em 14 de outubro daquele ano, ele escreve: "Sempre me lembro daquelas [lentes] que o judeu de Voorburg tinha em seus microscópios, que possuíam um polimento admirável embora não se estendesse por todo o vidro". Duas semanas depois, em 4 de novembro, escreve novamente: "O judeu de Voorburg deu acabamento em suas pequenas lentes por meio do instrumento, e isso as tornou excelentes; não vejo por que não fazes o mesmo. Se ele continuar no trabalho dos grandes vidros, tu me farás o favor de ensinar como ele consegue" (HUYGENS, 1888, VI, p. 155 e p. 158, respectivamente).

[113] Ver nota de tradução 104.

[114] Nas *Opera Posthuma*, a carta acaba aqui, com um *etc.* Doravante, só no texto autógrafo.

[115] Trata-se da fábula de Esopo *A raposa e o bode*: "Uma raposa caiu em um poço e foi obrigada a permanecer ali. Um bode, levado pela sede, aproximou-se do mesmo poço e, vendo a raposa, perguntou-lhe se a água estava boa. E ela, regozijando-se pela circunstância, pôs-se a elogiar a água, dizendo que estava excelente e o aconselhou a descer. Depois que, sem pensar e levado pelo desejo, o bode desceu junto com a raposa e matou a sede, perguntou-lhe como sair. A raposa tomou a palavra e disse: 'Conheço um jeito, desde que pretendas que nos salvemos juntos. Apoia, pois, teus pés da frente contra a parede e deixa teus chifres retos. Eu subo por aí e te guindarei'. Tendo o bode se prestado de boa vontade à proposta dela, a raposa, subindo pelas pernas dele, por seus ombros e seus chifres, encontrou-se na boca do poço, saltou e se afastou. Como o bode a censurasse por não cumprir o combinado, a raposa voltou-se e disse ao bode: 'Ó camarada, se tivesses tantas ideias como os fios de barba no queixo, não terias descido sem antes verificar como sair'" (ESOPO, 1994, tradução de Neide Smolka).

[116] Os holandeses haviam apoiado a cidade de Münster contra o príncipe-bispo Christoph von Galen durante os anos 1657-1661, bem como a Frísia Oriental em um conflito fronteiriço com o príncipe-bispado durante os anos 1663-1664. Von Galen, que procurava uma vingança, encontrou a oportunidade em meio a um conflito político envolvendo Borculo, um feudo de Münster localizado na província holandesa de Overijssel. Em junho de 1665, Münster assinou um tratado de aliança com a Inglaterra, que em março do mesmo ano iniciara a Segunda Guerra Anglo-Holandesa. Então subsidiado, Von Galen declarou

guerra e invadiu a Holanda em 23 de setembro de 1665. Tendo levantado um exército de mais de vinte mil homens, o bispo começou ocupando Borculo e seguiu fazendo o mesmo com várias outras cidades enquanto avançava rumo à província de Groningen. Quando a fortaleza holandesa de Bourtange foi sitiada, os holandeses ameaçaram eliminar as tropas de Münster estacionadas em Groningen, então separadas do príncipe-bispado pelo vasto pântano de Bourtange. Em abril do ano seguinte, a Holanda, que havia conseguido levar a campo não mais que seis mil homens, conseguiu favoravelmente uma paz em Kleve, além de ter anexado Borculo como território holandês.

[117] A hipótese do astrônomo alemão Johannes Kepler (1571-1630) é a de que os cometas se movem livremente ao longo de linhas retas, acima ou abaixo da Lua, mas que suas trajetórias podem aparecer como linhas curvas devido ao movimento da Terra ao redor do Sol (HEIDARZADEH, 2008, p. 67).

[118] Em 21 de novembro de 1665, Oldenburg escreve para Boyle sobre esta carta: "Vejo que o Sr. Huygens está muito ocupado fazendo testes de lentes ópticas com uma máquina muito refinada, que, ouvi dizer, mandou fazer para esse propósito; mas nada mais ouvi dizer a respeito do livro das cores na Holanda, embora, recentemente, eu tenha recebido outra carta do Senhor Espinosa, que está muito a teu serviço, e que me oferece um discurso dele acerca do consenso e da coerência das partes do mundo com o todo; o que, na minha opinião, não é não filosófico, embora talvez fosse tedioso para ti receber uma carta repleta disso; e isso faz com que eu me contenha em enviá-la a ti" (BOYLE, 1772, V, p. 200).

[119] O texto da Royal Society trazido por Gebhardt apresenta incorretamente *Monsiuer*, e não *Monsieur*.

[120] Oldenburg alugava uma casa em Pall Mall, Westminster, pela qual pagava pouco mais de £40 anuais (WHEATLEY, 1891, p. 11).

[121] Os experimentos foram realizados em Londres em 1663. Anos depois, foram publicados como *Règles du mouvement dans la rencontre des corps*, no *Journal des Sçavans*, Paris, 18 de março de 1669, e *De motu corporum ex mutuo impulsu hypothesis*, nas *Philosophical transactions*, n. 46, Londres, 12 de abril de 1669.

[122] Em abril de 1661, Christiaan Huygens encontrou Christopher Wren (1632-1723), Lawrence Rooke (1622-1662), John Wallis (1616-1703) e outros membros da recém-formada Royal Society para dicutir problemas sobre impacto. Juntos, observaram experimentos que envolviam a colisão de dois pêndulos de igual comprimento. Com uma massa de uma libra elevada de quarenta e oito graus a partir de sua posição de equilíbrio, por exemplo, eles deveriam predizer o que aconteceria depois que ela acertasse uma outra de meia libra em repouso. Durante a reunião, Huygens fez rapidamente poucos cálculos e predisse corretamente o resultado deste e de vários outros problemas que o então presidente da Royal Society, William Brouncker (1620-1684), propusera. Nenhum dos outros presentes conseguiu produzir regras satisfatórias para uma predição acurada. Na ocasião, Huygens reportou seus resultados omitindo os cálculos e manteve para si suas regras do impacto (HYSLOP, 2014, pp. 35-36).

NOTAS DE TRADUÇÃO

[123] As observações foram publicadas nas *Philosophical transactions*, n. 6, Londres, 6 de novembro de 1665. No artigo intitulado "Some anatomical observations of milk found in veins, instead of blood; and of grass, found in the wind-pipes of some animals", Boyle transmite informações sobre dois casos. O primeiro diz respeito a um médico que encontra leite no sangue de um homem; o segundo refere-se a observações, recebidas de dois anatomistas de Oxford, Josiah Clark (1639-1714) e Richard Lower (1631-1691), acerca de um boi que, morto por uma doença desconhecida, tem seu pescoço dissecado e nele sua garganta é encontrada cheia de capim. A descrição feita por Oldenburg a Espinosa sobre esse último caso é praticamente uma tradução latina do trecho publicado em inglês nas *Philosophical transactions*.

[124] A hipótese mais provável, levando em consideração o quadro clínico descrito, é a de que os animais tenham apresentado tétano, doença de distribuição mundial a que todas as espécies de animais são suscetíveis. O tétano é desencadeado pelas toxinas produzidas pelo *Clostridium tetani*, um contaminante de qualquer tipo de solo. Tal bactéria geralmente prolifera-se em feridas contaminadas, por meio das quais as toxinas produzidas caem na corrente sanguínea e subsequentemente se distribuem pelo sistema nervoso. A descrição dos animais com "pescoço quase continuamente inclinado para trás e ereto" indica o que se chama classicamente "posição de olhar estrelas" ou opstótono, que ocorre já na fase mais avançada da doença. Ademais, a presença de grande quantidade de capim nas vias aéreas do boi pode ser justificada pela inaptidão em deglutir corretamente os alimentos, promovendo uma falsa via – em vez de seguirem pelo esôfago, os alimentos seguem pelas vias aéreas principais (traqueia–artéria) –, também parte do quadro clínico da doença. (Tal explicação é devida a Mariana Hikari Abe.)

[125] Os produtos da digestão da gordura são transportados na corrente sanguínea em associação com proteínas, formando conglomerados denominados "quilomícrons". Quando o sangue é deixado em repouso à temperatura ambiente, ocorre sua coagulação. Assim, em um frasco transparente com sangue coagulado, é possível ver três fases distintas: a primeira de hemácias (que permanece no fundo do recipiente), a segunda, uma linha tênue e branca formada por leucócitos e plaquetas, e a terceira, constituída pelo plasma, uma porção líquida geralmente de cor amarelo límpido. Se o sangue é coletado após uma refeição, o plasma apresenta aspecto leitoso opaco devido à presença dos quilomícrons, que são os produtos da digestão dos lipídeos. Esse aspecto do plasma é denominado "soro lipêmico". Assim, como a sangria da menina descrita foi realizada depois de um "rico desjejum" – isto é, rico em gorduras –, o sangue coletado apresentou um soro lipêmico após sua coagulação. (Tal explicação é devida a Mariana Hikari Abe.)

[126] A descrição original é encontrada no artigo de Boyle intitulado "A farther account of an observation above-mentioned, about white blood", publicado nas *Philosophical transactions*, n. 6, Londres, 6 de novembro de 1665. A partir dele, encontramos que o "médico curioso" é o mesmo Dr. Richard Lower do caso do boi com pescoço rígido e garganta cheia de capim (ver nota de tradução 123).

[127] Esta pergunta se deve ao tumulto que ocorreu no Império Otomano, em 1665, quando uma figura religiosa da cidade de Esmirna, Sabatai Tzvi (1626-1676), declarou ser o tão esperado messias judaico. Isso causou uma tremenda agitação não só na Turquia, mas também em todo o mundo judeu. As notícias chegaram à Europa, e as comunidades judaicas de Londres e Amsterdã foram muito afetadas. Uma das primeiras cartas escritas por Sabatai Tzvi anunciando o começo da era messiânica e a nomeação dos Reis do Mundo foi enviada à sinagoga de Amsterdã, que se tornou um dos centros mais ativos do sabbatianismo. Oldenburg provavelmente soube de tal carta por algum de seus contatos em Londres e pediu a Espinosa alguma informação sobre o assunto. Não se sabe se Espinosa respondeu a Oldenburg, mas este conseguiu de Serrarius e outros todos os tipos de notícias de Constantinopla, Corfu, Viena e alhures, sobre o que Sabatai Tzvi estava fazendo e sobre o tumulto que ele vinha causando (POPKIN, 1994, p. 43).

[128] Ver nota de tradução 103. Nesse momento ainda não havia sido publicado o veredito acerca da disputa entre Auzout e Hevelius.

[129] O intervalo entre esta carta e a imediatamente anterior disponível é extremamente longo, de quase dez anos.

[130] "S. P." é a forma abreviada do termo latino *salutem plurimam*.

[131] A expressão é tomada de Horácio, *Epistulae* I, vii, 98: *Metiri se quemque suo modulo ac pede verum est.* ("É verdadeiro medir-se cada um por sua medida e por seu pé.")

[132] Esta data é problemática. Ver nossa discussão no capítulo Terceiro período (1675-1676): Divergências sobre o cristianismo, p. 67.

[133] Conforme dito na nota precedente, trata-se da *Ética*, publicada postumamente, em 1677, sob o título *Ethica ordine geometrico demonstrata, et in quinque partes distincta, in quibus agitur, I. De deo. II. A natureza e a origem da mente. III. De origine et naturâ affectuum. IV. De servitute humanâ, seu de affectuum viribus. V. De potentiâ intellectûs, seu de libertate humanâ.* (*Ética demonstrada em ordem geométrica, dividida em cinco partes, nas quais se trata I. Deus. II. A natureza e a origem da mente. III. A origem e a natureza dos afetos. IV. A servidão humana ou a força dos afetos. V. A potência do intelecto ou a liberdade humana.*)

[134] Guilherme III (1650-1702), príncipe de Orange, governou a Holanda como estatuder de 1672 até sua morte.

[135] Em 14 de agosto de 1675, Theodor Rijckius, respeitado estudioso e professor de história e oratória em Leiden, escreve para Adriaan van Blyenburg, um influente magistrado de Dordrecht: "Entre nós há o rumor de que o autor do *Tratado teológico-político* tem à mão um livro sobre Deus e a mente, este muito mais perigoso que o primeiro. Será responsabilidade tua e daqueles que contigo ocupam-se de governar na nova República que esse livrinho não seja publicado. Com efeito, é incrível o quanto o primeiro, que se esforçou em derrubar os princípios de nossa santíssima fé, prejudicou a República". No original: "*Inter nos rumor est, auctorem Tractatus Theologico-Politici in promptu*

habere librum de Deo et Mente, multo priore isto periculosiorem. Tuum erit et illorum, qui Tecum in nova Republica regenda occupatur, videre, ne libellus iste divulgetur. Incredibile enim est, quantum Reipublicae nocuerit prior iste, qui principia sanctissimae fidei nostrae conatus est convelere" (FREUDENTHAL, 1904, p. 239).

[136] Espinosa pode referir-se, pelo menos, a Regner van Mansvelt (1639-1671), que escreveu uma contestação do *Tratado teológico-político*, publicada postumamente como *Adversus Anonymum Theologo-politicum Liber singularis* (Amsterdã, 1674); a Willem van Blijenbergh (1632-1696), que atacou o mesmo tratado com o panfleto *De waerheyt van de Christelijke Godts-dienst en de Authoriteyt der H. Schriften* (Leiden, 1674); e a Johannes Bredenburg (1643-1691), que escreveu *Enervatio Tractatus Theologico-Politici* (Roterdã, 1675).

[137] Aqui fica claro que a carta de 22 de julho (*Carta* LXII(20)), publicada nas *Opera Posthuma*, é incompleta, privando-nos da passagem em que Oldenburg trata do *Tratado teológico-político*.

[138] Uma transcrição do seu conteúdo foi feita por Leibniz no fim de 1676 – durante sua visita a Oldenburg em Londres – e encontra-se em posse da *Gottfried Wilhelm Leibniz Bibliothek (Niedersächsische Landesbibliothek)*. A cópia, que também contém anotações críticas de Leibniz, foi publicada, pela primeira vez, por Carl Gerhardt, na coletânea *Die philosophischen Schriften von Gottfried Wilhelm Leibniz* (LEIBNIZ, 1875, I). Gebhardt, em sua edição (1925, IV), traz tanto o texto latino das *Opera Posthuma* quanto a transcrição de Leibniz. De nossa parte, apresentamos e traduzimos aqui o texto das *Opera Posthuma*, reservando para os ANEXOS o texto e a tradução da cópia e das anotações de Leibniz.

[139] *Atos dos Apóstolos*, cap. 17, v. 28: "Pois nele vivemos, nos movemos e existimos, como alguns dos vossos, aliás, já disseram: 'Porque somos também de sua raça'".

[140] A expressão é tomada de Sêneca, Édipo, 985-987: *"seruatque suae decreta colus / Lachesis dura reuoluta manu. / omnia secto tramite uadunt"*. ("e preserva Láquesis os decretos de sua roca, / com dura mão revoluta. / Todas as coisas caminham por um trâmite traçado.")

[141] Do provébio latino: *"Duro nodo durus quaerendus est cuneus"*. ("Para um nó duro, há de se buscar uma cunha dura.")

[142] Ver nota de tradução 49.

[143] *João*, cap 1, v. 14: "E o verbo se fez carne, e habitou entre nós; e nós vimos a sua glória, glória que ele tem junto ao Pai, como Filho único, cheio de graça e de verdade". *Hebreus*, cap. 2, v. 16: "Pois não veio ele ocupar-se com *anjos*, mas, sim, com a *descendência de Abraão*".

[144] *João*, cap. 1, v. 1: "No princípio era o Verbo e o Verbo estava com Deus e o Verbo era Deus".

[145] 1 *Timóteo*, cap. 2, vv. 5-6: "Pois há um só Deus, um só mediador entre Deus e os homens, um homem, Cristo Jesus, que se deu em resgate por todos"; e *Mateus*, cap. 20, v. 28: "Desse modo, o Filho do Homem não veio para ser servido, mas para servir e dar sua vida como resgate por muitos".

[146] Uma transcrição do seu conteúdo, tal como daquele da *Carta LXXIII* (ver nota de tradução 138), foi feita por Leibniz no fim de 1676 e encontra-se em posse da Gottfried Wilhelm Leibniz Bibliothek (Niedersächsische Landesbibliothek).

[147] Interessante notar que este parágrafo inteiro consta *ipsis litteris* na *Carta* XLIII, escrita em 1671, de Espinosa a Jacob Ostens (1630-1678), respondendo às críticas de Lambert van Velthuysen ao *Tratado teológico-político*.

[148] *Romanos*, cap. 9, v. 21: "O oleiro não pode formar da sua massa, seja um utensílio para uso nobre, seja outro para uso vil?". Espinosa remete a este argumento também no *Tratado teológico-político*, cap. XVI, marginália XXXIV, e no cap. VIII, II, dos *Pensamentos metafísicos*.

[149] Sobretudo os correspondentes Willem van Blijenbergh, Lambert van Velthuysen, Albert Burgh e Nicolaus Steno.

[150] *Gênesis*, cap. 18, vv. 1-8: "Iahweh lhe apareceu no Carvalho de Mambré, quando ele estava sentado na entrada da tenda, no maior calor do dia. Tendo levantado os olhos, eis que viu três homens de pé, perto dele; logo que os viu, correu da entrada da tenda ao seu encontro e se prostrou por terra. E disse: 'Meu senhor, eu te peço, se encontrei graça a teus olhos, não passes junto de teu servo sem te deteres. Traga-se um pouco de água, e vos lavareis os pés, e vos estendereis sob a árvore. Trarei um pedaço de pão e vos reconfortareis o coração antes de irdes mais longe; foi para isso que passastes junto de vosso servo!'. Eles responderam: 'Faze, pois, como disseste'. Abraão apressou-se para a tenda, junto a Sara e disse: 'Toma depressa três medidas de farinha, de flor de farinha, amassa-as e faze pães cozidos'. Depois correu Abraão ao rebanho e tomou um vitelo tenro e bom; deu-o ao servo que se apressou em prepará-lo. Tomou também coalhada, leite e o vitelo que preparara e colocou tudo diante deles; permaneceu de pé, junto deles, sob a árvore, e eles comeram".

[151] *Êxodo*, cap. 19, vv. 18-24: "Toda a montanha do Sinai fumegava, porque Iahweh descera sobre ela no fogo; a sua fumaça subiu como a fumaça de uma fornalha, e toda a montanha tremia violentamente. O som da trombeta ia aumentando pouco a pouco; Moisés falava, e Deus lhe respondia no trovão. Iahweh desceu sobre a montanha do Sinai, no cimo da montanha. Iahweh chamou Moisés para o cimo da montanha, e Moisés subiu. Iahweh disse a Moisés: 'Desce e adverte o povo que não ultrapasse os limites para vir ver Iahweh, para muitos deles não perecerem. Mesmo os sacerdotes que se aproximarem de Iahweh devem se santificar, para que Iahweh não os fira'. Moisés disse a Iahweh: 'O povo não poderá subir à montanha do Sinai, porque tu nos advertiste, dizendo: Delimita a montanha e declara-a sagrada'. Iahweh respondeu: 'Vai, e desce; depois subirás tu e Aarão contigo. Os sacerdotes, porém, e o povo não ultrapassem os limites para subir a Iahweh, para que não os fira'".

[152] *Mateus*, cap. 8, v. 22: "Mas Jesus lhe respondeu: 'segue-me e deixa que os mortos enterrem seus mortos'"; e *Lucas*, cap. 9, v. 60: "Ele replicou: 'Deixa que os mortos enterrem seus mortos; quanto a ti, vai anunciar o Reino de Deus'".

[153] No cap. 15, vv. 1-19, da primeira Epístola aos Coríntios, Paulo trata do fato e do modo da ressurreição dos mortos.

[154] Sobre os hebraísmos de João, ver SANTIAGO, *Geometria do instituído*, 2014, pp. 56-72.

[155] *João*, cap. 2, vv. 19-22: "Respondeu-lhes Jesus: 'Destruí esse santuário e em três dias eu o levantarei'. Disseram-lhe então os judeus: 'Quarenta e seis anos foram precisos para se construir esse santuário, e tu o levantarás em três dias?'. Ele, porém, falava do santuário de seu corpo. Assim, quando ele ressuscitou dos mortos, seus discípulos lembraram-se de que dissera isso, e creram na Escritura e na palavra dita por Jesus".

[156] A expressão transliterada *eu práttein* indica uma saudação grega que tem o sentido de "que estejas bem" ou "que ajas bem".

[157] *Rem acu tetigisti*: literalmente, "tocaste o assunto com uma agulha".

[158] Esta frase mostra uma possível omissão na *Carta* LXXV(25), em que Espinosa pede a Oldenburg notícias sobre as atividades da Royal Society.

[159] Embora sem data, pela resposta de Oldenburg na *Carta* LXXIX(28), sabe-se que esta carta foi escrita em 7 de fevereiro de 1676. Uma transcrição do seu conteúdo foi feita por Leibniz no fim de 1676 – durante sua visita a Oldenburg em Londres – e encontra-se em posse da Gottfried Wilhelm Leibniz Bibliothek (Niedersächsische Landesbibliothek). A cópia, que também contém anotações críticas de Leibniz, foi publicada, pela primeira vez, por Carl Gerhardt, na coletânea *Die philosophischen Schriften von Gottfried Wilhelm Leibniz* (LEIBNIZ, 1875). Gebhardt, em sua edição (1925, IV), traz tanto o texto latino das *Opera Posthuma* quanto a transcrição de Leibniz. De nossa parte, apresentamos e traduzimos aqui o texto das *Opera Posthuma*, reservando para os ANEXOS o texto e a tradução da cópia e das anotações de Leibniz.

[160] A tradução desta passagem é complicada. O termo *"canis"* ("cão"), presente na frase *"Qui ex morsu canis furit"*, pode indicar um caso genitivo ou um nominativo. Os editores dos *Nagelate Schriften* traduziram como genitivo (*De geen, die door de beet van een hont*), assim foram seguidos, por exemplo, por Atilano (*El que se pone furioso por la mordedura de un perro*) e Shirley (*He who goes mad from the bite of a dog*). O problema está na resposta de Oldenburg, que, na *Carta* LXXIX(28), interpreta o *canis* no caso acusativo, como transparece na frase *"ex morsu canem furentem"* ("um cão que está raivoso por uma mordida"), e por isso dá um sentido diferente: quem merece ser morto é o cão raivoso, e não uma pessoa mordida por um cão raivoso. Como visto, em nossa tradução, optamos por seguir os *Nagelate Schriften* e supor que Oldenburg se tenha equivocado, talvez por estar assustado com a crueldade da declaração. De fato, durante vários séculos, a raiva ou hidrofobia causou tanto temor que animais acometidos pela doença e até pessoas costumavam ser mortas como ato de prevenção de contágio.

[161] *Atos dos Apóstolos*, cap. 26, vv. 12-18: "Com este intuito encaminhei-me a Damasco, com a autoridade e a permissão dos chefes dos sacerdotes. No caminho, pelo meio-dia, eu vi, ó rei, vinda do céu e mais brilhante que o Sol, uma luz que circundou a mim e aos que me acompanhavam. Caímos todos por terra, e ouvi uma voz que me falava em língua hebraica: 'Saul, por que me persegues? É duro para ti

recalcitrar contra o aguilhão'. Perguntei: 'Quem és, Senhor?'. E o Senhor respondeu: 'Eu sou Jesus, a quem tu persegues. Mas levanta-te e fica firme em pé, pois, este é o motivo por que te apareci: para constituir-te servo e testemunha da visão na qual me viste e daquelas nas quais ainda te aparecerei. Eu te livrarei do povo e das nações gentias, às quais te envio para lhes abrires os olhos e, assim, se converterem das trevas à luz, e da autoridade de Satanás para Deus. De tal modo receberão, pela fé em mim, a remissão dos pecados e a herança entre os santificados'".

[162] *Filipenses*, cap. 3, v. 3: "Os circuncidados somos nós, que prestamos culto pelo Espírito de Cristo e nos gloriamos em Cristo Jesus e não confiamos na carne".

[163] Este excerto aparece apenas na cópia de Leibniz. Não se sabe em que ocasião Oldenburg enviara o referido catálogo a Espinosa. Nada do tipo consta no inventário oficial da biblioteca de Espinosa.

[164] O original desta carta pertence ao orfanato menonita De Oranjeappel (Weeshuis der Doopsgezinde Collegianten de Oranjeappel, Amsterdã), junto com outras doze cartas, autógrafas ou cópias. Uma transcrição dela foi publicada, pela primeira vez, por Van Vloten em 1862, em *Ad Benedicti de Spinoza opera quae supersunt omnia supplementum*, e depois, em 1883, por Van Vloten & Land, no segundo volume da edição *Benedicti de Spinoza opera, quotquot reperta sunt*. Um fac-símile também foi publicado por Willem Meijer, em 1903, na edição intitulada *Nachbildung der im Jahre 1902 noch erhaltenen eigenhändigen Briefe des Benedictus Despinoza*.

[165] *Gênesis*, cap. 1, vv. 26-27: "Deus disse: 'Façamos o homem à nossa imagem, como nossa semelhança, e que eles dominem sobre os peixes do mar, as aves do céu, os animais domésticos, todas as feras e todos os répteis que rastejam sobre a terra'. Deus criou o homem à sua imagem, à imagem de Deus ele o criou, homem e mulher ele os criou".

[166] Transliterado: *proaíresis*. Em português: "deliberação". O termo foi utilizado por Aristóteles na *Ética a Nicômaco* para tratar da independência que o intelecto humano possui para escolher entre a virtude e o vício.

[167] Embora tenha desfrutado de boa saúde e permanecido firmemente ativo até seus últimos dias, Oldenburg morreu repentinamente em sua casa em Pall Mall, Londres, em 5 de setembro de 1677, dois dias após o início de uma enfermidade.

Anexos

O texto e a tradução

Após quatro anos morando na França, Leibniz retorna para a Alemanha a fim de assumir os cargos de conselheiro e bibliotecário em Hanover. No entanto, até chegar ao destino final, o itinerário seguido não foi dos mais diretos. Em 4 de outubro de 1676, Leibniz parte de Paris para Calais, onde embarca em um navio com destino à Inglaterra. Chega em Londres em 18 de outubro, ali permanecendo onze dias. Na capital inglesa, encontra-se com vários homens eminentes, entre eles Oldenburg. Ambos haviam-se conhecido pessoalmente numa visita anterior de Leibniz a Londres, sua primeira, em 1673; todavia, já se correspondiam desde julho de 1670, quando Leibniz enviou sua primeira carta ao Secretário.

Não se sabe ao certo quantos e como foram os encontros, e sobre o que versaram as conversas entre os dois alemães; todavia, é certo que falaram sobre o próximo destino de Leibniz, a Holanda,[1] já que Oldenburg lhe havia pedido que entregasse algumas cartas

---

[1] Leibniz chega de navio em Roterdã em 12 de novembro de 1676, e em Amsterdã, no dia seguinte. Inicia, então, um pequeno roteiro pela Holanda, viajando para Haarlem, Leiden, Delft e Haia, donde retorna para Amsterdã. Dali, pouco após 28 de novembro, parte para uma viagem de duas semanas até Hanover (MALCOLM, 2003, p. 225).

a correspondentes de lá. Espinosa era um dos endereçados, donde coligimos que também trataram sobre ele e sua filosofia.[2]

Talvez tenha sido nessa ocasião que Leibniz, tendo conseguido acesso a certas cartas trocadas entre Espinosa e Oldenburg, recebeu permissão deste para copiar três delas, todas redigidas pelo filósofo holandês entre o fim de 1675 e início de 1676. Se assim se deu, não se deve, por causa disso, pensar que Oldenburg fosse um traiçoeiro ou boquirroto; à época, a troca de cartas muitas vezes ultrapassava os fins meramente pessoais, tendo uma função própria de divulgação de ideias entre pessoas e grupos (GOTTI, 2014, pp. 151-152). Aparentemente, ainda que Oldenburg se tenha disposto frequentemente a silenciar-se, caso Espinosa desejasse, a correspondência entre eles nunca teve o estatuto de sigilosa, e cartas inteiras ou parciais foram compartilhadas entre membros da Royal Society, como Robert Boyle e Robert Moray.

No entanto, alguns autores apontam outra hipótese para a fonte das cópias. Gerhardt, o editor da coletânea *Die philosophischen Schriften von Gottfried Wilhelm Leibniz*, supõe que Leibniz tenha obtido as cópias ou de Schuller[3] ou até do próprio Espinosa (LEIBNIZ, 1875, p. 118). Friedmann (1962, p. 116) e Proietti (2006, p. 43) vão também nessa direção e alegam que talvez a fonte tenha sido Schuller. Possivelmente porque este, em sua correspondência com Espinosa, dá ares de infiltrado de Leibniz, e, depois, porque é ele a fonte da cópia de outra carta, a *Carta* XII, sobre o infinito, de abril de 1663, obtida por Leibniz no início de 1676.[4] Mas pensamos ser essa hipótese

---

[2] Ver nota de rodapé 94, na pág. 99.

[3] O alemão Georg Hermann Schuller, figura mais controversa no grupo de amigos e admiradores de Espinosa, foi correspondente tanto de Espinosa como de Leibniz, sendo, muitas vezes, enigmático, sigiloso e contraditório nas cartas ao último. Além de seu legado epistolário e das referências a ele nas cartas de outras pessoas, Schuller dificilmente deixou outro vestígio, não escrevendo, até onde se sabe, nenhum livro (STEENBAKKERS, 1994, pp. 50-51).

[4] Na edição *Die philosophischen Schriften von Gottfried Wilhelm Leibniz* (1875, p. 130), o texto aparece sob o seguinte título "Communicata ex literis D. Schull(eri)" ("Coisas comunicadas a partir da carta de Schuller"), indicando, pois, que os excertos transcritos foram colhidos de uma carta de Schuller, o qual possivelmente teve acesso a eles por meio do amigo Tschirnhaus e que havia conseguido do próprio Espinosa uma cópia da carta.

muito menos provável que a primeira, isto é, que Oldenburg seja a fonte. Com efeito, se por um lado Oldenburg não era senão um conhecido para Schuller, por outro, mantinha com Leibniz uma relação de estreita confiança, quase um sequaz, como se depreende da correspondência entre os dois; portanto, não haveria por que Leibniz recorrer antes a um terceiro que ao próprio Oldenburg, para que conseguisse as cópias das cartas.

Independentemente de quem tenha fornecido as cópias, Leibniz anotou avidamente as três, empenhando-se constantemente em refutar os argumentos aduzidos por Espinosa. Sobre o momento em que ele escreve suas anotações, se em Londres ou na Holanda, não há muita clareza. Todavia, há indícios de que elas foram feitas em Amsterdã. Em carta de 28 de novembro de 1676, Leibniz alega ter lido e examinado algumas "demonstrações metafísicas" sobre as quais conversara pessoalmente com Oldenburg; este, por sua vez, em sua resposta de 22 de fevereiro de 1677, alega não entender quais são as ditas demonstrações metafísicas.[5] A partir disso, é possível presumir, na esteira de Gerhardt (LEIBNIZ, 1875, p. 118) e Malcolm (MALCOLM, 2003, pp. 233-234), que Leibniz estivesse, de fato, referindo-se veladamente às cópias das três cartas, mas com tanta obscuridade que nem Oldenburg foi capaz de entender.

Quanto à ordem em que estão marcadas, as três cópias correspondem às cartas LXXV(25), LXXVIII(27) e LXXIII(23), que respondem, respectivamente, às *Cartas* LXXIV(24), LXXVII(26) e LXXI(21).[6] Os textos dessas cópias podem ser encontrados no quarto volume da edição crítica de Gebhardt, *Spinoza Opera* (pp. 306-309, 311-316, 326-329), em simultâneo, com aqueles das *Opera Posthuma*, cada um em uma metade vertical da página. Todavia, como ali não apa-

---

[5] Em carta para Leibniz, de 22 de fevereiro de 1677, Oldenburg se queixa: "Não posso adivinhar por que causas não entregaste minha carta a Espinosa. Não entendo quais demonstrações metafísicas queres, que são ditas em tua carta de Amsterdã que foram lidas e examinadas, já que escondeste o autor delas". *Spinosæ non tradidisti literas meas, divinares equidem non possum. Quas velis demonstrationes* (OLDENBURG, 1986, p. 219).

[6] Tais numerações seguem àquela consagrada na edição de Van Vloten & Land, sempre usada por nós. Nas *Opera Posthuma* e nos *Nagelate Schriften*, trata-se das *Cartas* XXIII, XXV e XXI, respondendo às *Cartas* XXII, XXIV e XX, respectivamente.

recem as anotações de Leibniz, o texto latino sobre o qual nos valemos, e que também oferecemos, é o da já citada edição *Die philosophischen Schriften von Gottfried Wilhelm Leibniz* (Leibniz, 1875, pp. 123-130), publicada por Gerhardt. Dessa edição mantivemos a mesma formatação, inclusive quanto à remissão aos comentários de Leibniz.

Comparando as redações das cópias de Leibniz com aquelas trazidas nas *Opera Posthuma*, pudemos verificar diversas discrepâncias, ainda que sejam quase todas sutis e não afetem o conteúdo. Como elas se dão em grande quantidade, optamos por não mostrá-las anteriormente, por meio de notas às *Cartas* LXXV(25), LXXVIII(27) e LXXIII(23), aqui já apresentadas e traduzidas, mas trazendo integralmente os textos das próprias cópias de Leibniz, além de suas respectivas traduções.

Ao que parece, as notas de Leibniz ainda não possuem muitas traduções, por isso, ao realizar a nossa, tivemos a oportunidade de cotejar apenas a já citada tradução italiana de Omero Proietti, em *Agnostos theos: Il carteggio Spinoza-Oldenburg* (2006), e alguns excertos traduzidos para o inglês e aduzidos por Noel Malcolm (2003), no artigo "Leibniz, Oldenburg, and Spinoza, in the Light of Leibniz's Letter to Oldenburg of 18/28 November 1676". Em língua portuguesa, até onde encontramos, nossa tradução é a primeira.

As cópias de Leibniz

Latim - Português

Cópias das *Cartas*
LXXV - LXXVIII - LXXIII

Epistolae tres D. B. de Spinoza ad D.Oldenburgium

Nobil[isse] D[ne]. Video tandem, quid id fuerit, quod a me postulabas ne evulgarem. Sed quia id ipsum praecipuum fundamentum est eorum omnium, quae in tractatu, quem edere destinaveram, habentur, volo hic paucis explicare, qua ratione ego fatalem omnium rerum, et actionum necessitatem statuam. Nam Deum nullo modo fato subjicio, sed omnia inevitabili necessitate ex Dei natura sequi concipio,[1] eodem modo, quo omnes concipiunt quod ex ipsius Dei natura sequatur, ut Deus se ipsum intelligat, quod sane nemo negat ex divina natura necessario sequi; et tamen nemo concipit, quod Deus fato aliquo coactus, sed quod omnino libere, tametsi necessario, se ipsum intelligat. Deinde haec[2] inevitabilis rerum necessitas nec jura divina nec humana tollit. Nam ipsa moralia documenta sive formam legis seu juris ab ipso Deo accipiant, sive non, divina tamen sunt, et salutaria, et si bonum, quod ex virtute, et amore divino sequitur, a Deo tanquam judice accipiamus, vel quod ex necessitate divinae naturae emanet,[3] non erit propterea magis vel minus optabile, ut nec contra mala quae ex pravis actionibus et affectibus sequuntur, ideo quia necessario ex iisdem sequuntur, minus timenda sunt; et denique sive ea quae agimus necessário, sive contingenter agamus, spe tamen ac metu ducimur. Porro homines coram Deo nulla alia de causa sunt inexcusabiles,[4] quam quia in ipsius Dei potestate sunt ut lutum in

---

[1] Hoc ita explicari debet, Mundum aliter produci non potuisse, quia Deus non potest non perfectissimo modo operari. Cum enim sapientissimus sit, optium eligit. Minime vero putandum est omnia ex Dei natura sine ullo voluntatis interventu sequi. Exemplum de operatione Dei qua se ipsum intelligit, non videtur appositum, quia id fit citra interventum voluntatis.

[2] qualem explicui.

[3] si omnia necessitate quadam ex divina natura emanant, omniaque possibilia etiam existunt, aeque facile male erit bonis et malis. Tolletur ergo moralis philosophia.

[4] hunc locum autor explicare tentavit Epistola sequenti, ubi quaedam annotabo.

Três cartas do Sr. B. de Espinosa ao Sr. Oldenburg

Nobilíssimo Sr. Enfim vejo o que era aquilo que exigias que eu não divulgasse. Mas porque é ele próprio o principal fundamento de todas as coisas que estão contidas no tratado que eu destinara a editar, quero explicar aqui, em poucas palavras, de que maneira sustento a necessidade fatal de todas as coisas e ações. Pois de nenhum modo submeto Deus ao fado, mas concebo que todas as coisas se seguem da natureza de Deus por uma necessidade inevitável, do mesmo modo que todos concebem que, da própria natureza de Deus, segue-se que Deus entende a si mesmo;[1] certamente, ninguém nega que isso se segue necessariamente da natureza divina, e, todavia, ninguém concebe que Deus é coagido por algum fado, mas sim que ele, ainda que necessariamente, entende a si mesmo com total liberdade. Ademais, essa necessidade inevitável das coisas não suprime as leis divinas nem as humanas.[2] Pois os ensinamentos morais, quer recebam a forma de lei ou de direito do próprio Deus, quer não, são contudo divinos e salutares; e o bem que se segue da virtude e do amor divino, se o recebemos de Deus como juiz ou se ele emana da necessidade da natureza divina, não será por isso mais ou menos desejável; assim como, ao contrário, os males que se seguem de ações e afetos depravados não hão de ser menos temidos porque se seguem necessariamente deles;[3] e, enfim, façamos as coisas que fazemos, necessária ou contingentemente, somos contudo guiados pela esperança e pelo medo. Além disso, os homens são inescusáveis perante

---

[1] Isso deve ser explicado assim: o mundo não pôde ser produzido doutro modo porque Deus não pode operar de modo não perfeitíssimo. Com efeito, como ele é sapientíssimo, escolheu o melhor. Mas de maneira nenhuma há de se pensar que todas as coisas se seguem da natureza de Deus sem intervenção alguma da vontade. O exemplo da operação de Deus pela qual ele entende a si próprio não parece apropriado, porque isso ocorre aquém da intervenção da vontade.

[2] tal qual expliquei.

[3] se todas as coisas emanam da natureza divina com certa necessidade, e todas as coisas possíveis também existem, com igual facilidade o mal afetará os bons e os maus. Logo, suprime-se a filosofia moral.

potestate figuli, qui ex eadem massa vasa facit alia ad decus, alia ad dedecus. Ad haec pauca si aliquantulum attendere velis, non dubito quin facili negotio ad omnia argumenta quae in hanc sententiam objici solent respondere possis, ut multi jam mecum experti sunt. Miracula et ignorantiam pro aequipollentibus sumpsi,[5] quia ii qui Dei existentiam et Religionem miraculis astruere conantur, rem obscuram per aliam magis obscuram et quam maxime ignorant, ostendere volunt atque ita novum argumentandi genus adferunt, redigendo scilicet non ad impossibile, ut ajunt, sed ignorantiam. Caeterum meam de miraculis sententiam satis opinor explicui in tractatu theologico-politico. Hoc tantum hic addo, quodsi ad haec attendas, quod scilicet Christus non Senatui nec Pilato nec cuiquam infidelium, sed Sanctis tantummodo apparuerit, et quod Deus neque dextram neque sinistram habeat, nec in loco sed ubique secundum Essentiam sit, et quod materia ubique sit eadem, et quod Deus extra mundum in spatio quod fingunt imaginario sese non manifestet, et quod denique corporis humani compages absimilem esse ab illi qua Deus Abrahamo apparuit quando tres vidit homines, quos ad secum intra debitos limites solo aëris pondere coerceatur,[6] facile videbis hanc Christi apparitionem non prandendum invitavit.[7] At dices, Apostolos omnino credidisse, quod Christus a morte resurrexerit, et ad coelum revera ascenderit: quod ego non nego. Nam ipse etiam

---

[5] si miracula ita concipimus, ut Deus manum admoliatur Mundo, quemadmodum opifex automato, quod alioquin aliter decursurum esset, Miracula neque sapientiae, neque naturae Divinae congruere arbitror. Si vero omnia jam ab aeterno ita praeordinata credamus, ut certis quibusdam temporibus singulari causarum concursu admiranda contingant, Miracula Philosophiae conciliari posse arbitror: si scilicet Miracula intelligamus, non quae sint supra naturam rerum, sed quae sint supra naturam corporum sensibilium. Neque enim video quid prohibeat esse mentes quasdam, nostris potentiores, corpore licet aliquo indutas, quarum ministerio miranda patrentur; ideo nec video quid vetet Christi resurrectionem et accensionem literali sensu intelligi.

[6] potest corpus humanum subtilius reddi et perfectius, ut ab igne, terra aliisque sensibilibus nec destrui nec impediri queat.

[7] non satis intelligo convenientiam harum duarum apparitionum: nam Deus Abrahamo et Israëlitis apparuit alia quadam forma (humana scilicet) assumta; Christus post mortem Apostolis sua.

Deus por nenhuma outra razão a não ser porque estão no poder de Deus como o barro no poder do oleiro, que da mesma massa faz vasos, uns para a honra, outros para a desonra.[4] Se quiseres atentar um pouco a essas poucas coisas, não duvido que possas responder com facilidade a todos os argumentos que costumam ser objetados contra essa opinião, como muitos já experimentaram comigo. Assumi milagres e ignorância como equivalentes porque aqueles que tentam assegurar com milagres a existência de Deus e a religião querem mostrar uma coisa obscura por meio de outra mais obscura e que ignoram ao máximo; e, assim, trazem um novo gênero de argumentar, a saber, reduzindo não ao impossível, como afirmam, mas à ignorância.[5] Ademais, acho que expliquei suficientemente, no *Tratado teológico-político*, minha opinião sobre os milagres. Aqui acrescentarei somente que, se atentas a estas coisas, a saber, que Cristo não apareceu ao senado, nem a Pilatos, nem a qualquer dos infiéis, mas tão somente aos santos, e que Deus não tem direita nem esquerda, nem está em um lugar, mas, segundo sua essência, em toda a parte, e que a matéria é a mesma por toda parte, e que Deus não se manifesta fora do mundo, em um espaço imaginário que forjamos, e finalmente, que a constituição do corpo humano está contida dentro dos devidos limites pelo só peso do ar,[6] verás facilmente que essa aparição de Cristo não é dessemelhante àquela na qual Deus apareceu para Abraão, quando este viu três homens e os convidou para comer consigo.[7]

---

[4] o autor tentou explicar esta parte na carta seguinte, onde anotarei algumas coisas.

[5] se concebemos os milagres de maneira tal que Deus mete a mão no mundo, assim como um artífice no autômato, que, doutro modo, haveria de funcionar diferentemente, julgo que os milagres não são congruentes nem com a sabedoria nem com a natureza divina. Mas se cremos que todas as coisas já são preordenadas desde a eternidade, de modo que em alguns momentos certos, por um concurso singular de causas, aconteçam coisas admiráveis, julgo que os milagres podem conciliar-se com a filosofia; a saber, se entendemos por milagres não o que está acima da natureza das coisas, mas o que está acima da natureza dos corpos sensíveis. Com efeito, não vejo o que proíbe de haver certas mentes mais potentes do que as nossas, embora revestidas de algum corpo, com o ofício das quais realizam-se coisas admiráveis; e, por isso, não vejo o que impede de serem entendidas em sentido literal a ressurreição e a ascensão de Cristo.

[6] o corpo humano pode tornar-se mais sutil e mais perfeito, de modo que não pode ser destruído nem impedido pelo fogo, pela terra e por outros [corpos] sensíveis.

[7] não entendo bem a conveniência dessas duas aparições; pois Deus apareceu para Abraão e para os israelitas com uma outra forma assumida (a saber, a humana); Cristo, após a morte, apareceu aos apóstolos com a sua.

Abrahamus credidit, quod Deus apud ipsum pransus fuerit, et omnes Israëlitae, quod Deus ex coelo igne circumductus[8] ad montem Sinai descenderit, cum tamen hae pluresque aliae ejusmodi apparitiones seu revelationes fuerint captui et opinionibus eorum hominum accommodatae, quibus Deus mentem suam iisdem revelare voluit. Concludo itaque Christi a mortuis resurrectionem revera spiritualem et solis fidelibus ad eorum captum revelatam fuisse,[9] nempe quod Christus aeternitate donatus fuit, et a mortuis (mortuos hic intelligo eo sensu quo Christus dixit: sinite mortuos mortuos suos sepelire) surrexit, simulatque vita ac morte singularis sanctitatis exemplum dedit, et eatenus discipulos suos a morte suscitat, quatenus ipsi hoc vitae ejus et mortis exemplum sequuntur.[10] Nec difficile esset totam Evangelii doctrinam secundum hanc hypothesin explicare.[11] Primo caput 15. Epist. 1. ad Corinth. ex sola hac hypothesi explicari potest, et Pauli argumenta intelligi, cum alias communem hypothesin sequendo infirma appareant, et facili negotio refelli possint. Ut taceam quod Christiani omnia, quae Judaei carnaliter, spiritualiter interpretati sunt.[12] Humanam imbecillitatem tecum agnosco. Sed te contra rogare mihi liceat, an nos homunciones tantam naturae cognitionem habeamus ut

---

[8] puto circumdatus.

[9] aut somnium fuit ergo, aut imaginationis vi objecta vigilantibus species, quod parum verisimile, in tanto simul et toties sentientium numero.

[10] Haec a mortuis resurrectio utique non nisi metaphorica fuerit, aut si mavis allegorica (Allegoria enim metaphora continuata est) ut mox fatetur autor harum Epistolarum. Quod approbarem, si qua esset huc confugiendi necessitas, quae tamen nulla est.

[11] cui bono? quando fatetur autor, Aposlolos haec sensu alio, nempe literali intellexisse. Frustra ergo illis metaphoricum sensum affingimus. Nisi volumus Apostolos divino quodam afflatu scribentes non intellexisse sensum verborum quae Spiritus quidam superior ipsis dictabat. Sed hoc alienum esse arbitror a sententia autoris tractatus Theologico-Politici: ita enim admitteret miraculum in modo quo scripti sunt libri Apostolici.

[12] non ita tamen ut ipsam tollerent rem. Exempli causa Messiam liberaturum a malis corporeis credidere Judaei; mentes autem illustrare debuisse persuasum est Christianis. Utrique tamen in eo consentiunt, Messiam esse certum quendam hominem, non vero quandam personam fictitiam aut allegoricam.

Mas dirás que os apóstolos creram totalmente que Cristo tenha ressurgido da morte e que tenha realmente ascendido ao céu; o que não nego. Pois o próprio Abraão também creu que Deus tenha almoçado com ele, e todos os israelitas creram que Deus tenha descido, conduzido ao redor[8] do fogo, do céu ao Monte Sinai; embora essas e muitas outras coisas do seu tipo tenham sido aparições ou revelações acomodadas à compreensão e às opiniões desses homens, pelas quais Deus lhes quis revelar seu pensamento. Concluo, pois, que a ressurreição de Cristo dos mortos foi, na verdade, espiritual e que foi revelada só aos fiéis, conforme a compreensão deles,[9] a saber, que Cristo foi presenteado com a eternidade, e que surgiu dos mortos (mortos, aqui, entendo naquele sentido em que Cristo disse: deixai que os mortos enterrem seus mortos) tão logo deu com a vida e a morte um exemplo de singular santidade, e que levanta seus discípulos da morte enquanto eles seguem esse exemplo de sua vida e morte.[10] E não seria difícil explicar a doutrina toda do Evangelho segundo essa hipótese.[11] Primeiro, a partir dessa só hipótese pode ser explicado o capítulo 15 da Ep. 1 aos Coríntios, e podem ser entendidos os argumentos de Paulo, já que, doutro modo, seguindo a hipótese comum, estes aparecem fracos e podem ser refutados com facilidade, para não dizer que os cristãos interpretaram espiritualmente todas as coisas que os judeus interpretaram carnalmente.[12] Reconheço

---

[8] Penso "rodeado".

[9] logo, ou foi um sonho, ou uma espécie de imaginação imposta à força ao vigilante; o que é pouco verossímil, tamanho o número dos que simultaneamente e tantas vezes a sentiram.

[10] Essa ressurreição dos mortos, em todo caso, não foi senão metafórica, ou, se preferes, alegórica (pois a alegoria é uma metáfora continuada), como logo reconhece o autor destas cartas.

[11] a quem beneficia quando o autor reconhece que os apóstolos entenderam essas coisas em outro sentido, a saber, no literal? Logo, forjamos para elas, inutilmente, o sentido metafórico. A não ser que queiramos que os apóstolos, escrevendo com certo aflato divino, não tenham entendido o sentido das palavras que certo espírito superior lhes dizia. Mas julgo que isso seja alheio à opinião do autor do *Tratado teológico-político*; pois assim admitiria o milagre à maneira em que foram escritos os livros dos apóstolos.

[12] todavia, não da maneira como suprimiam a própria coisa. Por exemplo, os judeus creram que o messias os liberaria dos males corpóreos; já os cristãos persuadiram-se de que ele devia ilustrar suas mentes. Uns e outros, contudo, consentem no fato de o messias ser um homem definido, e não alguma pessoa fictícia ou alegórica.

determinare possimus, quousque ejus vis et potentia se extendit, et quid ejus vim superat? quod quia nemo sine arrogantia praesumere potest, licet ergo absque jactantia, miracula per causas naturales quantum fieri potest explicare; et quae explicare non possumus, nec etiam demonstrare quod absurda sint, satius erit de iis judicium suspendere et religionem uti dixi sola doctrinae sapientia astruere.[13] Loca denique Evangelii Johannis et Epistolae ad Hebraeos, iis quae dixi repugnare credis, quia linguarum orientalium phrases Europaeis loquendi modis metiris, et quamvis Johannes suum Evangelium graece scripserit, Hebraizat tamen. Quicquid sit, an credis quando scriptura ait, quod Deus in nube sese manifestaverit, aut quod in Tabernaculo et in templo habitaverit, quod ipse Deus naturam tabernaculi aut templi sumserit? atqui hoc summum est, quod Christus de se ipso dixerit, se scilicet templum Dei esse,[14] nimirum quia, ut in praecedentibus meis dixi, Deus sese maxime in Christo manifestavit, quod Johannes ut efficacius exprimeret dixit, verbum factum esse carnem.

---

[13] Sensus est, credo, veritatem religionis Christianae probari debere non miraculis, sed ipsius a Christo promulgatae doctrinae praestantia et sanctitate. Fatebitur tamen autor noster, si probari possint miracula, eorum quoque rationem habendam, nec praeclarum adeo Providentiae testimonium negligendum, tum quia sapientis est Dei consilia atque opera cognoscere et admirari, tum quia vulgus, et in Universum quicunque veram philosophiam non tenent, miraculis facilius convincuntur.

[14] Videtur autor noster peculiarem quandam erga Christum venerationem profiteri. Itaque non facile, credo, asseret, Christum aliquid dixisse contra sententiam suam, et ut discipulos falleret. Dixit autem se tertia die resurrecturum, se venturum in nubibus: necesse ergo foret Christum ipsum in errores eosque admodum crassos et pudendos incidisse, quod illa sapientia indignum est, quam praeclara ejus documenta testantur.

contigo a debilidade humana. Mas seja-me lícito perguntar-te, ao contrário: acaso nós, homúnculos, temos tanto conhecimento da natureza a ponto de podermos determinar quão longe sua força e potência se estendem, e o que supera sua força? Porque ninguém pode presumir isso sem arrogância, é lícito então explicar, o quanto possível, sem jactância, os milagres por causas naturais; e aqueles que não podemos explicar, nem mesmo demonstrar, pois são absurdos, será preferível suspender o juízo sobre eles, e, como eu disse, fundar a religião na só sabedoria da doutrina.[13] Finalmente, crês que as coisas que eu disse repugnam as passagens do Evangelho de João e da Epístola aos Hebreus porque medes as frases das línguas orientais aos modos europeus; e embora João tenha escrito seu Evangelho em grego, ele hebraíza. Seja o que for, quando a Escritura diz que Deus se manifestou em uma nuvem, ou que habitou no tabernáculo e no templo, crês que o próprio Deus tenha assumido a natureza do tabernáculo ou do templo? Mas o máximo que Cristo disse de si mesmo é isto, a saber, que é o templo de Deus;[14] pois, como eu disse na precedente, Deus se manifestou maximamente em Cristo, e para exprimi-lo com mais eficácia, João disse que o verbo se fez carne.

---

[13] O sentido, creio, é que a verdade da religião cristã deve ser provada não com milagres, mas com a excelência e a santidade da própria doutrina promulgada por Cristo. O autor, contudo, reconhecerá que, se os milagres podem ser provados, deve-se tê-los também em conta e não negligenciar um testemunho tão notável da Providência; tanto porque é próprio do sábio conhecer e admirar os planos e as obras de Deus, quanto porque o vulgo e em geral todos que não têm a verdadeira filosofia se convencem mais facilmente com os milagres.

[14] Nosso autor parece professar uma certa veneração peculiar em relação a Cristo. Portanto, creio que não asserirá facilmente que Cristo tenha dito algo contra sua opinião e para enganar os discípulos. Ora, ele disse que no terceiro dia ressuscitaria e viria nas nuvens; logo, será necessário que o próprio Cristo tenha incidido em erros, e naqueles muito crassos e pudendos, o que é indigno daquela sabedoria que atestam seus notáveis ensinamentos.

Epistola 2da. Nobil^{me} D^{ne}. Quod in praecedentibus meis dixi, nos ideo esse inexcusabiles, quod in Dei potestate sumus, ut lutum in manu figuli, hoc sensu intelligi volui, videlicet quod nemo Deum redarguere potest, quod ipsi naturam infirmam seu animum impotentem dederit. Sicut enim absurda circulus quereretur, quod Deus ipsi globi proprietates, vel infans qui calculo cruciatur, quod ei corpus sanum non dederit; sic etiam homo animo impotens queri non potest, quod Deus ipsi fortitudinem veramque ipsius Dei cognitionem et amorem negaverit, quodque ipsi naturam adeo infirmam dederit, ut cupiditates suas nec coërcere nec moderari possit. Nam ad naturam cujuscunque rei nihil aliud competit, quam quod ex data ipsius causa necessario sequitur. Quod autem ad naturam cujusque hominis non competat ut animo forti sit, et quod in potestate nostra non magis sit corpus sanum quam mentem sanam habere, negare nemo potest nisi qui tam experientiam quam rationem negare velit. At instas (?), si homines ex naturae necessitate peccant, sunt ergo excusabiles,[15] nec quid inde concludere velis, explicas, an scilicet quod Deus in eos irasci nequeat, an vero quod beatitudine, hoc est Dei cognitione et amore digni sunt. Sed si primum putas, omnino concedo Deum non irasci, sed omnia ex ipsius sententia fieri,[16] at nego, quod propterea omnes beati esse debeant: possunt quippe homines excusabiles esse, et nihilominus beatitudine carere, et multis modis cruciari.[17] Est enim equus excusabilis, quod equus et non homo sit, at nihilominus equus et non homo esse debet. Qui ex morsu canis furit, excusandus quidem est, et tamen

---

[15] excusabilis est, qui poenam non meretur. At vero etiam qui impotenti sunt animo, mereri possunt poenam; et generaliter in quorum potestate fuit male non agere, si scilicet voluissent. An autem in eorum potestate fuerit velle, nihil ad rem pertinet. Sufficit ad poenam comperta voluntas scelerati.

[16] cum dicimus Deum irasci, intelligimus facere quod irascentes solent, id est punire, quamvis non, ut homines, ob rem gestam doleat.

[17] Hoc non sine cautela transmittendum: et credibile est postulare naturam Dei, sive rerum perfectionem, ut eae tandem mentes felices esse deprehendantur, quarum voluntas recta est.

2ª carta. Nobilíssimo Sr. O que eu disse na minha precedente, que somos inescusáveis porque estamos no poder de Deus como o barro está na mão do oleiro, quis que fosse entendido no sentido de que ninguém pode redarguir Deus de que lhe tenha dado uma natureza fraca ou um ânimo impotente. Pois, assim como, de maneira absurda, um círculo se queixaria de que Deus não lhe tenha dado as propriedades de uma esfera, ou uma criança que é atormentada por um cálculo, de que ele não lhe tenha dado um corpo são, também um homem impotente de ânimo não pode queixar-se de que Deus lhe tenha negado a fortaleza e o conhecimento e o amor verdadeiros do próprio Deus, e que lhe tenha dado uma natureza tão fraca que não pode conter nem moderar seus desejos. Pois à natureza de qualquer coisa nada outro compete senão o que se segue necessariamente de sua causa dada. Porém, ninguém pode negar que não compete à natureza de cada homem que ele seja de ânimo forte, e que ter um corpo são não está mais em nosso poder do que ter uma mente sã, a não ser que queira negar tanto a experiência quanto a razão. Mas insistes (?) que, se os homens pecam por necessidade da natureza, então são escusáveis,[15] e não explicas o que queres concluir daí, a saber, ou que Deus não pode irar-se com eles, ou que, na verdade, eles são dignos de felicidade, isto é, do conhecimento e do amor de Deus. Porém, se pensas o primeiro, concedo totalmente que Deus não se ira, mas que todas as coisas acontecem segundo sua sentença;[16] mas nego que por causa disso todos devam ser felizes, pois os homens podem ser escusáveis e, todavia, carecer de felicidade e ser atormentados de muitos modos.[17] Com efeito, o cavalo é escusável de que seja um cavalo, e não um homem; não obstante, deve ser um cavalo, e não um homem. Aquele que se enraivece pela mordida de

---

[15] é escusável aquele que não merece pena. Mas, na verdade, aqueles que são de ânimo impotente podem merecer pena; e geralmente estava em poder deles não agir mal, se tivessem querido. E, se esteve em poder deles querer, nada contribui ao assunto. É suficiente a vontade constatada do criminoso.

[16] quando dizemos que Deus se ira, entendemos que ele faz o que os irascíveis costumam [fazer], isto é, punir; embora não lamente, como os homens, pelo que foi feito.

[17] Isso não deve ser transmitido sem cautela; e é crível exigir uma natureza de Deus, ou seja, uma perfeição das coisas, tal que, enfim, depreendam-se felizes as mentes das quais a vontade é reta.

jure suffocatur[18], et qui denique cupiditates suas regere, et metu legum easdem coërcere nequit, quamvis etiam ob infirmitatem excusandus sit, non potest tamen animi acquiescentia Deique cognitione et amore frui, sed necessario perit.[19] Neque hic necesse esse puto monere, quod scriptura quando ait, Deum in peccatores irasci eumque judicem esse, qui de hominum actionibus cognoscit, judicat et statuit, more humano et secundum receptas vulgi opiniones loquatur, quia ipsius intentum non est philosophiam docere, nec homines doctos, sed obtemperantes facere. Quo propterea pacto videar, ex eo quod miracula et ignorantiam pro aequipollentibus sumserim, potentiam Dei et hominum scientiam iisdem finibus concludere, non video. Caeterum Christi passionem, mortem ac sepulturam tecum literaliter accipio, ejus autem resurrectionem allegorice.[20] Fateor quidem hanc etiam ab Evangelistis iis narrari circumstantiis ut negare non possimus, ipsos Evangelistas credidisse, Christi corpus resurrexisse et ad coelum adscendisse, ut ad Dei dextram sederet, et quod ab infidelibus etiam potuisset videri, si una in iis locis affuissent, in quibus ipse Christus discipulis apparuit, in quo tamen salva Evangelii doctrina potuerunt decipi, ut aliis etiam prophetis contigit, cujus rei exempla in praecedentibus dedi. At Paulus, cui Christus postea etiam apparuit, gloriatur quod Christum non secundum carnem; sed secundum spiritum noveritz.[21] Pro catalogo librorum nobilissimi Domini Boylii maximas ago gratias. Denique R. Societatis praesentia negotia data occasione ex te scire expecto. Vale, Vir amplissime, et me omni affectu atque studio tuum esse crede.

---

[18] Haec inter homines contingere possunt, at in optima Republica, id est Mundo, credibile est non nisi malos posse esse in summa infelices.

[19] quia ipsi deest voluntas recta et sincera.

[20] est ironia.

[21] non putem Paulum a caeteris hac in re dissensisse, et Christi resurrectionem pro allegoria habuisse.

um cão há sim de ser escusado, e, todavia, é, com direito, sufocado;[18] e finalmente, aquele que não pode reger seus desejos e coibi-los por medo da lei, ainda que por sua fraqueza também haja de ser escusável, não pode, contudo, fruir do repouso do ânimo e do conhecimento e do amor de Deus, mas perece necessariamente.[19] E não creio que seja necessário advertir aqui que a Escritura, quando diz que Deus se ira com os pecadores e que ele é um juiz que conhece, julga e estatui as ações dos homens, fala à maneira humana e segundo as opiniões aceitas do vulgo; pois o intento dela não é ensinar filosofia, nem fazer os homens doutos, mas obedientes. Por isso, do fato de eu assumir milagres e ignorância como equivalentes, não vejo de que modo pareço encerrar nos mesmos limites a potência de Deus e a ciência dos homens. Ademais, aceito contigo, literalmente, a paixão, a morte e a sepultura de Cristo; porém, alegoricamente a sua ressurreição.[20] Confesso que, de fato, esta também é narrada pelos evangelistas com circunstâncias tais que não podemos negar que os próprios evangelistas creram que o corpo de Cristo ressuscitou e ascendeu ao céu para se sentar à direita de Deus, e que teria podido ser visto pelos infiéis se estes tivessem estado juntos nos locais em que o próprio Cristo apareceu aos discípulos; todavia, preservada a doutrina do evangelho, nisso puderam enganar-se, como aconteceu a outros profetas, assunto do qual dei exemplos na precedente. Ora, Paulo, a quem Cristo também apareceu depois, vangloria-se de tê-lo conhecido não segundo a carne, mas segundo o espírito.[21] Dou os maiores agradecimentos pelo catálogo de livros do nobilíssimo Sr. Boyle. Por fim, dada a ocasião, espero saber de ti as presentes ocupações da Sociedade Real. Passa bem, grandíssimo senhor, e crê que sou teu com todo afeto e devoção.

---

[18] Essas coisas podem acontecer entre os homens, mas na melhor república, isto é, no mundo, é crível que, em suma, não podem ser infelizes senão os maus.

[19] porque lhe falta uma vontade reta e sincera.

[20] é ironia.

[21] não penso que Paulo dissentiu dos demais nesse assunto, e que teve a ressurreição de Cristo como alegoria.

Epist. 3^{tia}.[22] Perbreves tuas literas 15. Novemb. (1676) die Saturni elapsa accepi: in iis ea tantummodo indicas, quae in tract. theologico-politico crucem lectoribus fixere. Cum tamen iis etiam cognoscere speraverim, quaenam eae opiniones essent, quae religiosae virtutis praxin labefactare viderentur, de quibus multa monueras. Sed ut de tribus illis capitibus, quae notas, mentem meam tibi aperiam, dicam, et quidem ad primum, me de Deo et natura sententiam fovere longe diversam ab ea, quam neoterici Christiani defendere solent. Deum enim rerum omnium causam immanentem, ut ajunt, non vero transeuntem statuo. Omnia, inquam, in Deo esse, et in Deo moveri cum Paulo affirmo, et forte etiam cum omnibus antiquis philosophis, licet alio modo,[23] et auderem etiam dicere, cum antiquis omnibus Hebraeis, quantum ex quibusdam traditionibus, tametsi multis modis adulteratis conjicere licet. Attamen quod quidam putant Tractatum theol. Polit. eo niti, quod Deus et Natura (per quam massam quandam, sive materiam corpoream intelligunt) unum et idem sint, tota errant via. Ad miracula deinde quod attinet mihi contra persuasum est, divinae revelationis certitudinem sola doctrinae sapientia, non autem miraculis hoc est ignorantia adstrui posse. Quod satis prolixe cap. 6. de Miraculis ostendi. Hoc tamen hic addo, me inter religionem et superstitionem hanc praecipue agnoscere differentiam, quod haec ignorantiam, illa autem sapientiam pro fundamento habeat, et hanc causam esse credo cur Christiani non fide neque caritate, neque reliquis

---

[22] Videtur haec Epistola tertia, esse potius prima. Hic enim incipit difficultatibus Oldenburgii respondere, et negat religionem miraculis, hoc est ignorantia astrui debere. Unde sequente Epistola, quae hic primo loco scripta est, explicuisse videtur, quo sensu miracula et ignorantiam habuerit pro aequipollentibus.

[23] Parmenides et Melissus apud Platonem et Aristotelem relati non abludentia docuere. Memini me aliquando Parmenidem Platonis in demonstrationis formam contrahere, tametsi non per omnia probem. Hebraeorum veterum loca vellem citari. Stoici traduntur Mundum ipsum credidisse Deum, simili fortasse sensu, quanquam alii non recte eos interpretari videantur. Dici potest utique: omnia unum esse, omnia in Deo esse, quemadmodum effectus in causa sua plena continetur, et proprietas alicujus subjecti in ejusdem subjecti essentia. Certum est enim existentiam rerum esse consequentiam Naturae Dei, quae fecit, ut non nisi perfectissima eligi possent.

3ª carta.[22] No sábado passado, recebi tua brevíssima carta de 15 de novembro; nela indicas tão somente as coisas que no *Tratado teológico-político* atormentaram os leitores, embora eu também esperasse conhecer a partir dela quais seriam aquelas opiniões, sobre as quais advertiras muitas coisas, que pareciam abalar a prática da virtude religiosa. Mas, a fim de expor meu pensamento sobre aqueles três pontos principais que notas, em primeiro lugar, digo que sustento uma opinião sobre Deus e a natureza muito diversa daquela que os cristãos recentes costumam defender. Com efeito, sustento que Deus é causa imanente de todas as coisas, e não transitiva, como afirmam. Que todas as coisas são, digo, em Deus e se movem em Deus, afirmo-o com Paulo e talvez também com todos os filósofos antigos, embora doutro modo,[23] e, ousaria dizer, com todos os antigos hebreus, o quanto se permite conjecturar de algumas tradições, ainda que adulteradas de muitos modos. Contudo, erram de toda maneira alguns que pensam que o *Tratado teológico-político* se apoia no fato de Deus e a natureza (pela qual entendem alguma massa ou matéria corpórea) serem uma só e mesma coisa. Ademais, no que atina aos milagres, estou, ao contrário, persuadido de que a certeza da revelação divina pode ser construída pela só sabedoria da doutrina, e não por milagres, isto é, pela ignorância, o que mostrei de maneira bastante prolixa no cap. 6, sobre os milagres. Aqui, contudo, acrescento que entre religião e superstição reconheço principalmente esta diferença: que esta tem por fundamento a ignorância, e aquela, a sabedoria; e creio ser este o motivo por que os cristãos se distinguem entre os demais: não pela fé, nem pela caridade, nem pelos outros

---

[22] Parece que essa terceira carta é antes a primeira. Pois aqui ele começa a responder às dificuldades de Oldenburg e nega que a religião deva ser assegurada com milagres, isto é, com a ignorância. Donde a carta seguinte, que aqui está escrita em primeiro lugar, parece ter explicado em que sentido ele teve por equivalentes milagres e ignorância.

[23] Parmênides e Melisso, segundo Platão e Aristóteles, não ensinaram coisas diferentes. Lembro que uma vez reduzi o Parmênides de Platão à forma de demonstração, embora eu não o tenha provado por completo. Gostaria que fossem citadas as passagens dos antigos hebreus. Os estoicos ditos creram que Deus era o próprio mundo, talvez em sentido similar, embora outros não pareçam interpretá-los corretamente. Pode-se dizer, em todo caso: tudo é um, tudo é em Deus, assim como o efeito está contido em sua causa plena, e a propriedade de algum sujeito, na essência do próprio sujeito. Com efeito, é certo que a existência das coisas é consequência da natureza de Deus, que fez com que não pudessem ser escolhidas senão as mais perfeitas.

spiritus S. fructibus, sed sola opinione inter reliquos dignoscuntur, nempe, quia, ut omnes, solis miraculis, hoc est ignorantia, quae omnis malitiae fons est, se defendunt, atque adeo fidem, licet veram, in superstitionem vertunt. Verum an huic malo remedium attribuere Reges unquam concedent, valde dubito. Denique ut de tertio etiam capite mentem meam clarius aperiam, dico ad salutem non esse omnino necesse Christum secundùm carnem noscere, sed de aeterno illo filio Dei, hoc est Dei aeterna sapientia, quae sese in omnibus rebus, et maxime in mente humana, et maxime (sic!) in mente Christi Jesu manifestavit, longe aliter sentiendum. Nam nemo absque hac ad statum beatitudinis potest pervenire, utpote quae sola docet, quid verum, quid falsum, bonum et malum sit. Et quia uti dixi, haec sapientia per J. Christum maxime manifestata fuit, ideo ipsius discipuli eandem quatenus ab ipso fuit revelata, praedicaverunt seseque spiritu illo Christi super reliquos gloriari posse ostenderunt. Caeterum quod quaedam Ecclesiae his addunt, ut quod Deus naturam humanam sumserit, monui expresse, me quid dicant nescire, imo ut verum fatear non minus absurde mihi loqui videntur, quam si quis mihi diceret, quod circulus naturam quadrati induerit.[24] Atque haec sufficere arbitror ad explicandum quid de tribus illis capitibus sentiam; an eadem Christianis quos nosti placitura sint, id tu melius scire poteris. Vale.

---

[24] Qui incarnationem docent, mentem suam similitudine Animae Rationalis corpori unitae explicant. Non ergo aliter volunt Deum assumisse naturam hominis, quam mens assumsit naturam corporis, eo scilicet modo quo id constat experientia: quicquid sit de explicandi modis. Quod ergo de circulo naturam quadrati sumente dicitur, non potest magis objici incarnationi, quam corporis cum anima unioni.

frutos do Espírito Santo, mas pela só opinião; porque, como todos, defendem-se com os milagres sozinhos, isto é, com a ignorância, que é a fonte de toda maldade, e por isso convertem a fé, ainda que verdadeira, em superstição. Mas duvido muito que algum dia os reis concederão atribuir um remédio a esse mal. Finalmente, para expor mais claramente meu pensamento também sobre o terceiro ponto principal, digo que para a salvação não é totalmente necessário conhecer Cristo segundo a carne; mas, de maneira muito diferente, há de se pensar sobre aquele filho eterno de Deus, isto é, a sabedoria eterna de Deus, que se manifestou em todas as coisas, sobretudo na mente humana, e mais que tudo (sic!) na mente de Jesus Cristo. Pois sem essa [sabedoria] ninguém pode chegar ao estado de beatitude, visto que ela sozinha ensina o que é verdadeiro, o que é falso, bom e mau. E porque, como eu disse, essa sabedoria manifestou-se maximamente por meio de J. Cristo, seus discípulos a predicaram até onde lhes foi por ele revelada e mostraram poder gloriar-se, acima dos demais, naquele espírito de Cristo. De resto, quanto ao que algumas igrejas acrescentam a isso, que Deus tenha assumido a natureza humana, adverti expressamente não saber o que dizem; ou melhor, para confessar a verdade, não me parecem falar menos absurdamente do que se alguém me dissesse que um círculo tomou a natureza de um quadrado.[24] E julgo que essas coisas são suficientes para explicar o que penso sobre aqueles três pontos principais. Se elas hão de agradar os cristãos que conheces, tu poderás sabê-lo melhor. Passa bem.

---

[24] Aqueles que ensinam a encarnação explicam seu pensamento pela semelhança da alma racional unida ao corpo. Logo, diferentemente, não querem que Deus tenha assumido a natureza do homem como a mente assumiu a natureza do corpo, a saber, do modo como isso consta na experiência; e o que quer que haja de se explicar sobre os modos. Então, o que se diz sobre o círculo que assume a natureza do quadrado não pode ser objetado à encarnação mais que à união do corpo com a alma.

Este livro foi composto com tipografia Bembo Std e
impresso em papel Off-White 80g na Formato Artes Gráficas.